传统制造企业电子商务运营研究

E-commerce Operation for Traditional Manufacturing Enterprise

董新平　叶彩鸿　林承亮 等著

ZHEJIANG UNIVERSITY PRESS
浙江大学出版社

图书在版编目（CIP）数据

传统制造企业电子商务运营研究 / 董新平等著. —
杭州：浙江大学出版社，2012.9
ISBN 978-7-308-10289-6

Ⅰ.①传… Ⅱ.①董… Ⅲ.①制造工业－电子商务－
研究 Ⅳ.①F407.406

中国版本图书馆 CIP 数据核字（2012）第 170488 号

传统制造企业电子商务运营研究

董新平　叶彩鸿　林承亮 等著

责任编辑	张　琛
文字编辑	赵　静
封面设计	续设计
出版发行	浙江大学出版社
	（杭州天目山路 148 号　邮政编码 310007）
	（网址：http://www.zjupress.com）
排　　版	杭州中大图文设计有限公司
印　　刷	杭州日报报业集团盛元印务有限公司
开　　本	710mm×1000mm　1/16
印　　张	15.5
字　　数	286 千
版 印 次	2012 年 9 月第 1 版　2012 年 9 月第 1 次印刷
书　　号	ISBN 978-7-308-10289-6
定　　价	36.00 元

总　序

　　1978 年以来中国经济发展最重要的特点,是通过自下而上的改革,并由丰富多彩的地方经济所推动,先后形成了"温州模式"、"苏南模式"、"珠三角模式"、"诸城模式"等诸多发展模式,学术界对此已有大量的研究。近几年来,各区域经济的发展模式已经逐步趋同和融合,但是随着国际国内发展环境的变化,以及自身经济发展阶段的变迁,资源环境倒逼的压力不断加大。如何摆脱原有的发展路径,加快产业结构调整和区域经济转型已经成为当前的一个热点问题。

　　较之货物贸易庞大的数量和较快的增长速度而言,服务贸易在中国对外贸易发展过程中一直处于相对次要的位置,没有得到中央和地方政府足够重视。但是,这个情况自 2008 年以来正在发生转变。随着信息技术的进步以及服务业分工的细化,服务外包更是快速崛起,并成为推动跨国服务贸易最为重要的力量。

　　有趣的是,"区域发展"与"服务贸易"这两个主题在地方经济发展中正在日益融合起来。越来越多的地方政府将服务外包、服务贸易作为吸引国际新一轮产业转移、加快本地服务业集聚,推进产业结构转换的重要手段。商务部发布的统计数据显示,截止到 2010 年底,中国已经形成了 21 个有竞争力的服务外包基地城市,全国服务外包营业额突破 400 亿美元,年均增长率高达 40%,服务外包企业数量超过 12000 家,从业人员达到 210 万人,由服务外包直接推动的服务金额超过 150 亿美元。在缺乏市场知识积累的情况下,服务外包、服务贸易发展速度之快,地方政府接受度之高,实在是令人惊奇。

　　理论研究也要与日益变化的现实同步。"区域发展与服务贸易"系列丛书力图对这一领域进行系统研究,从理论上揭示其存在发展的内外动因,记录和分析其最新进展和主要特征,为政策制定和后续研究提供支持。丛书主要围绕三个方面展开研究:

　　一是新阶段推动区域经济转型的基本动力。丛书着重从技术创新的角度,分别分析了技术外部性下产业集群内企业的创新投入决定因素;FDI 对产业技术创新的垂直溢出效应；研发投入对区域动态比较优势的影响；信息化推动区域经济发展的机理和手段等等。同时也涉及到一些相对宏观层面的研究，比如关于国家层面经济创造力的研究；汇率变动、直接投资与技术创新关系的研究；财政转移支付体系与技术创新的研究等。通过这些宏观层面的研究可以为我们提供一个较为开阔的视野。

二是服务外包的理论分析和行业研究。丛书从发包国和承接国两个视角分析了服务外包对地方经济发展的增长、就业、税收等各方面的效应；研究了影响服务外包企业区位决策的一般因素；对软件外包、金融外包、电信外包、政府服务外包等当前比重较高的若干行业进行了专题研究。

三是区域经济发展中的案例研究。本丛书中有专门研究浙江、宁波等地的发展案例，也有对当前海洋经济背景下舟山港发展的案例分析。面临经济转型的巨大压力，各地政府都在探索转型的方向和路径。对于这些案例的解剖有助于我们了解真实世界的真实事件，获取经验，并为其他区域的转型提供借鉴。

本丛书是浙江大学宁波理工学院"区域发展与服务外包"优势特色学科建设的阶段性成果。推出本丛书的目的是期望以此为平台，不断集结这个领域的优秀研究成果，推动理论创新，对中国经济转型和服务贸易的发展贡献微薄之力。丛书得到了浙江大学出版社的支持，并列入2011年的出版计划，出版社编辑张琛女士为此做了大量工作，在此一并致谢。

肖 文

2011 年 7 月 1 日

前　言

　　十多年来，发达国家电子商务正向全社会纵深推进，直接引领新经济发展壮大。我国电子商务也发生了翻天覆地的变化，从理论到实践都更加丰富和完善。特别是在表现形态领域，人们已经由过去的惊讶于阿里巴巴、百度、搜狐、腾讯等纯电子商务企业的炫目成就开始转向身边的每一个传统企业的电子商务触电问题，每个传统企业，即使是农业企业也在开始尝试电子商务。这说明这样一个现象，实体领域的电子商务已实实在在地由电子商务企业向企业电子商务拓展、普及。

　　基于这一时代背景，本书力图抓住传统企业触电电子商务的现实问题进行系统研究。本书在思路和视角方面有如下几个特色。第一，以企业的电子商务问题为研究视角，而不是局限于电子商务三大流的知识体系，具有更好的实用性。第二，以传统企业触电电子商务的流程和内容为主线，强调传统企业开展电子商务该重点做好哪些工作，如何开展工作，弱化"重电子"或"重商务"的争论。第三，以运营理论及实践为核心，从企业开展电子商务的运营理念、路径、方法、技术和实施出发，详细介绍传统企业开展电子商务的需求、团队、技术、产品、渠道、客户资源、品牌等基本知识及实现。第四，由于传统制造企业产品通常是实物类产品，其电子商务运营模式相对独立，且有一定的代表性和典型性，研究其运营理论及实践更能找到隐藏在黑匣子中的普遍原理和基本规律，对探寻我国传统产业的电子商务发展道路也更有借鉴意义。因此，本书选择传统制造企业作为研究对象进行分析，以挖掘所有传统企业的电子商务运营理论及实践规律，这有利于我国整个传统产业的电子商务发展道路问题探索。

　　本书的研究及执笔分工如下：第五章、第六章、第十章由董新平完成；第三章、第七章、第九章由叶彩鸿（宁波大学）完成；第一章由林承亮完成；第二章由娄赤刚完成；第四章由黄倩完成；第八章由朱月伟完成。全书由董新平、叶彩鸿提出研究思路并统稿。著作研究过程中也得到了肖文、樊丽淑、王传宝、李成刚、洪清、余祖伟等老师的指点和支持,在此一并表示感谢。

　　本著作在研究过程中,曾引用和参考了大量的文献资料和研究成果。限于篇幅,书后只列出了主要参考文献,如有遗漏,谨向作者致歉。

董新平

2011 年 12 月

CONTENTS

目 录

第一章 绪 论

一、选题的背景及意义

随着网络经济的兴起与电子商务企业、网络企业的迅速崛起,以阿里巴巴、百度、搜狐、腾讯等为首的电子商务企业成为新一代产业界的明星。但是,随着电子商务与新经济的进一步发展,纯粹电子商务企业的前进脚步逐步趋于平缓,而千千万万传统企业进军电子商务的钟声则已敲响,其对我国产业经济结构带来的改造与提升作用令人期盼,产业界对之寄予厚望。基于此,在我国大力促进传统产业转型升级的特定历史时期,研究探讨传统制造企业电子商务运营的理论及实践规律,就成为我国发展新兴产业、促进传统产业转型升级时代背景下的特定现实需求。

(一)企业进军电子商务的目的:创业 VS 渠道?

企业电子商务与电子商务企业在经济理论上具有不同的演进规律和发展路径。目前,电子商务的发展有两大方向。一类是新创的电子商务类企业,即电子商务企业或网络企业;另一类是传统企业在原有体系下嫁接网上销售渠道,即企业电子商务或企业的电子商务化。前者在发展阶段已有几大类比较成熟,如搜索引擎类网站(如 google)、商业交易类中间平台(如京东商城)、综合门户网站(如搜狐)、休闲娱乐(如腾讯)等,这一类具有从零开始、从无到有的"创业"型特征,是业界的明星,由于在短期内创造了一个个大型领袖企业的"神话",他们通常受到更多的关注。后者在发展阶段则不够成熟,从规模上看主要有两种形式:一种是大型传统企业发展电子商务,其目的主要是为了丰富销售网络,优化完善企业业务体系(原因是大型传统企业一般已有线下销售网络,发展电子商务主要是为了建立线下线上双轨销售渠道);另一种是中小型传统企业发展电子商务,其目的主要是为了延伸业务链,低成本建立网上销售渠道(由于企业规模小、资金不足,中小型传统企业原来一般没有独立销售网络)。传统企业发展电子商务的"动静"没有新创电子商务企业那么大,具有相对"隐蔽性",但开辟电子商务销售渠道的企业数量非常大,其发展规模不容小觑。可以这么说,这类电子商务正披着传统企业的"外纱","偷偷"发展,"悄悄"壮大。

(二)电子商务——传统制造业转型升级的最佳路径

传统制造业发展电子商务,有利于促进企业"软"化转型,实现低碳发展,优化产业关联,从而在我国促进传统产业转型升级战略的实现上具有重要现实意义。

从产业经济学视角看,产业升级主要是指产业素质与效率的提高以及产业结构和产业布局的改善。产业素质与效率的提高表现为生产要素的优化组合、技术水平和管理水平以及产品质量的提高;而产业结构的改善表现为产业的协调发展和结构的提升,同时空间上合理的产业分布也是体现产业升级的一个重要方面。

从产业升级的成因上来看,大体可以将产业升级分为成本推动型、进口替代型和技术促进型三种类型。其中,成本推动型的产业升级大多是由于本地生产成本上升而导致企业转型、升级或消亡从而带动当地的某个产业的兴盛衰亡。进口替代型的产业升级,其根本原因是由于区域的比较优势造成的。这里的"进口"并不是专指国与国之间的贸易,而是代指地区与地区之间的贸易活动,"替代"就是由于资源、人口、交通、地理位置等要素禀赋的不同而产生的不同产业发展的比较优势。以上两种类型的产业升级,从根本上来说都是被动的产业升级,而技术促进型的产业升级,则是主动的产业升级。为了能够获取超额利润,促使企业不断地进行技术创新与突破,从而带动本行业生产效率的提升以及生产成本的降低,达到产业升级的效果。

本书所研究的电子商务促进传统产业的转型升级就是典型的技术促进型的产业升级。在微笑曲线理论下,传统制造业通过引入电子商务模式,促进企业在上游提升研发、设计能力,在下游优化、完善和掌控营销渠道,使企业实现微笑曲线的两端提升,最终达到产业转型升级的效果。本书将从传统制造企业电子商务运营的基本理论研究出发,逐步深入探讨传统制造企业采纳电子商务的基本规律和趋势,为传统制造企业的电子商务转型升级路径理论提供支撑。

二、国内外文献综述

(一)电子商务对企业经营管理的影响

电子商务不仅对传统企业的成本理论、组织结构、知识运行、生产方式、市场空间、管理模式、采购管理、财务管理、人力资源管理、研发机制等带来了巨大的影响,而且从根本上改变了传统企业的营销理论体系,使传统企业能以较低成本建立网上销售渠道,同时,在电子商务背景下,线下营销理论体系也发生了深刻变革。

国内外学者对电子商务背景下传统企业变革的研究主要集中在电子商务对企业市场营销理论的影响、电子商务对企业组织结构理论的影响等方面。

电子商务对企业市场营销理论的影响。电子商务引起了企业传统营销模式的变革,它不仅改变了企业的营销工具和途径,而且削弱了市场渠道中间层次的市场功能(Sameer Kumar,Neil F. Doherty,Lukas P. Forbes)。电子商务对传统营销理论产生了深刻变化,不仅改变了传统市场营销环境,影响着消费者的消费行为,而且使得传统的企业营销理念和营销管理中心发生了转移(沈瑞山,2009;张欣,2010)。电子商务使企业低成本建立网上营销渠道,建立网上渠道与传统线下渠道协调机制是关键(齐永智,2010;王磊,2010;焦旭萍,2007;张鲁秀,2009)。网络品牌具有不同于传统线下品牌的特征,如何巧妙地将传统线下品牌延伸到网上是网络品牌建设的关键(林好,2006;唐晟媚,2009;张德军,2009;舒伟,2007)。

电子商务对企业组织结构理论的影响。电子商务使企业管理模式从垂直型转向扁平化,企业传统组织结构的中间层次由于信息流的变革将作用弱化(Giovani J. C. da Silveira, Norm Archer)。电子商务的发展,推动了企业内部组织结构的变革,企业不必将市场交易带来的成本内部化,更倾向于形成一种具网络化特点的企业组织结构(孙艳,2002;徐自田,2010;杨路明,2006)。电子商务技术压缩时空、推动组织结构的演化,为企业提高竞争力创造了显著的竞争优势。随着电子商务应用的不断深入必须要有新型的组织结构与其相适应,而这种新的组织结构必将彻底抛弃旧的工作观念和方式,致使组织结构进行重组(黄宇,2009;曹高辉,2004;江毅,2010)。

(二)企业电子商务价值链问题

价值链这一概念最早由迈克尔·波特(Michael Porter)在他的《竞争优势》(*Competitive Advantage*)一书中提出。他认为,企业的价值活动分为基本活动和辅助活动两部分,基本活动指一般意义上的"生产经营环节",包括内部后勤、生产经营、外部后勤、市场营销和服务。内部后勤是指与生产相关的原材料储运、接收、散发、物资输入等;生产经营是指产品加工、装配、检验、包装等过程;外部后勤是指成品的收集、储存、散发给客户的过程;市场营销是引导客户购买产品的活动,包括定价、选择渠道、广告、销售等;服务指在产品销售以后提供的,用以维持或增加产品价值的活动,比如产品安装、产品维修保养、技术培训、配件供应等。辅助活动包括企业基础设施、人力资源管理、技术开发和采购管理四项内容。基础设施是企业正常生产经营的保证,生产设备、厂房、运输工具等都是维持企业正常运转的基础设施;人力资源管理是针对企业内部员工制定相应的激励和约束机制,为各个岗位配置人员,达到人才的最佳利用;技术开发包括生产性技术和非生产性技术的开发管理;采购管理既包括对生产原材料,也包括对其他资源投入的管理,如请咨询公司为企业进行广告策划、市场调查与预测、法律咨询、信息系统设计等。企业的价值链是由这些相互联系,相互依存的价值活动,形成一个系统,企业的竞争优势来源于价值活动的有效组合,来源于价值链的优化。

同时,还有大量的国外学者对价值链理论及应用作了大量的研究。其中,R. C. Bbarker(1996)对基于价值链的流程再造中所遇到的问题进行了综合分析;MilanZeleny(1996)认为顾客价值链(CSVC)是企业的特殊竞争优势;Tom Mc Guffog & Nick Wadsley(1997,1999)提出价值链管理的原则;Alexandra J. Campbell(1998)研究了国际价值链上的主要贸易伙伴进行合作的影响因素;Adrian Slywotzky(2003)提出了价值链改造的可行性;Merlin Stone & Kevin Condron(2005)指出了价值链中合作伙伴之间顾客数据共享的价值和重要性;Roy Mclarty(2007)认为价值链理论框架对中小企业具有强适应性。

价值链和企业电子商务价值链也是国内学者的热点研究领域。其中,企业电子商务价值链问题主要集中在企业电子商务价值产生、价值形成过程及变革、价值特征及经济学规律、电子商务环境下的虚拟价值链、产品中心向客户中心转变、企业价值链管理、价值链模型、电子商务对传统价值链的影响等方面。

电子商务的价值创造问题。电子商务的价值创造过程是一个生产力进步过程。如黄崇珍提出,电子商务的价值创造主要通过精简中间环节、压缩辅助设施、拓展贸易机会、提高经营效率、降低成本、创造客户价值、提供信息服务等方面来实现。刘均跃认为,上网的电脑越多,网络所创造的价值不是简单的线性增长而是指数级的增长。电子商务的价值正是建立在飞速发展、能创造不可估量价值的因特网基础上。杨涛(2008)认为,"应用价值—投资价值—组织进化价值"构成电子商务价值链的重要内容。对于传统企业而言,只有介入电子商务,才能享受电子商务价值链带来的价值。

电子商务环境下的虚拟价值链。一些人认为,电子商务是虚拟价值链产生的动力和基础。如马晓苗(2005)提出,电子商务的应用发展,把信息的作用提高到一个前所未有的高度,信息不再是实体活动的辅助和工具,对它进行简单的加工提炼,就能源源不断地产生价值,它是人类发现的又一价值源泉。虚拟价值链的提出,正是建立在对信息战略性地位的认识的基础上,建立在电子商务应用的基础上。因此,电子商务的应用发展,是虚拟价值链产生,是价值链理论发展的原因和驱动力。虚拟价值链在电子商务的作用下产生和发展,但它又超越了现有电子商务的发展阶段。

企业电子商务价值链的特征。马晓苗认为,电子商务下价值链呈现出以下几个新的特征,价值链缩短并虚化、价值链内部呈扁平网络结构、信息可创造价值。黄崇珍(2006)提出,电子商务外部价值链对象会发生变化,电子商务内部价值链协作性得以增强,信息充当创造价值的战略角色,产品成本大大节约。

电子商务价值链与传统价值链。黄崇珍认为,电子商务价值链与传统价值链既有联系,也有区别。电子商务价值链诞生于传统价值链,是传统价值链与电子商务结合后的产物,电子商务价值链与传统价值链结构相似、功能相似,均为企业价值活动的表征,对企业价值活动的增值能力进行反映。区别则表现为,企业基础设施的转变,人力资源管理的变化,技术研发的变化,采购活动的转变,生产作业的转变,市场营销的转变,售后服务的转变,外部价值链对象的变化。

企业电子商务价值必须以客户为中心。电子商务价值创造过程是一个动态的因果关联转化过程。企业生产经营业务流程是一系列完整的为客户创造、增加价值的联合活动行为,在创造、增加价值的连续活动中,始终以来自企业内外的客户为中心(柳迎春,2007;李培馨,2011)。

企业电子商务价值链模型。黄崇珍(2006)提出,经过电子商务的改造,企业传统价值链转变为企业电子商务价值链。企业电子商务价值链包括企业电子商务外部价值链和企业电商务内部价值链。企业电子商务外部价值链是指企业与供应商、客户的整个内部与外部系统迅速有效连接,从而形成一条延伸的价值链。企业电子商务内部价值链是指在企业内部,从原材料的采购到形成最终产品的过程,即企业内部的管理、研发、采购、生产、销售、售后服务等环节的连接链条。马晓苗(2005)用一个箭头符号勾画出了企业电子商务虚拟价值链模型,包括原材料物流信息、生产作业信息,信息的收集、组织、选择、合成、分配,成品物流信息、市场营销信息,售后服务信息等四个层次。

(三)企业电子商务采纳问题

技术采纳理论(Technology Adoption Theory)是近年来技术创新领域的研究热点,它以行为科学和社会心理学为基础,从用户的角度研究技术在被采纳的过程中的组织行为与个体行为,总结技术采纳过程中的行为规律,并反过来为"技术"的开发、推广、采纳提供依据。技术采纳理论可分为采纳过程理论与采纳行为理论。前者关注采纳的时序关系,后者关注采纳的因果关系。

采纳过程理论可以追溯到 20 世纪 70 年代 Nolna 的分阶段的 TI 渗透假说(TI Penetration Hypothesis)。Nolna 经过对多个组织的实证观察,用统计的方法得出结论,认为 TI 在组织中的渗透是分阶段的,不同的阶段反映了组织的 TI 使用与管理的不同的成熟度。在 1973 年的论文中他提出了 4 个阶段,在 1979 年又修订为 6 个阶段。整个渗透过程在投入成本方面呈 S 型曲线,Nolna 还针对每一阶段的不同特点提出了每阶段的管理任务。Nolna 在统计学意义上的假说被批评为缺少行为与机理方面的理论基础。1983 年,Rogers 对在此之前的多份相关研究进行了归纳总结,提出了创新扩散理论。其中,在采纳过程理论方面,Rogers 从行为学角度很好地解释了 Nolna 的投入成本方面呈 S 型曲线的统计结论,认为 Nolna 的 S 型曲线是各行为个体采纳行为累积的结果,是各个体的"微观扩散"导致的在整个组织层面的"宏观扩散"。Kwno、mZud 于 1987 年建立了融合"推式"因素与拉式因素的过程理论,此理论定义了影响 TI 实施的 6 个阶段(初始、采纳、适应、接收、规范、融合)以及与之相关联的 5 个因素(用户群体特征、组织特征、技术特征、任务特征、环境因素)。在此之后,还有多个采纳过程模型出现,形成了多种过程理论。

采纳行为理论按照时间划分为采纳前理论与采纳后理论。行为理论模型的研究是采纳前理论中相对最为成熟的领域,形成了众多理论与流派。不同的理论模型之间的主要区别在于:其一,在决定 TI 采纳行为的变量选择与认识上有所区别;其二,在各变量之间的因果关系的描述与认识上有所不同。Riut 在 1996 年曾给出过一个合成的理论框架,框架性地解释了决定 TI 采纳前个体行为的行为变量的类别及其因果关系。采纳后理论主要研究的问题是个体与组织如何持续地利用与扩展 TI 功能,影响个体与组织持续利用与扩展 TI 功能的因素是什么,为什么。"传统的"采纳行为理论把更多的注意力放在了采纳前理论的研究上,对采纳后理论的研究方面较少。早期的采纳后理论研究包括:CmoPeua 等(1995)对采纳使用后 TI 的度量问题进行了研究,确立了关于采纳后使用情况的度量指标,例如使用频率、使用时间跨度、使用程度、用户对系统的依赖程度、使用的特征数等。

企业电子商务采纳研究方面,Ralitza Nikolaeva 等(2006)分析了企业采纳电子商务的影响因素并构建了采纳概念模型,同时通过实证分析对企业电子商务采纳模型进了验证。Ypa 等学者(2002)通过研究认为,小企业对信息系统(SI)的应用决策不同于大型企业;小企业信息技术决策影响因素主要是从人的因素、组织因素和系统自身的因素分析的。其中人的因素包括内外部专家如企业内部专业系统分析员的能力、外部顾问的能力和供应商的支持;组织因素包括企业利用信息技术的经验、财务资源的充裕程度、ECO 的支持以及系统使用者的参与程度；系统因素主要指企业已经运用过的系统数量。Iacovou 等针对小企业电子数据交换(EDI)的研究表明影响小企业采纳与集成应用的因素主要包括相对收益、组织因素和环境压力。EDI 的应用给企业带来的直接收益和间接收益会极大地影响企业的决策。而组织范围内的因素则更多的是财务能力和当前拥有的技术人员及其素质。相对以前的研究而言，本文提出环境因素在决策中的重要影响，小企业面临的环境压力体现在竞争压力和上下游合作伙伴的压力。

Prmekumar 和 Rammaurhty(2005)给出了一个跨企业系统采纳过程中组织因素和环境因素的影响模型。组织因素是指内部集成(Itflernalintgeratino)和外部联结(Xeternalocnnectivity)。对于环境因素的影响作者作了重点研究，将其细分成依赖关系、行使权力、交易氛围、竞争压力、内部需求、高层主管支持、拥护者、信息技术架构和组织相容度。尽管作者没有明确，实际上文中是把一般文献中提到的组织因素中的行使权力、高层主管支持、拥护者、组织相容度和技术因素中的依赖关系、信息技术架构等因素合并到了环境因素中去，如果重新划分维度的话，探讨的还是技术、组织和环境因素的影响。

P. St(1999)中提到技术的相容性问题，他们指出中小企业在应用电子商务时，最常遇到的问题是系统无法整合的问题，也就是说中小企业内部的系统无法与网络实现良好对接(如网络收到的订单信息无法直接传递到企业内部的订单系统)。以下三点是系统无法整合的主要原因：一是所需处理的结构化信息量太少。网络订单不足使得自动化订货成本过高，因而许多企业宁愿采用成本较低的手动模式处理有关信息。二是缺乏专业技术人员。许多中小企业没有系统开发的专业技术人员，也无法负担购买整体解决方案软件的资金。三是没有足够的动力来促成。许多中小企业的交易伙伴至今仍在使用电子数据交换(EDI)的技术。

Mario 和 John(2003)在对中小制造企业的信息系统采纳与实施成功要素的实证研究中，得出的两个决定性因素是：信息技术的竞争力(信息技术人员和知识的可用性)和在信息技术应用上管理层所持的观点及态度。较为次要的影响因素还有：财务资源的可用性、人力资源的可用性和质量、市场中的可获得的软件质量、外部信息技术专家和服务的质量、信息技术实施的类型、对信息技术目标的定义、信息技术采纳的时间和使用者的态度、企业员工之间的权力关系、信息技术供应商的支援、来自业务上的压力、信息技术技能训练和信息技术实施过程中参与的人员。另外有五个因素没有看出显著性影响：企业信息技术顾问的能力、信息技术部门领导人员在整个组织框架中的地位、信息技术收益的评估、信息技术应用的阶段和信息技术应用时的架构和技术。

国内研究方面,李奔波(2005)等学者在对我国企业 E 即实施绩效影响因素的实证研究中,在文献的基础上,把各影响因素归结为项目组织成员素质、E 即项目预算、企业管理基础、ERP 软件选型和 E 即项目实施五个方面。对项目组织成员素质的测度使用了七项指标,分别是中高管理层的管理、业务素质;中高管理层对信息化重要性的认识;实施前管理层对 E 即的理解及对需求的明确;项目经理的综合素质;实施前基层员工 E 即/IT 方面的知识技能;项目组织成员对 ERP 相关培训的接受程度;外部咨询的 E 即实施能力。从中可以看出,在人的因素中,他们对与 E 即实施有关的企业中高层管理人员、基层员工和外部专家都进行了关注,其中对中高层管理人员和基层人员都提到了相关的技能和知识,对前者还提到了态度问题。他们得到的研究结论认为,之所以在我国 E 即实施效果不佳,最根本的原因是项目组织成员素质偏低:实施方多为软件公司且普遍缺乏相应具体行业 E 即实施经验,它们对客户所提供的解决方案、实施方法和策略大同小异,体现不出差异性;而企业不少管理人员对 E 即缺乏真正的理解,企业人员对 ERP 软件的功能、流程及设计思想认识不到位,缺乏相应的管理变革思想准备,致使在实施后期,不得不花大量的时间来沟通协调、纠正错误。

邱长波和威廉(2003)在针对中国电子行业电子商务系统的研究中,认为与企业电子商务成熟度有关的因素有:信息主管英语水平、总经理到过西方、管理层在西方受过教育、有西方投资者、有西方供应商、有西方客户、分权决策、鼓励跨部门合作、技术政策、成为行业第一的努力以及管理高层的支持。

从研究角度看,以下几个方面是最热门的研究领域:

传统企业采纳电子商务的模式问题。模式问题是电子商务领域的研究热点,国内外研究者从不同的分类视角对电子商务模式进行了深入研究,并形成了如下结论。根据交易主体不同可分为 B2B、B2C、C2C 等,根据网络平台不同可分为基于 EDI 的电子商务、基于 Internet 的电子商务、基于 Intranet 或 Extranet 的电子商务(加里·P. 施奈德,2007);根据服务功能不同可以分为提供中介交易平台服务的电子商务模式、直接参与交易(服务)的电子商务模式等(王学东,2004);根据商务模式创新程度的高低和功能整合能力的多寡可分为电子采购、电子商城、电子拍卖、虚拟社区、协作平台、第三方市场、价值链整合商、价值链服务供应商、信息中介等 11 种模式(Paul Timmers,1998)。

传统企业采纳电子商务的动机问题。动机问题也是电子商务领域的研究热点,国内外研究者主要用定性研究方法进行了较为深入的研究,并形成如下结论。从电子商务的价值角度看,企业的采纳动机分为效率、补偿性、锁定以及新颖性等,采纳电子商务可以提高运营效率、降低运营成本、扩大产品选择范围、提供系统决策信息、加速决策效率以及实现规模经济等(Barratt,2002)。企业采纳电子商务可带来两个方面的收益,整合市场(Market Intelligence)和供应链整合(Supply Chain Integration)。采纳电子商务的主要优势并非简单的价格降低,而是给予参与企业更多的企业市场信息,从而提高企业市场智能决策能力,这些市场信息可以帮助供应商识别新的需求,并可以提供买方更多的商品选择,同时,通过交易自动化的实现以及增加过程透明度(Bloch,2001)。中小企业与大型企业有不同的电子商务采纳动机,其中,中小企业采纳电子商务的动机可归纳为效率动机、关系动机和合理性动机等(熊焰,2009)。

传统企业采纳电子商务的模式选择机理问题。传统企业采纳电子商务的模式选择机理问题目前还没有专门的研究,但是对选择模式的影响因素和不同阶段的选择方法略有涉及。如认为我国医药企业开展电子商务的可选模式主要包括以本企业为中心建立自己主导的电子市场模式、参与第三方主导的电子市场模式、参与行业联盟电子市场(交易所)模式三种。采纳何种模式主要取决于以下因素:电子商务活动的规模、产业集中度、商业信息对本企业竞争优势的重要性、信息技术人才的储备等(常峰,2006)。中小企业在不同的阶段应采取不同的电子商务模式,起步阶段应选择第三方平台模式;在企业顺利经过起步阶段以后的发展阶段,企业可以选择协作平台;在企业跨越成长发展,可以采用组合构想新模式,这种新模式是在第三方电子商务模式基础上提出的,是指采用信息和网络通信技术对价值网进行有效分解和重构,并对其中价值流进行全程监督和控制的电子商务模式(江勤,2010)。

然而,就上述研究综述来看,国内外对企业电子商务采纳的研究主要集中在采纳影响因素的实证研究上,即采纳行为研究,对采纳过程及采纳行为规律研究甚少,对企业采纳电子商务的内在机理研究也不够深入。

(四)典型行业的电子商务发展应用

电子商务在不同行业的发展应用是不对称的,这种不对称不仅表现在应用程度上,而且表现在应用水平和产生的成效上。从原因上看,主要是某些行业的特征和发展阶段更适应当前电子商务的发展规律,这些传统行业的发展对电子商务新型商业模式产生了巨大的需求。从行业领域看,目前我国电子商务的主要应用领域有旅游、农业、外贸、零售、图书出版、证券、医药、汽车等。

电子商务在旅游行业的应用。旅游电子商务对我国旅游市场的发展既带来了重大的机遇,也带来了严峻的挑战。旅游电子商务作为一种新兴的商务模式,以其高效率、低成本等优势正在迅速兴起,旅游电子商务既是旅游产业发展的重要方向,也是旅游企业参与国际竞争的重要手段(张晶,2006)。随着 Internet 技术的迅猛发展,信息处理与传输已经突破了时间和地域的界限。旅游业是对信息和信息技术有很强依赖性的行业,信息网络技术对旅游业发展的作用尤其明显(吴秋菊,2006;孙建军,2004)。旅游信息网络系统是金旅工程的一个环节,该系统分为三个层次:内部办公网、管理业务网和公共商务网(何樱,2005)。

电子商务在农业领域的应用。电子商务作为一种先进的商务模式,具有信息化、自动化和无地域界限等特点。它能很好地解决农产品交易中因信息不对称、交易成本高而导致的效率低、受区域限制等种种问题,为解决农产品交易中产生的问题提供了重要的思路(朱永健,2006;刘一新,2010)。农产品网络营销是建立在互联网之上,借助互联网特性来实现农产品的销售与经营活动的一种营销手段,具有跨越时空、覆盖面广、高效率等特点。通过开展网络营销活动,农产品企业可以扩大市场、提高营销活动的效率、降低产品成本等等,从而提高自己的竞争优势(连维,2010;焦霖,2004)。

电子商务在图书出版行业的应用。电子商务技术在图书分销领域的发展和应用,为我国的图书分销业务注入了新的机遇,同时也给传统的图书分销领域带来了巨大的冲击(张霞,2005;王伟伟,2006)。互联网的迅速发展正波及国民经济的各个行业。数字化、网络化、信息化是当今出版业发展的潮流(邹丽燕,2009)。图书销售系统的开发使得图书的销售,图书的入库、出库、库存数等操作变得方便、高效,因为系统对于每一种可能的情况均提供了单独的操作界面,并且操作非常简单。不论图书量有多大,均能实现分类电子化管理(魏龙,2010)。

(五)中小企业的电子商务发展

电子商务对企业的影响是全面的,但是相对大中型企业而言,中小企业影响更大。一方面电子商务的销售渠道特征决定了中小企业更容易低成本建立网上销售渠道,最大限度地提升了中小企业的销售渠道控制力。相反,大中型企业由于实力较强,一般对销售渠道已经有一定的控制力,这使得大中型企业对网上销售渠道的需求没有中小企业那么强烈。从研究内容看,目前中小企业的电子商务发展研究主要包括策略、模式、经济学分析、技术方案、问题、风险、途径等。从研究角度看,以下几个方面是最热门的研究领域:

电子商务为中小企业拓展市场提供了难得的机会。电子商务使中小企业不仅能接触国内市场,而且能很容易地接触到国际市场(崔汝明,2007;谢里,

2004)。通过电子商务的运作，可以使企业接触到过去所不能接触到的消费者，包括全球客户。同时也是低费用参与全球商务活动、分享全球大市场的一条便捷途径(武德峰，2010；刘应松，2004)。通过电子商务网络，企业可以发布自己的产品信息，加强与客户、供应商的联系，收集商品供求信息，提高企业的反应能力，促进经济效益的提升(解文涛，2009)。

中小企业通过电子商务可改变传统的营销模式。以往中小企业的商务活动最典型的情景就是"推销员模式"、"采购员模式"，带有明显的人海战术特征。而电子商务背景下则只需点点鼠标，即可成交，至少能降低商务成本(喻红艳，2007)。同时，电子商务还使得中小企业传统的感情营销、关系营销特征得以改变，在电子商务背景下，中小企业更需要思考虚拟网络背景下的客户关系服务模式(贯君，2007)。

(六)地区电子商务发展战略

在国内，区域电子商务发展战略问题是研究的热点。从研究成果看，广东、湖北、辽宁、上海、湖南、安徽、吉林、广西等地区电子商务发展战略或策略研究成果较多，主要探讨区域电子商务现状、存在问题和发展思路、路径和措施(李仲海，2010；徐稳，2009)。其中，研究的核心内容是基础设施、信息化建设水平、电子商务的物流、法规、税收政策等企业外部战略问题和企业信息化、供应链、网站建设、企业管理水平等企业内部战略问题(王洪利，2002；宫正，2006)。

(七)具体企业的电子商务解决方案

企业电子商务解决方案也是电子商务研究的热门领域。关于企业电子商务解决方案，大部分研究者认为，企业的电子商务方案就是技术方案，其技术主要包括网站设计开发技术、网络安全技术、网络支付技术、企业物流技术等。企业电子商务解决方案本质上就是提出企业电子商务中物流、资金流、信息流三大流的技术问题。从网站设计开发技术角度看，主要探讨技术开发环境技术、开发工具、数据库技术、运行环节技术、网站硬件技术等问题(青海，2009；郝仲模，2009)。从物流技术看，主要探讨企业电子商务物流环境、物流模式、物流系统建设、物流建设管理等(李春昉，2008；樊瑶，2010)。从企业电子商务支付视角看，主要研究支付环境、支付方式、支付安全、支付平台建设等(李睿，2009；王卓，2008)。

三、研究思路

（一）研究对象的界定

1. 电子商务

电子商务有广义与狭义之分。狭义的电子商务英文为 Electronic Commerce，也叫电子交易（E-Commerce），是指利用信息技术特别是 Internet 技术，从事以商品交换为中心的商务活动。广义的电子商务包括两层含义：一层是指凡应用各类电子工具，如电话、电报、传真等从事的商务活动都称为电子商务；另一层主要是指企业利用内部网 Intranet、外部网 Extranet 以及因特网 Internet 互联互通环境和专用网络环境，遵循电子数据交换 EDI 原则，在各种不同形式的计算机网络环境下，从事包括产品广告、设计、研发、采购、生产、营销、推销、结算等各种经济事务活动的总称。这些活动几乎覆盖企业的所有经济活动，是企业运营活动过程的全部。

基于电子商务促进传统产业转型提升这一研究目的，本书所探讨的电子商务范畴主要是指广义的电子商务。

2. 传统制造业

制造业是指按照市场经济要求，通过对物料、能源、设备、工具、资金、技术、信息、人力等制造资源，进行生产制造，转化为可供人们使用和利用的工业品与生活消费品的行业。制造业本质上是指第二产业中去除采矿业、电力、燃气及水的生产和供应业、建筑业之后剩下的部分。

根据国统字〔2003〕14 号文件，国家统计局《三次产业划分规定》的国民经济行业分类表，全产业分为第一产业、第二产业和第三产业，其中第二产业包括工业和建筑业，工业又分为采掘业、制造业、电力、燃气及水的生产供应三大部门。制造业主要包括农副食品加工业、食品制造业等 30 个行业子类。

基于研究需要，本书所探讨的传统制造业是相对现代制造业而言的，是指在科技、装备、工艺、信息化、自动化、智能化等方面还不够先进，与拥有现代科技的制造业尚有差距的制造业。

由于传统制造企业产品通常是实物类产品，其电子商务运营模式相对独立，且有一定的代表性和典型性，研究其运营理论及实践更能找到隐藏在黑匣子中的普遍原理和基本规律，对探寻我国传统产业的电子商务发展道路也更有借鉴意义。因此，本书选择传统制造企业作为研究对象进行研究，以探究传统制造企业电子商务运营的理论和实践规律。

表 1-1 三次产业分类之制造业细分表

三次产业分类类别	《国民经济行业分类》(GB/T 4754—2002)类别、名称及代码		
	门 类	大 类	类别、名称
第二产业	制造业	13	农副食品加工业
		14	食品制造业
		15	饮料制造业
		16	烟草制品业
		17	纺织业
		18	纺织服装、鞋、帽制造业
		19	皮革、毛皮、羽毛(绒)及其制品业
		20	木材加工及木、竹、藤、棕、草制品业
		21	家具制造业
		22	造纸及纸制品业
		23	印刷业和记录媒介的复制
		24	文教体育用品制造业
		25	石油加工、炼焦及核燃料加工业
		26	化学原料及化学制品制造业
		27	医药制造业
		28	化学纤维制造业
		29	橡胶制品业
		30	塑料制品业
		31	非金属矿物制品业
		32	黑色金属冶炼及压延加工业
		33	有色金属冶炼及压延加工业
		34	金属制品业
		35	通用设备制造业
		36	专用设备制造业
		37	交通运输设备制造业
		38	电气机械及器材制造业
		39	通信设备、计算机及其他电子设备制造业
		40	仪器仪表及文化、办公用机械制造业
		41	工艺品及其他制造业
		42	废弃资源和废旧材料回收加工业

(二)研究方法

1.理论文献研究法

广泛收集和阅读相关文献,综合运用产业经济学、创新经济学、网络经济学等基本理论与方法,对传统制造企业、传统制造业电子商务及运营等基本理论问题进行界定,明确传统制造企业电子商务需求、传统制造企业电子商务项目团队及组建、传统制造企业电子商务技术路线、网络产品、渠道、物流及支付、网络客户资源、网络品牌等的本质,把握其主要内容。

2.网络信息资源调查、实地考察

充分利用现有网络平台,通过 Speedminer、Clementine、Statistica 等数据挖掘工具对典型企业、平台的数据进行全方位的收集,并进行科学的数据分析。同时,选取服装、化工、电子电器等典型行业进行实证分析。

3.类比与比较、分析与综合、归纳与演绎

根据收集到的相关文献和材料,通过对不同类型、不同区域企业传统制造企业电子商务应用情况的比较,对传统制造企业电子商务运营理论及实践进行分析与综合,对调查对象的共性与个性的归纳与演绎,形成相应的观点和理论。

(三)创新点

本书主要有以下几个创新点:

1.形成传统企业电子商务运营的理论体系

从电子商务理论体系看,已有的文献主要是从三大流的视角研究电子商务企业运行的基本构架,即从信息流视角研究企业网络平台的构架,从物流视角研究电子商务企业的物流模式、运营,从资金流视角研究电子商务企业的资金结算理论与实践,从电子商务企业的信息流、物流、资金流三流整合角度研究商流。但是,从技术进化视角看,电子商务理论已经从电子商务企业理论向企业电子商务理论进化,传统的电子商务企业理论已经不能满足电子商务与传统产业融合互动的需要,迫切需要将研究重点和前沿向传统产业的电子商务化方向转变。

基于此,本书以传统制造企业作为研究对象,以传统制造企业开展电子商务所需推进的专业工作作为研究内容,以企业电子商务推进时顺为主线,从企业电子商务运营基本理论界定和需求分析出发,逐步研究探讨传统制造企业开展电子商务的技术平台建设、专业团队组建、网络产品设计、网络渠道建设、物流及支付模式选择应用、网络客户资源开发利用、网络品牌培育等,形成传统制造企业电子商务运营的理论体系。

2. 系统化探索和解答传统产业转型升级的电子商务路径

传统产业转型升级已经成为理论界和学术界关注的热点,但如何实现转型或通过什么路径转型更应该成为关注和研究的重点。在现有研究成果中,传统产业转型升级的集群演化模型、创新系统模型等研究了产业升级的内涵、动力机制等,但这些理论模型的抽象性使得传统产业对其理论的应用存在相当的难度。同时,大部分对传统产业升级的案例研究,在研究性质上具有相当程度的描述性,亦不能为传统产业升级提供更有价值的参考。现有研究更缺乏对传统产业转型升级机理和过程的系统化研究,没有提出具体的传统产业转型升级路径、步骤和方法,使传统企业的转型升级研究停留在概念抽象和形象描述之上,现实指导性和操作性均不够强。本书研究将结合沿海地区传统产业转型升级的案例研究和典型行业的实证检验,以制造业为例,对传统产业转型升级的电子商务路径进行系统化探索和解答,可为推进我国的传统产业转型升级提供有益的理论支撑和新思路借鉴。

第二章 传统制造企业电子商务运营理论的基本范畴

信息技术的发展与广泛应用所引起的经济活动多样化,使得传统企业运营理论不断深化。以互联网为代表的信息技术提高了企业内外互动效率,为企业之间的合作与协同创造了条件,也使得企业得以突破组织的边界,根据内外环境的变化形成丰富多样的网络结构与经济联系。开展企业电子商务理论的研究将有助于传统制造企业改善业务流程,提高效益与市场反应能力。而运营理论把传统制造企业电子商务置于连接生产、供应、销售等整个价值链系统的背景下,描述企业生产运营过程中一系列价值创造与价值增值过程,分析并优化企业内外业务流程,从而提高企业经营管理的效率。

一、企业电子商务的基本范畴

(一)理解企业电子商务

1. 企业电子商务的内涵

企业电子商务的定义比较多样化,学术界、政府、国际组织和跨国企业都从不同层面对企业电子商务进行了剖析。

Zwass(1996)将企业电子商务定义为企业在电信基础设施上分享商业信息、维系商业关系、进行商业交易的商务行为。企业电子商务不仅包括与买卖关系相关的组织流程,还包括用于商务服务的组织内部流程。企业的电子商务除了企业进行购买与销售的电子化,还涉及更宽泛的销售前后的活动,比如商业广告、维护业务关系,加强业务交流等。Zwass认为产品与结构层是除了基础构架层与企业服务层以外的第三个层次,涵盖企业电子商务活动的每个阶段:企业内部信息交流与协作、管理供应链、为消费者与合作伙伴提供商业服务、在市场中进行产品销售。企业电子商务有三个层面意义:以企业内部为导向的电子化商业活动、以企业间为导向的电子化商业活动以及以消费者为导向的电子化商业活动。

Shaw,Gardner 和 Thomas(1997)认为企业电子商务的内涵具有三个方面的内容。首先,它是构成企业与产品用户的连接渠道,是通过电子购物、娱乐导向、信息搜集与用户服务行为来实现的。其次,它促成企业与商业伙伴之间的联系。也就是说,在采购、物流协作、物料管理行为等方面与供应商、分销商或零售商进行沟通。最后,它支撑企业内部的协作行为,主要体现在部门商业活动的协调。Kalakota 和 Winston 在 *Electronic Commerce：A Manager Guider* 中将企业电子商务看成:从通信交流视角看是企业通过电话线、计算机网络或其他电子方式实现信息、产品、服务或支付的传送;从服务视角看是企业管理层削减服务成本、提升商品与服务品质的工具;从业务流程视角看是企业面向业务和工作流自动化技术的应用。

经济合作与发展组织认为,企业电子商务是加工和传输所有基于数字化形式数据,包括文本、声音与可视化图片等与商务活动有关的企业交易行为。美国政府在《全球电子商务纲要》里指出:企业电子商务是企业通过互联网进行各项商务活动,包括广告、交易、支付、服务等,全球企业电子商务活动将涉及世界各个国家。IBM 公司所倡导的企业电子商务则强调企业、合作伙伴与买卖双方在互联网、企业内部网络与外部网络相协作的企业运营形式。通用电气公司把企业电子商务定义为企业与企业之间的电子商务和企业与消费者之间的电子商务两种。企业之间的电子商务以电子数据交换为核心技术,以增值网和互联网为主要手段,实现企业间业务流程的电子化,结合企业内部的电子化生产管理系统,提高企业从生产、流通与库存各个业务流程的效率;企业与消费者之间的电子商务以互联网为主要服务提供手段,实现公众消费、服务提供方式以及相关支付方式的电子化。

从企业电子商务的各种论述中可以看出,企业电子商务的应用与企业的业务流程密不可分,在与用户交流的同时,也与部门内部、渠道合作伙伴和供应商进行连接。因此,企业电子商务的内涵可以归纳为:企业运用现代信息技术与网络通信解决方案,实现企业内部与外部的商业交流,从业务流程上进行电子化重构达到商业目标的活动。

2.企业电子商务发展历程

企业电子商务是伴随互联网技术的发展而出现的企业商务形式。当早期互联网开始普及的时候,企业试图在互联网的架构上运用各种电子工具与信息技术从事商品交易的贸易活动。

随着企业电子商务应用的不断深化以及信息技术的飞速发展,企业电子商务活动渗透到企业运营的各个领域,包括技术基础设施、人力资源管理、产品开发设计、采购、内部物流、外部物流、营销与售后服务等。企业电子商务不仅仅是商品交易的实现,还涵盖企业管理功能的整合。企业电子商务的参与者,不仅仅包括消费者,还包括销售商、供应商、企业员工、银行及政府机构。

Kalakota 等人指出企业电子商务的发展从电子数据交换开始一直到业务流程实践的电子化。当企业处于电子数据交换阶段时,企业利用电子手段发送、接受用于交易的文档。第二个阶段是电子信息交互阶段,这一阶段的特征是运用网络进行对话交流。第三个阶段则是电子交易阶段。此时,企业具备以电子方式购买或出售产品的能力。第四个阶段是电子商业阶段,具体体现在企业将信息交换、商品交易、对话交流以电子方式完成。第五个阶段是电子商务的深化阶段,在这个阶段里,企业的业务流程以数字化方式进行重构,在网络基础设施中运用信息技术整合企业内外资源,达到资金流、物流和信息流的协调与统一。

IBM 则基于一系列研究成果,提出企业电子商务发展的三个阶段:第一个阶段是企业将提升效率与降低成本放在首要位置,只是利用电子商务改良现有内部业务流程,其商业的模式并未得到根本改变。第二个阶段是企业在应用电子商务的过程中,不断创造新的商务模式。企业的价值链通过电子商务的跨组织流程再造而发生变革,这一阶段的主要特征是在线交易。第三个阶段是企业进行彻底电子商务转型,将行业的发展规则与企业运营模式重新进行定义。这一阶段市场变革作用显著,随需求应变的电子商务是企业运营模式变更的主要目标。

(二)企业电子商务与电子商务企业的联系与区别

企业电子商务与电子商务企业的联系在于以互联网作为商品和服务信息与交易的媒介。实现产品和价格信息等在互联网的交易双方之间呈示、沟通,同时以电子支付手段实现产品与服务款项的划付,通过虚拟或实体物流体系完成产品与服务的所有权转移。

企业电子商务与电子商务企业的区别在于两者的电子商务定位有所不同。企业电子商务强调电子商务对原有企业业务流程和内容的重构,企业传统的业务内容主体并不变化,电子商务使得原有生产制造过程和价值得以延伸,特别是中小企业的电子商务,更是使得企业可以低成本、快速式建立自己的销售渠道。

电子商务企业本质上是个商务服务企业,其核心是为其他主体提供网上活动服务平台或直接开展网络产品销售,而不是依托原有企业的网络延伸与嫁接。目前,电子商务企业主要有三大类,第一类是为其他企业提供商务交易的平台,如阿里巴巴、京东商城等;第二类是为其他企业提供专业网络活动的相关服务,如提供搜索服务的百度、提供综合信息服务的新浪、提供游戏服务的巨人征程等;第三类是直接开展网络销售的网络企业,如网络服装企业凡客、网络电器销售企业苏宁易购等。

(三)企业电子商务的特征

企业电子商务对企业业务流程的重构让企业全面从传统的商业行为方式转化为适应并融入到电子数据交互的商务模式。企业响应用户、供应商与合作伙伴的商业反馈更为敏捷,企业的竞争能力也得到持续增强。总体来说,企业电子商务具有以下特征:

1.连接性

电信基础设施的建立让互联网成为沟通世界的纽带,其开放与共享的本质,让企业拥有连通内部各个部门、用户、供应商与合作伙伴的桥梁,通过电子文档传输、网上会谈、视频交流等手段形成高度互连的商业网络。互联网作为连接性的基础,一方面,建立在信息网络上的电子市场是信息发布平台,可以为市场参加者随时随地提供供求消息、市场交易统计分析等信息;另一方面,它也是信息沟通与整合渠道,经济主体通过它交流与表达自己的经济意愿,实现供给与需求等交易要求的契合。

2.互动性

企业电子商务的优势在于企业不断改造传统价值链中的运营范式,构建及时更新的用户关系管理体系。互联网的实时反馈特性让企业能快速掌握市场变化,企业在接受、处理、传输信息所花费的时间更短,范围更广,渠道更多,成本更低。企业随时与组织内部、外部合作伙伴建立新的协同机制,以便迅速运用先进的技术,提高产品开发能力。

3.灵活性

在虚拟市场中汇聚行业内制造、设计、销售等相关企业实体,通过价值链的共享,以松散灵活的方式,充分发挥企业电子商务网络外部性。根据商业目标与环境的变化,企业可以动态调整电子化业务流程,形成低成本的业务流程重构,与传统企业商业模式相比,企业电子商务的灵活性更能适应市场环境的变化。

4.信息元素密集性

市场基本组成单位的实体企业之间以电子邮件、网络传真、网络电视、视频会议系统以及互联网等作为主要通信手段交流信息,进行各项业务活动。企业开展电子商务通过计算机网络通信实现组织内部、企业外部的信息交流,其交流频率很高,范围较广,组织内部与企业外部的电子化协同工作及业务流程重构可以加大所提供产品与服务的信息元素密集性。

5. 广泛适应性

企业电子商务不受地理因素的局限,其合作伙伴与用户可以分布在相当广阔的地理范围内,并形成跨企业、跨行业、跨地区的企业运营方式。在时间上,通过信息通信技术支持企业不间断地运营,极大提高企业的适应能力。

(四)企业电子商务流程再造

电子商务改变了传统企业从采购原材料与零部件、开发新产品、人力管理与客户关系管理等业务流程。管理者有必要以全新的方式来重新定位他们的核心流程,知识管理有助于管理者理解电子商务对业务流程的影响,从而引导企业电子商务的流程再造。Johnson 和 Whang(2002)认为,电子商务改变从原料采购到顾客关系管理以及产品设计整个供应链的许多流程。随着互联网技术广泛应用于新产品的开放活动,电子商务已经对产品的开发流程产生了深刻的影响。

Barnes(2002)从业务流程整合、信息系统整合与运营环境等三个方面来阐述电子商务对企业流程再造的影响。业务流程整合主要是指电子商务流程与传统业务流程的整合。信息系统整合包括企业内部部门之间信息系统以及原有信息系统与电子商务系统的整合,企业外部与供应商和客户信息系统的整合。运营环境包括客户环境、电子商务环境与企业环境。客户环境是指消费者对企业电子商务的态度与喜好;电子商务环境与企业目前的商业模式、业务流程和信息系统变革程度相关;企业环境是指企业目标、规模、组织文化与行业所处分类、地位等。赵及峰和袁建中(2002)认为业务流程电子商务化与传统业务流程改造从目的性、整体性、普遍性、复杂性与开放性等方面具有很大差异。而顾淑红和舒昌(2003)研究电子商务对企业生存方式、生存环境与经营理念的影响,提出企业为适应电子商务活动的需要而应该对业务流程进行改造。

企业电子商务流程再造的突出特征是对供应链的改造。供应链管理是企业电子商务运营的重要关键因素。McIvor(2003)认为电子商务从根本上改变了传统供应链的运作方式,从而降低了买卖双方交流的成本。传统企业可以借助电子商务的优势,对采购流程、销售流程和管理流程进行再造,进而获取更好的发展。刘任葵还对电子商务环境下设计协作型供应链流程进行研究,主张在企业层次与供应链层次上对供应链流程进行再设计。官曙荣提出运用电子商务与供应链相结合的电子供应链管理来实现企业供应链的优化。

(五)企业电子商务生态系统

生态系统是生态学理论的一个重要领域和结构单位,从 1935 年英国学者

Tansley 率先提出生态系统的概念至今,生态系统的理论在不断演进。生态系统是生物与环境之间进行能量转换与物质循环过程的基本功能单位。生态系统中的无机环境是非生物的组成部分,包括阳光、水或者其他构成生态系统的基础物质。而生物群落是生态系统中的生物组成部分,按不同的特点可以分为生产者、分解者及消费者。生态系统的这两个部分相互依赖、相互作用,生态系统因而成为具有一定功能的有机整体。一方面,无机环境的条件决定生态系统的复杂程度以及处于其中生物群落的丰富性;另一方面,生物群落在生态系统中逐步适应环境,同时也改变周围环境状况,反作用于无机环境。

类似的,在企业电子商务生态系统里,企业与周围的环境形成相互作用的有机整体,在争夺资源、引入新信息、适应环境的同时,最大限度地持续进行自我发展,进而改造环境。企业将网络作为竞争与沟通平台,通过各种形式进行资源互补与优势共享,组成一个有机的生态系统。企业电子商务生态系统中,各个组成成员相互交织,形成完整的价值链网络,物质、能量与信息在这个价值链网络流转。根据生态位的不同,企业电子商务生态系统的成员可以划分为核心种群、主体种群和支持种群三大类。核心种群指的是其中提供产品与服务、并在系统中进行资源利用整合,协调其他种群关系的企业;主体种群指消费用户以及为了取得共同价值提供服务的供应商、分销商与增值服务提供商等,他们组成生态系统网络中的重要一环;支持种群指物流企业、金融服务机构、信息服务机构以及相关政府部门等企业业务流程中不可或缺的支撑组织,他们在提供服务的同时,也依赖企业电子商务生态系统获取更多的利益。

企业电子商务生态系统里核心种群的发展培育了市场环境,引入更多的种群参与其中。企业自身壮大所依附的支持性种群,例如电子支付企业、物流企业、政策制定部门等加快系统的进化更新,增强了生态系统的稳定性。生态系统的可持续发展进一步改善企业电子商务生存环境,通过种群不断丰富,生态循环更加完善,最终实现企业电子商务系统生态共生共建以及在此基础上的价值创造、价值实现与协同进化。

二、运营理论及其应用

(一)运营及运营理论

1.运营的内涵

在资源稀缺的条件下,必须有效地利用有限的资源实现组织的目标。运营是一种商业活动,它是为了产品或服务价值创造并加以实现,通过组织各项职能活动,进行人、财、物和信息等资源要素的配置。运营具有两种活动:一是基本活动;二是辅助活动。基本活动是直接创造商品或服务的价值,并把价值最终在用户那里实现。它的内容包括:生产经营、内部后勤、外部联络、市场营销与服务等。辅助活动则是为基本活动提供保障、提高基本活动运行效率的活动。它并不参与直接创造商品或服务的价值。它的内容包括:技术开发、采购、企业基础设施建设与人力资源管理等。

2.运营理论

运营理论可以从价值链的角度进行分析。在运营过程中,组织各项活动不是孤立的,而是相互依存的活动集合,构成了创造价值的动态过程,即价值链。运营过程的每个环节是以价值活动方式与另一环节相互联系。例如,产品设计的全面、新颖与实用可以节省试制成本及其投产后的效益。运营的竞争优势获取往往来源于运营过程中价值链的有效联系,价值要素的协作以及改善,提高价值的产出。

运营过程贯穿着两种价值链:一种是有形价值链;另一种是无形价值链。有形价值链是物质价值链,它是从原材料到最终消费品的生产流程,最终实现商品或服务的价值创造与实现。运营的有形价值链包括:采购原材料、生产商品、市场营销、售后服务等基本运营活动以及技术开发、财务管理、法律咨询和人力资源管理等辅助活动。无形价值链是随着新经济的发展具有知识经济属性的虚拟价值链,在运营中隐性知识与无形资产组成知识价值,具有创新元素,如商品设计、品牌战略与产品流程管理等。无形价值链明确了信息或者知识作为一种战略资源在电子市场活动中独立运作的过程,信息的搜集、组织、筛选与发布过程,不仅仅是价值创造的过程与方式,还与物质价值链形成价值网络,将传统企业实体价值链的某些环节虚拟化,形成电子市场中更为灵活高效的活动,并以此建立新型客户关系,采用全新的方式为消费者提供价值。信息成为电子市场中创造价值的独立力量,是能够重新利用、分享和发布但不必然损失价值,却可以使价值增值的资源,因而是至关重要的资源。运营的两种价值链相互交织,在各个流程中互相关联,形成价值增值的全过程,同时,在无形价值链系统分析与构建的基础上,科学规划与配置信息资源的生产、加工、流转与利用,形成有效的信息发展战略,是运营目标得以实现的必要条件。

(二)企业运营与运营管理探究

1.企业运营

知识经济时代里,企业面临的外部竞争越来越激烈,取得竞争优势的困难也在加大。首先,随着贸易全球化,生产与服务的专业化以及用户需求的个性化趋势,迫使企业在安全、成本因素的前提下,从时间、质量和服务方面不断求取创新,这就要求企业运营寻求新的理论与技术。其次,环境保护、节能减排意识日益深入人心。政府的执法力度逐步增强,大众环境意识明显提高,企业运营面临更多的社会责任与义务,企业运营的目标也更多样化。最后,信息技术的发展为企业运营过程的生产率、沟通与协调水平、产品或服务质量以及经济效益的提高提供强大的保障,同时如何在企业运营中应用信息技术与通信网络来改善管理工作的问题也越来越突出。这些都说明,企业运营已经从传统的对物质产品生产的管理,发展到包括非生产性的服务活动在内的所有业务流程的管理。

企业从原材料采购到产品出售给用户,每一个过程都有与之对应的业务流程,这些业务流程构成更为广泛的企业价值链系统。企业经济效益的取得不仅有赖于单个价值链的运行,还取决于企业整个价值链系统的运用。企业运营是企业价值链系统以及其中所涉及的业务流程活动方式的管理。从企业运营的内容看,除了服务系统管理的内容之外,还把企业中高决策层的管理活动纳入其中,强调企业发展战略、新产品开发、新型工艺与自动化的应用、生产发展规划等长期决策管理,增加了质量管理运营理念,反映企业运营在日新月异的知识经济环境下的发展。

2. 运营管理的内涵

从传统的物质产品生产活动管理到非物质生产的服务活动在内的业务管理,运营管理按职能分工,最基本也是最主要的职能是生产运营、技术开发、财务管理、人力资源管理与市场营销。这些职能既能独立发挥作用,又在必要的时候相互协作,将企业投入的人力、财力、物力资源转化为具有竞争力的产品与服务。

运营管理的定义目前并没有形成统一的认识。Encarta 把运营管理描述为主要商业活动的管理,也就是组织并控制为用户提供产品和服务的基本活动。而美国《具备竞争优势的运营管理》一书中对运营管理则定义为:设计、操作和提升用以创造、提供公司主要产品和服务的系统。运营管理的对象是生产、经营过程中的信息流、物流、资金流以及人力资源。

从采购原材料开始,到制成中间产品和最终产品,以至最后将产品通过销售网发送到用户那里,形成供应商、制造商、分销商、零售商和用户的有机功能性网络结构。运营管理的本体是处于主导地位的运营管理者。运营管理的客体分为**两种**:一种是内部业务流,包括部门采购、库存、计划、生产、质量控制、运输、市场销售、售后服务以及财务与人事管理流程;另一种是外部业务流,包括为了将产品或服务提供给最终用户而连接的上下游不同行业及不同业务职能企业的供应链。从原料提供商、制造商、仓储商、批发商、零售商到用户,各项业务流程环环相扣,相互依存。

运营管理的目的在于让业务流程能够适应行业经营环境,进行业务流程的规划与建设,体现先进实用的管理理念,借鉴标杆企业的做法,建立流程组织机构、明确流程管理责任,有效融入企业战略发展要素,引入跨部门协调机制,评价流程运行绩效,进行流程的有益变革,使企业降低成本、缩短时间、提高产品或服务质量、方便用户,提高核心竞争力。

3.运营管理的内容

运营管理的内容可以分为三个部分:运营战略管理、运营流程管理、运营人员管理。运营战略管理是解决运营目标与方向的问题。运营流程管理是解决执行运营战略任务,达到组织所确定目标的问题,它包含企业价值链的管理,企业流程中每个活动应该在前面活动的基础上增加价值,价值链强调流程与业务绩效之间的关联关系。运营人员管理是解决有效支持企业运营的人力资源管理的问题。

(1)运营战略管理

运营战略管理是包括产品或服务选择与规划、流程设计、基础设施布局在内的管理决策。在运营过程中,对流程系统的改造与更新、扩建新设施、增加新装备都是运营战略管理所要考虑的问题。运营战略管理对运营效果有着决定性的影响,如果战略选择不当,得不到用户的认可,那么为运营做出的人力、物力、财力的大量投入都将付之东流。例如,如果企业选址不当或者基础设施布局不合理,投入运行以后很难在短时间内更改,并大大增加运营成本。运营战略决策将在很长时间内影响企业经营效益。流程设计包含产品与服务设计流程、产品与服务生产流程、产品与服务销售流程等。从企业的角度看,流程设计是对用户提供产品与服务的整个运营网络的设计;从具体的业务看,流程设计是对企业的人员、技术等资源的物理形态进行安排。

(2)运营流程管理

运营流程管理是在运营战略指导下,对企业的设施、技术等资源和生产过程与物流进行计划、组织与控制,完成产品与服务的创造与价值实现。运营流程管理是通过"输入—转化—输出"过程实现的,输入的生产要素包含设施、物料、技术、信息、能源、土地和资金等,输出的是产品或服务。转化过程是通过技术系统与管理系统实现的。技术系统包含设施、技术等,管理系统包含对产品或服务价值实现过程的计划、组织与控制。运营流程管理的目标是通过对技术、生产过程、设备设计、运行状况的控制、评价与改进,有效利用原材料、设施等资源,提供运营战略所要求的功能。

（3）运营人员管理

运营人员管理是对制定、实施运营流程战略决策，组织、控制与协调运营流程，利用取得资源实现运营目标的主体进行管理。运营人员管理的职能包括技术培训、人力资源管理等。运营人员是组织的主体，组织的一切活动都离不开人的因素。组织中的人不是孤立的，他们组合成为群体，有着共同的利益。运营人员管理反映组织中人的能动力，需要协调组织内部门间以及组织外部供应商、用户、政府等各方面的关系，提高运营人员对市场变化的响应速度，充分利用所掌握的资源，提高决策的执行力，争取获得利益的最大化。

4. 传统制造企业运营管理的特征

随着企业规模的不断扩大、产品生产流程日益复杂、企业提供的服务方式日趋拓展，传统制造企业运营管理方式与手段也在迅速发展，并具有以下特征：

（1）传统制造企业运营管理范围增大

传统制造企业运营管理范围不再局限于制造生产过程的计划、组织与控制，还包括运营战略的制定、运营系统规划与运营系统的执行等多层次的内容。也就是把运营战略、采购原材料、制造产品开发、产品设计、物流与售后服务作为一个完整的价值链进行综合管理。

（2）传统制造企业运营布局扩展

传统企业制造活动从集中式慢慢转变为分布式，大企业在工厂选址过程中不再仅仅考虑单一的工厂选址问题，而是为不同的零部件厂、装配厂以及市场构成的制造网络进行选址。越来越多的企业在全球范围内进行工厂选址，进而对资源优化配置。

（3）先进制造技术成为运营管理有效手段

先进制造技术对管理模式与管理方法的改造使企业的运作方式发生了根本性的变革，并渗透到传统制造企业运营管理的产品设计、加工方法、信息通信与处理等各个方面。

（4）供应链管理的作用日益突出

传统制造企业不仅仅重视自身企业内部的运作与管理，还关注原材料零部件供应商、生产商、经销商与物流商等一系列企业所构成的供应链管理。也就是致力于整个供应链信息流、资金流与物流的优化，与供应链多个企业形成联盟，把整条链看成一个集成组织，通过供应链上各个企业协同分工，争取市场优势地位。

（5）流程再造得到广泛关注

流程再造是对现有业务流程进行分析之后，通过找出有关的问题，设计出新的企业业务流程，从而满足用户需求、制造新产品投放市场。传统制造企业通过流程再造提高经营业绩，不断设计适应市场与自身发展的业务流程。

（6）制造生产过程管理日趋精益

传统制造企业运营管理追求占用资源少、资源利用率高，这些资源包括土地、厂房、设备、原材料、人员、资金与时间等。精益的生产过程管理能使用更少的资源产出同样多的产品。这种生产方式产生于 20 世纪 90 年代，通过不断改进生产流程、消除资源浪费、协同工作与加强沟通等方式来实现。精益的生产管理系统利用高技术的人员与富于柔性的设备，集中大量生产和手工艺生产的优点。精益的生产过程管理产出的产品质量优于大量生产的产品质量。同时，这一生产管理方式会让组织结构扁平化，管理的层级降低。

（7）柔性制造系统应用加强

市场竞争的加剧让传统制造企业想方设法适时为客户提供所需的产品与服务，争取在激烈的市场竞争中居于主动地位。而增强对产品需求量、产品自身以及交货时间变化的适应能力，是柔性制造系统的目标，也是传统制造企业的竞争战略。企业的柔性包括人的柔性与物的柔性，即生产系统的柔性与组织管理系统柔性这两个方面，任一方面缺乏柔性都可能导致企业整体柔性的降低。传统制造企业应用柔性制造系统改善企业组织管理团队建设与项目组织能力。

（8）环境保护观念更加深入

环境保护是人类正面临的一个迫在眉睫的重要问题，企业在这个问题中具有不可推卸的责任。传统制造企业有必要在产品设计与管理运营中充分采取保护环境的举措。在资源获取与利用上尽可能节约自然资源、合理使用并充分考虑各种资源的再生利用问题。国际标准化组织于 1996 年发布关于环境管理的 ISO14000 系列标准，企业取得 ISO14000 认证是企业通向国际市场的途径。有关环保问题的法律法规内容越来越多，污染控制与废弃物处理是传统制造企业管理者在运营过程中必须关心的重要问题。一方面注重减少废弃物、使用毒性比较小的化学制品；另一方面设计出使顾客更容易再处理和回收利用的产品与部件。

三、运营理论在传统制造企业电子商务实践中的应用

传统制造企业在国内外市场需求和新兴信息技术的推动与渗透下，正在对各种业务流程进行电子化与网络化，以电子商务为平台开展业务，提高自身的运营水平与效益。

（一）传统制造企业电子商务运营内涵

过去，企业利用计算机往往只是局限于简单的工作，对计算机的使用率较低。企业的决策又往往亟须依据企业内部流转的各种信息以及企业外部的大量有关信息。用人工的方式对这些信息进行收集、整理和应用等处理时，显得效率不高，心有余而力不足，因此会造成大量人力与物力资源的浪费。而随着电子商务的广泛应用，制造企业逐渐用数字化的管理方式记录并跟踪企业的业务流程，把企业的各项工作网络化、电子化，实现能够对企业资源跟踪、分析和整合的，适应企业自身规模，满足用户需求的电子商务运营。

由于传统制造企业的产品设计与制造都会遵循严格的规范，信息技术在传统制造企业的应用变得很容易，电子商务运营能为传统制造企业的发展带来极大的效率提升。对于制造企业而言，电子商务的运营重点从企业自身转向用户。以企业利润为核心，围绕用户的需求，在企业和用户之间建立一种实时在线沟通交流机制，从而最迅捷地将用户需求反映到制造企业产品生产的流程中，作为产品设计与制造方的运营者，在最短时间内寻找能充分满足用户个性化的多样需求解决方案，充分体现网络生态环境的用户心理和个性化体验需求。在制造企业、咨询服务机构、信息服务提供商、网络产品供应商、制造业应用软件供应商、系统软件供应商等供应链上下游之间形成信息互动，完善信息发布、协同制造、技术研究、培训咨询、商品交易等配套服务。

与其他企业相比，传统制造企业电子商务运营除了具备在线交易、信息发布等基本职能之外，还具备更多的职能：

- 企业预定、反馈等系统与产品设计、制造、财务等系统之间信息顺达交流；
- 生产制造系统的设计、制造、控制网络协同一体化；
- 制造企业内部信息的高度集成，功能模块具有统一性；
- 订购产品或服务、签订原材料采购协议、查询货物增补情况、监督收货、合格检验、协同设计与制造等业务流程的电子化；
- 为用户提供个性化产品推介，并进行网上售后服务；
- 设计有效完善、公正的测评体系对制造业产品与服务进行评估；
- 开展制造业先进制造与信息化技术的远程教育和培训网络。

在市场环境中，传统制造企业生产经营仅仅依靠自身的有限资源往往是不足的，需要尽可能最大限度地利用可以得到的一切资源。因而企业间的协作能够使知识和创新思想在更大范围进行交换与分享，将信息与资源在更大范围合理利用，进而提高传统制造企业的经济效益。

电子商务运营一方面综合利用网络技术工具与管理手段,创新并改善内部经营机制、企业文化与知识管理,开发企业内部资源并优化生产经营过程。另一方面,过去封闭于传统制造企业内部的直线式价值链得以拓展,在信息高度沟通与协调下,开发与运用外部优质资源,取得整个价值链经济效率的最大化。传统制造企业通过电子市场与消费者价值链相互连接,建立长期协调的合作关系,获取客户需求信息等信息资源,在此基础上形成企业机制、市场机制与网络机制的有机结合,与市场中其他企业价值链相互连接与组合,形成与发展企业之间新型协作关系,实现企业内部外部资源的优化配置与协同。

(二)传统制造企业电子商务运营的现状

传统制造企业电子商务运营的发展从 20 世纪 60 年代开始,从最初的使用计算机做简单的文字工作,到互联网让信息交换、共享变得快捷方便。20 世纪 90 年代美国、加拿大等国的制造企业创造客户要求响应与自助服务应答功能,因而制造企业业务向电子商务的方向迅速发展。当时,Cisco 公司就利用互联网为用户提供技术支持、软件下载与故障诊断等服务。

从 1997 年第一届电子商务学术研讨会开始,我国举办大量电子商务学术研讨会以及国际电子商务大会,将制造业电子商务的运营作为主题进行研究与探讨。2000 年 10 月,国家提出信息化发展战略:以信息化带动工业化,发挥后发优势,实现社会生产力的跨越式发展。在"十五"期间,科技部正式全面启动制造业信息化重大专项工程。2002 年制造业信息化试点示范工程在全国 27 个省(自治区、直辖市)、46 个重点城市以及近 2000 个企业中开展,各地相继成立地方电子商务协会,推动了我国制造企业电子商务运营的发展。

传统制造企业电子商务运营的研究取得不少成果,用实验进行论证之后,很多成果进一步转化为生产力。但由于主观与客观的种种因素,传统制造企业电子商务运营还存在着诸多不足,对于运用互联网进行低成本、高效率的创建、调整、执行与维护企业业务流程的要求来说还有一段距离:

1.传统制造企业电子商务运营效率有待提高

传统制造企业电子商务效率比较低,在优化与有效利用制造企业人力、物力、财力等资源方面很难将分散的个体结合起来形成整体优势,无法采用资源整合的电子商务运营模式来实现真正的传统制造企业业务流程再造,因而降低了传统制造企业的信息化绩效。

2.传统制造企业电子商务运营信息不对称

传统制造企业电子商务建设除了展示企业产品和信息发布,还肩负企业业务流程处理的任务,应该是企业运营的有益支撑。但实际上,在互联网上开展商业活动的传统制造企业相对较少,规模不大,虽然有些制造企业开展基于网络的业务,但电子商务系统信息对接不够紧密,传统制造企业大量沿袭过去的运作方式,电子商务运营系统无法及时获取企业的库存、设计、制造、物流等信息,而产品生产制造也没有根据电子商务运营系统所提供的用户订单、市场分析等信息数据调整业务流程。传统制造企业电子商务运营如果拘于表面形式,只在互联网对企业进行商品介绍、广告宣传等工作,而没有充分利用计算机技术和网络资源,没有采取实质性再造业务流程的行动,将会使传统制造企业电子商务的竞争优势消失,从而导致企业经营效益的下降。

3.传统制造企业电子商务运营安全措施不足

随着电子商务成为日常生活的一部分,电子商务的安全问题也变得越来越重要。对于专业的电子商务企业而言,运营管理安全措施和技术相对完善,但是对于传统制造企业而言,由于对电子商务专业领域知识的缺乏和经验不足,其运营安全措施更显缺乏。目前传统制造企业在防止网上信息非法获取、修改与破坏的方面还存在不足。安全措施除了要保证传统制造企业核心商业机密不被侵犯,电子商务业务流程的稳定有效,同时也要保障用户个人信息不被非法获取。

此外,目前传统制造企业电子商务运营的成本较高、技术支持欠缺、响应市场需求信息不及时、用户服务功能不足、在跨地区跨行业电子信息交换方面还存在不少缺陷,有待进一步研究。

(三)传统制造企业电子商务运营概念模型

通过传统制造企业电子商务运营内涵与现状的分析,可以进一步得出传统制造企业电子商务运营模式,同时细化运营功能模块,最后提出传统制造企业电子商务运营的概念模型,为完善传统制造企业电子商务运营理论构建及其应用做出贡献。

1.传统制造企业电子商务运营模式

传统制造企业电子商务运营模式按其所处价值链的不同类型主要分为四大类:大型企业型、专业主导型、外贸出口型以及网络协同型。

(1)大型企业型

主要通过供应链电子化管理,将上下游供应商、销售商联为一个整体,采取一对多模式的企业。如联想、海尔等企业,他们建立网上采购系统,敏捷捕捉市场信息,取得较好的经济效果。

(2)专业主导型

这类企业适合建立专业性较强的信息服务和交易网络,利用互联网开展网上服务、重构业务流程,在资金、人员、管理架构等方面具有很好的专业基础。例如家电、汽车等企业。

（3）外贸出口型

这类企业处于买方拉动型,外国商业机构倾向于网上采购,并且具有较大的需求量,例如纺织品、服装等企业。这类产品技术含量相对较低,没有必要与买方建立密切的技术信息交流联系,因此比较适合 B2B 市场的拓展。我国外贸制造企业多为中小企业,为了找到更多的出口渠道,拿到订单,具有很强的在线销售欲望,网上电子商务国际贸易能帮助他们逐步完善全球销售体系。

（4）网络协同型

主要是指行业内具有较丰富的经验、对供应商了如指掌,细分供应商的定位,并建立电子交易平台,利用互联网实现价值链的分解,从而对业务流程进行重组,实现协同式生产,例如电子元器件等企业。很多中小企业他们自身竞争力不强,通过网络行家的平台,发挥各自优势,提高市场竞争能力,在内外贸易行业的拓展空间都很大。

这四种模式,按网络建立者划分,可以分为两类:第一类是内生模式,也就是电子商务运营从内部信息化向外延展的结果,大型企业型与专业主导型属于此类;第二类是外生模式,也就是电子商务运营依托第三方独立平台,外贸出口型与网络协同型属于此类。一般来说,产业业务流程复杂、价值链较长、业务合作伙伴多、自身专业性很强的企业容易选择内生模式;而外生模式主要由第三方机构建立网络,面向中小企业提供产品采购、信息存储与交流、网上销售服务。传统制造企业电子商务成功运营需要具备两个基本条件:一是电子商务与主导业务充分融合;二是充分利用企业的各种资源进行电子化。

传统制造企业电子商务运营模式按照管理方式还可以分为独立运营管理与联合运营管理两种类型。电子商务独立运营管理模式通常是指企业自主运营与管理的电子商务模式,企业作为主体完成所有主要的商务活动。电子商务联合运营管理模式则是由多个企业共同合作运营和管理完成的电子商务模式。

其中独立运营管理模式具有两种子模式:

①企业自主运营子模式

传统制造企业自主开通并管理电子商务网站,例如美的、海尔、松下等网上专卖店。企业自主运营子模式的产品信息准确度高,更新较快,可以根据客户需求自主定制产品,客户主体是高认知度和高忠诚度的消费者。同时,售后服务比较完善,信誉较好,客户较为信赖。

②供应链运营子模式

这是一种基于供应链的连接买卖双方之间紧密关系的运营模式。通过将供应商纳入买方的价值链，借助供应商的能力来定制产品与服务，这种运营模式能发现并巩固合作伙伴的商业关系。这种子模式从驱动模式划分，可以分为买方驱动模式、卖方驱动模式与市场驱动模式等三种。

而联合运营管理模式具有三种子模式：

①平台运营子模式

网络交易平台只是提供电子商务活动场所与服务，并不直接参与交易。它的目标是吸引有关商家与企业的参与，为他们的网上交易提供配套服务，提供集认证、支付、安全维护、客服与渠道管理于一体的统一平台。

②联盟运营子模式

这种子模式把多个竞争对手联合起来进行合作，通过共享电子商务基础设施，解决电子商务中单个企业难以逾越的障碍，例如产品物流问题、资金网上支付安全问题、消费者网上购物技术等，从而实现风险共担，利益共享。在企业之间的协同采购与协同销售中，联盟运营可以与社会各行各业公司建立渠道合作伙伴、服务合作伙伴、技术合作伙伴与客户伙伴，建立与同行伙伴资源共享、互联互通的业务平台。

③价值网络运营子模式

价值网络运营子模式是以网络与通信系统作为手段，快速收集网上各类信息，与供应商、分销商、合作伙伴与客户进行分享，协同与控制价值链上的所有活动，使价值链上所有成员紧密合作，动态、高效地为价值网络中的成员创造尽可能多的价值。

2. 传统制造企业电子商务运营环节

传统制造企业电子商务运营包含多个环节，每个运营环节具有一定的业务流程，同时相互连接、相互影响。主要的电子商务运营环节包括：

(1)传统制造企业原材料采购与储存环节电子商务运营

原材料采购与储存是维持传统制造企业电子商务运营的重要环节。非电子商务环境下，传统制造企业需要参加订货会或供需见面会等形式进行必要的采购活动，这样会花费大量的人力、物力与财力。电子商务环境下由于票据交换减少，因而成本降低，同时订购周期与采购信息的及时传输，可以避免存货的累积。通过网络电子商务采购平台，与主要供应商联系，增强了与供应商的伙伴关系，精简采购流程，缩短采购周期，降低采购成本。通过电子商务采购流程标准化，其中采购还可以降低购买原材料的价格，使非关键原材料物资采购自动化，让采购工作人员得以将主要精力集中于关键原材料物资的采购。

非电子商务环境中，传统制造企业往往采用较高的原材料库存水平来保证不会由于原材料供应不及时造成生产延迟，这样必然会进一步导致企业成本居高不下。电子商务的应用可以为传统制造企业原材料储存提供更好的解决方案,供应商通过电子商务系统及时了解生产企业原材料使用情况,根据储存情况做好供货准备。传统制造企业也可以及时了解产品销售状况,从而保持相对理想的库存水平,降低制造企业的运营成本。

(2)传统制造企业生产制造环节电子商务运营

传统制造企业在生产制造环节的电子商务运营是根据客户个性化需求按订单生产,网络将制造企业与客户联系在一起,客户的需求信息通过电子商务系统方便地传递到制造企业,进而生产出客户个性化需求产品。传统制造企业的生产过程与重要工序采用电子商务信息化系统控制,生产柔性得以提高,企业信息化能力进一步加强,生产效率与传统生产方式相比具有更大的优势。生产制造环节电子商务运营一般包括制造企业应用系统集成、制造企业流程监控模块等两部分:

第一部分:制造企业应用系统集成模块

制造企业应用系统集成的范围包括过程集成、信息集成与应用集成等几个阶段。信息集成与应用集成是过程集成的基础支撑,过程集成是利用丰富的软件集成工具构建企业业务流程模型,将各种应用系统的业务流程进行高效的整合,技术含量比较高,同时集成的要求也较多。作为制造企业来说,应用系统集成模块是核心产品生产制造流程的控制,肩负其他业务电子商务运营实现的任务,因而具有基础性作用。制造企业应用系统集成模块可以分为业务流程执行子模块与集成信息交流子模块两大部分。

①业务流程执行子模块

由企业应用软件系统构成,是企业业务执行的核心。该模块包括过程与项目管理系统,如 ERP 等,以及产品数据管理系统,如 CAD、CAM、CAPP 等系统。其中 CAD 主要的作用对象为与零部件自身设计相关的特征、几何形状信息与信息之间的拓扑关系,适用于产品的设计开发阶段。CAPP 的作用对象则是零件设计状态、相应的工艺规程信息以及工艺装备、设备、刀具等资源,应用于设计部门与制造部门之间,面向制造工艺,完成生产制造的初始准备工作。CAM 是零件数控编程,实现自动化制造阶段,狭义 CAM 涉及的对象是 CAD系统生成的零件设计状态信息、CAPP 系统所产生的工艺信息、数控加工程序等与零件制造过程相关的信息,以及从设计到加工制造之间的一切生产准备活动。广义 CAM 还包括制造过程中与产品物流有关的过程。ERP 则强调企业准连续的计算机过程管理,应用范围包括生产制造阶段与后勤保障阶段。对象包括制造设施,用于生产的制造资源,例如物料、设备、班组、车间与资金等,还包括资源利用的生产过程,例如零部件的采购、装配、制造、加工、销售等流程。

利用过程与项目管理系统从制造企业内部设计、制造、装配与管理系统的相互调节,不仅考虑了各系统之间的集成联系,还考虑它们与外界其他子系统的集成接口,在整个产品生产周期范围中协同、合并各个数据与应用程序,充分实现流程之间的优化,改善企业内部有机运作方式。制造企业相关人员通过业务流程执行子模块对产品设计、装配关系、产品规范与工艺流程等进行操作与管理。

②集成信息交流子模块

制造企业的业务流程执行模块内部之间、内部与电子商务运营其他模块之间的信息传递与交换是通过信息交流子模块来实现的。该模块以一定的数据形成与交流方式,同其他业务流程模块设计相契合,提供制造企业业务流程、应用逻辑组件的信息交换边界,并从各种运营模块中提取相关的信息传送到资源管理、信息存储与任务监控模块,实现各个应用模块之间的信息以及系统管理总线与各应用模块之间所建立的应用集成。同时从各种应用系统中传递相关信息流到资源管理模块、任务监控模块和信息存储模块,实时直观地反映制造生产管理状况,并进行有效的控制。

第二部分:制造企业流程监控模块

制造企业流程监控模块的内容是与制造流程和资源利用相关的监督与反馈服务,包含进度查询、资源监控、信息查看与错误反馈等。对于企业各部门的管理监督人员来说,资源监控是企业资源配置情况的有效监督;企业用户、合作伙伴与内部操作人员则利用进度查询、信息查看与错误反馈进行管理。制造企业流程监控模块分为以下几个子模块:

①制造进度查询子模块

产品在制造过程的各个环节的执行情况可以采用树形、表格或图形等可视化途径加以展示,让用户、合作伙伴与企业内部相关人员及时了解、跟踪、监督关键业务流程的状态与性能,通过生产过程的数据了解产品设计、开发和制造的进度。

②制造资源监控子模块

企业管理人员利用制造资源监控子模块掌握制造企业电子商务的人员配置、生产设备与原材料使用等情况,对制造资源配置实时控制并进行有效监督。

③产品信息查询子模块

产品信息以零件图、装配图等形式让具有相关权限的管理者或用户在一定的界面远程浏览,同时及时查询产品结构、性能、装配、工艺等信息。

④错误反馈子模块

用户、合作伙伴与企业内部人员在产品设计、制造过程中对产品外形、制造流程与工艺提出更正条件与额外要求时,错误反馈子模块将更正要求反馈到相应的应用子系统,及时澄清错误,满足多样化需求,提高企业内外交互效果与系统的灵活性。

(3)传统制造企业市场与销售环节电子商务运营

传统销售方式是通过电视、报纸或杂志等媒体做广告向目标客户传递产品信息。电子商务环境下,销售主要对象可以广泛地发布于搜索引擎、网络聊天室、网上论坛、电子邮件或者门户网站,为传统制造企业提供更丰富的电子方式介绍与推介自己的产品。通过网上产品信息展示、在线售前咨询、在线订单提交到电子支付,传统制造企业电子商务减少了传统销售渠道中的批发零售等中间环节,降低流通成本,加速信息流转速度,传统制造企业市场与销售的效率大大提高。传统制造企业市场与销售环节电子商务运营主要包括电子交易模块、金融网络模块、个性化推荐服务模块等。

电子交易模块是指制造企业与金融机构网络之间的资金来往,包括网络订购、支付以及配送过程中的一系列服务,包括认证服务、审核服务等。电子交易模块负责企业与金融网络系统之间网上货币的转移。金融网络模块是发卡行、中介行、收单行等多个金融部门组成的内部网络,主要完成资金的传递、金融系统之间的交互等任务。

作为电子商务交易的基本组成部分,电子支付是传统制造企业电子商务运营活动的重要支撑环节。它利用一系列安全协议、加密手段等多种网络技术完成客户、企业与金融机构之间资金快速转移。在利用互联网开展商务活动的贸易形式下,运用电子货币的形式来替代传统物理形式的货币,典型的电子支付方式包括各种电子货币,例如电子信用卡、电子现金与电子支票等。

电子网络中的商品交易把有形的货币变成电子数字传输,其安全性受到人们的广泛关注,安全可靠的支付技术提供制造企业与金融网络系统之间的安全连接,确保敏感信息在传输层与表示层中的完整性、机密性,它与身份验证相结合,形成安全、实用、快捷的支付模式。电子交易模块的设计需要在数字签名、非对称加密等安全技术基础上将电子支付方式与传统货币流通方式相结合,从支付流程的构建上优化电子交易环节,使用户更好地使用并接受电子交易方式,适应企业电子商务的形式。

制造企业针对用户的不同需求、兴趣与爱好可以实现个性化推荐服务,它由多个数据处理模块组成,包括收集系统、预处理系统、推荐系统等,能够与制造业电子商务平台的其他系统协调合作,为用户提供个性化网络服务。对于用户而言,网站的实用性、独特性与方便性成为回访的重要吸引力。因而个性化推荐模块根据用户的信息进行搜集,加以储存,然后利用数据挖掘、统计分析与数字建模等相关工具分析这些信息,并将分析的结果在适当的时间以合适的表示方式告诉给相关的用户。通过网络技术与智能信息处理技术,个性化服务的个性化导航、过滤、信息检索等服务可以向用户推荐其感兴趣的浏览内容与产品信息,提高用户的满意度,这种科学智能的产品推荐服务让制造企业满足不断提升的用户需求,适应市场竞争。

(4)传统制造企业物流配送环节电子商务运营

传统物流方式一般需要通过电话或传真告知对方具体交货时间、地点和方式等信息。电子商务环境下,在买方完成在线支付以后,制造企业根据订单的交货信息,采取相应的物流配送方式。物流配送是制造企业电子商务运营的重要组成部分,其目标是将产品安全运送到客户手中。传统制造企业电子商务物流有别于传统物流,需要具备更高的物流服务水平来保障。以制造企业的经营目标与条件限制划分,制造企业物流模式可以分为自建物流系统、与传统商务共用物流、第三方物流和物流联盟等。自建物流与共用物流比较容易控制,可以提供个性化服务,但前者缺乏专业人才、投入较大并难以覆盖更广大的区域,而后者易受传统物流观念的束缚,现代物流观念不足。第三方物流则提供专业化服务,覆盖区域与人群相对较大,成本较低,但不容易控制,个性化服务难以施行。物流联盟可以在多个企业之间协商物流服务项目与要求,共同遵照施行,发挥规模效应,取长补短,提升整体物流水平,实现专业化,但协商合作难度较高。

(5)传统制造企业基础设施与人力资源管理环节电子商务运营

基础设施是传统制造企业中起支撑作用的运营要素,不是单个要素起作用,而是通过整个价值链的大量要素来支持企业的正常生产与管理活动,一般包括管理计划、财务会计、法律保障、质量管理等。电子商务环境下,传统制造企业对生产的实时监控使经营计划更具有预见性,同时财务活动更加高效与便捷,质量管理在量化的基础上更科学。

传统制造企业人力资源管理以电子商务为手段产生较大变化,不仅仅是吸引人才,还包括人才的发展。从企业招聘开始,制造企业的人事政策可以通过企业网站进行公布,由此建立潜在的人力资源库。企业员工无论身在何处,都可以通过企业的视频会议、电子邮件、网络通信工具与内部网等电子方式进行学习、交流,并参与企业的管理,提出解决问题的方案。

3.传统制造企业电子商务运营概念模型构建

传统制造企业电子商务运营是一个知识高度集中综合的商务活动,需要对企业产品信息、管理信息、商务关系等各种信息形成统一、协调的认识,并将各种运营环节及其模块高度耦合,找出业务功能与类型集中化的关键领域。对于传统制造企业来说,其业务不仅仅包括商品的买卖,更重要的是关注提高制造企业自身产品线上开发、设计、制造等流程的自动化与电子化。企业与业务伙伴协同合作,尽可能缩短产品设计周期与生产时间,减少各种无谓的成本耗费,以应对日益激烈的市场竞争环境。

分析传统制造企业电子商务运营各个环节以后,结合企业业务流程与价值链,构建传统制造企业电子商务运营概念模型,如图 2-1 所示:

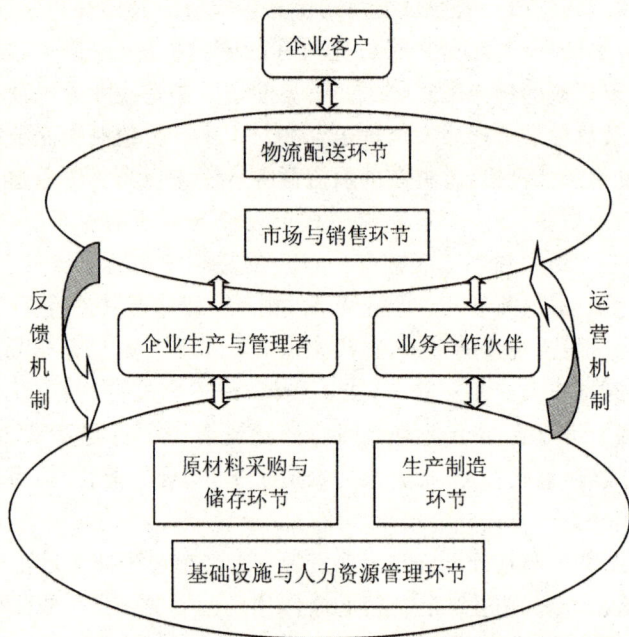

图 2-1　传统制造企业电子商务运营概念模型图

对于企业客户而言,可以利用传统制造企业市场与销售环节的个性化推荐服务模块,查询企业各种产品信息,由产品分类目录或者推荐列表进一步浏览产品功能与效果。在电子交易与金融网络模块订购产品之后,查看所订购产品的生产状态、制造安排与进度等信息,通过反馈机制及时传达所订购产品的变更要求,还可以对个人账号信息与购物车中的产品进行适时维护操作等。

传统制造企业基础设施与人力资源管理环节的电子商务运营对保障企业正常生产与管理活动是必不可少的。企业生产与管理者以及业务合作伙伴通过协作执行各自的生产与管理任务。传统制造企业原材料提供者通过原材料采购与储存环节电子商务运营保证及时供应原材料以便加以储存。生产制造环节电子商务运营的制造企业应用系统集成、制造企业流程监控模块等可以对产品生产状态、制造进度实时监控,及时发现、更正产品设计与制造过程中的缺陷与错误,维护企业内部信息流程与产品制造的正常进行。最后,合作物流企业通过物流配送环节电子商务运营将客户所需要的产品完好地送达客户手中。

　　传统制造企业电子商务运营模型反映了传统制造企业价值链上许多复杂的技术设计、实施、组织管理与商务关系管理工作,组织管理的复杂性与困难性都会超过技术的复杂性。其中,技术只是设计与运作传统制造企业电子商务的工具与实现手段,技术本身不足以对传统制造企业电子商务所涉及的商业主体、商业关系与运营方式进行全面指导。传统制造企业电子商务运营模型的核心仍然是商务活动,传统制造企业电子商务运营模型的结构及其功能取决于电子商务市场的参与者:企业客户、企业自身与企业业务伙伴(包括供应商、通信服务提供商、物流商、银行服务机构以及其他相关服务提供者),同时取决于各种利益相关者的战略规划、利益需求与经济关系等。而传统制造企业电子商务运营管理者的运营水平与成熟程度则是最重要、最直接实现运营效益的关键因素。

第二章 如何确定传统制造企业电子商务需求

目前国内业界人士和学者对企业电子商务需求的研究主要有两个视角：一是从技术视角研究企业电子商务实施过程中对相关技术的需求；二是从客户需求视角研究企业电子商务实施过程中的网络客户需求，这一点可以从国内近几年出现大量的网络消费者行为研究热点看出。作者认为，研究企业电子商务需求不仅仅要考虑客户（或者消费者）的需求与购买行为，还要考虑企业网站运营者、网站设计者、企业商务合作伙伴、政府或行业监管者等等的需求。弄清楚企业电子商务需求分析的本质、研究企业电子商务需求分析的主体及内容、提出企业电子商务需求分析的方法和技术，不仅有利于企业更好地发展电子商务，更有利于丰富与完善企业视角的电子商务理论体系。

一、电子商务需求研究述评及传统制造企业的电子商务需求的本质

（一）企业电子商务需求研究述评

从国内外研究文献看，与企业电子商务需求研究相关的成果主要集中在以下几个方面。

1. 对企业电子商务需求内容问题的研究

国内外学者对企业电子商务需求内容有完全不同的理解，主要领域是：网站软件开发的技术需求、网络客户需求、重点行业的发展需求、企业的管理需求等。

其中，谭琨（2010）在《网络效应下的动态客户需求知识获取方法研究》一文中提出，网络效应下的动态客户需求知识获取方法研究共分为两部分，首先，建立客户网络，利用本体论的相关知识获取客户兴趣关键词，并使用复杂网络的方法建立基于客户兴趣的复杂网络，在 Woodruff 的客户需求层次模型的基础上获取客户网络的整体需求；然后，依据匹配算法获取客户动态需求。李虎林

(2009)在《基于目标的客户需求分析技术的研究与实现》一文中,以遗传算法为依托,提出了一种基于目标的客户需求获取方法,并将此方法应用到一个原型系统——虚拟旅行社平台 IPVita(Intelligent Platform of a Virtual Travel Agency)之中。万雪峰(2010)在《在线大规模定制下面向多类型客户需求的产品配置研究》一文中提出了在线大规模定制环境下的客户类型以及不同类型客户需求,针对在线配置客户需求特点,建立了适应不同类型客户的客户需求模板。具有交互式作用的客户需求模板分为两部分:结构化需求模块、非结构化需求模块。结构化需求模块主要包括:需求特征确定、需求信息分类、特征约束确定、映射规则建立。非结构化需求模块主要包括:自然文本输入、需求提取分析、交互反馈处理、需求规范处理。需求的规律、行为、趋势、作用、特征等是网络客户需求研究的热点。

高玫瑰(2008)在《基于消费者需求的服装电子零售发展策略初探》一文中对服装网络消费者需求进行了调查分析,提出了发展消费者需求下的服装电子零售的解决方案,并运用逆向营销理念在消费者需求分析的基础上提出开展消费者需求下的服装电子零售的路线和发展模式。聂海兵(2005)在《电子商务环境下需求链管理研究》一文中提出,需求链以市场和客户需求为导向,以提高竞争力、市场占有率、客户满意度和获取最大利润为目标,以协同商务、协同竞争和多赢原则为运作模式,需求链表达了企业对客户需求的强烈关注,显示了从客户的需求提出开始,到客户的需求得到满足为止,贯穿整个需求链的所有商业活动。其中,电子商务在物流、外贸、证券、农产品、旅游方面的需求是目前研究的热点。

网站软件开发的技术需求将在下一部分专门进行述评,企业的管理需求则主要表现在电子商务对企业资源计划管理、企业业务流程重组管理、企业供应链管理、企业客户关系管理等方面的整合需求,由于篇幅关系这里不再一一列举。

2.对企业电子商务技术需求问题的研究

技术需求是国内外学者企业电子商务需求研究的重点和热点,甚至一些学者认为电子商务需求就是网站技术需求、软件开发需求。

其中,澳大利亚学者麦斯阿塞克(2009)在《需求分析与系统设计》一书中,论述软件需求分析与设计的原理、方法和技术,强调对象技术及统一建模语言(UML)在企业信息系统开发中的应用,并讨论了使用 Web 技术和数据库技术进行开发的方法。何兵(2002)在《电子商务管理模式与信息技术的需求和支持关系》一文中,讨论了电子商务管理模式的主要特征,信息技术需求和支持的关系,分析了电子商务管理与现代信息技术的需求与支持关系。

甘明鑫(2011)在《电子政务系统的需求分析》中,对电子政务系统需求分析的基本概念和基础理论与方法以及当前需求分析方法存在的问题进行讨论,提出面向用户的电子政务需求分析方法,电子政务的需求模型及建模方法,分析需求的关键成功因素,并对需求方案的编写、评价与管理进行了论述。

3.对企业电子商务项目管理需求问题的研究

国内外一些专家学者认为,企业电子商务需求分析本质上是个项目管理过程,需求分析的方法适合于一般的项目管理需求理论。

其中,朱筱筱(2010)在《电子商务网站建设项目需求分析探析》一文中提出,电子商务网站建设项目的需求分析,在工作步骤上与一般的软件系统需求分析有所不同,其过程分为外部分析、客户需求分析、内部需求分析及网站推广需求分析等步骤。在需求分析过程中要充分考虑电子商务网站的特点和要求,才能构建一个成功的网站。吕飒英(2006)在《利用需求分析三阶段实施中小型企业电子商务项目运作管理》一文中提出,目前中小型企业对电子商务的需求越来越迫切,但由于种种原因,电子商务在实际中却未充分利用,究其原因主要是对电子商务项目管理的需求分析不足;从中小企业生命周期入手,以不同生命周期阶段对电子商务项目需求不同,提供一些可操作性的理论基础;掌握电子商务项目需求分析三阶段方法,正确实施中小企业电子商务项目管理。刘璇(2010)在《基于原型法的电子商务项目需求工程研究》一文中,从需求管理的对象出发,对比面向过程的结构化分析方法,以及面向对象的分析策略,提出以原型法为需求建模方式,结合电子商务项目需求特点和目前面临的主要问题,深入研究并阐述了以原型法驱动需求管理的理论和方法。

(二)传统制造企业电子商务需求的本质

1.传统制造企业电子商务需求是主观愿望和客观要求相结合的产物

企业目标就是实现其宗旨所要达到的预期成果,没有目标的企业是没有希望的企业。企业是为一定的目的而存在的有机组织,为完成自身的目标和使命不断地采取有理智的行为,这个过程就是企业需求的满足过程。而正是有了各自的需求,每个企业才会积极努力地开展经营活动,才有了我们所看见的纷繁复杂、充满活力、充满竞争的商业经济市场。

对于企业而言,企业需求的产生同样是主观愿望和客观环境要求结合的产物。之所以有主观因素的作用,是因为某种特定的结果是否对企业有吸引力,要根据企业的战略特点而定。对同样一项结果而言,对有的企业是有吸引力的,会产生某些需求,而对另一些企业这种结果可能没有吸引力,因而不会产生针对这种结果的需求。企业的需求受客观条件的限制,是因为企业处于某种具体的社会环境之中,现实条件使得企业产生某种特定的需求。例如,缺乏资金的现实使得企业产生对资金的需求,资金的缺乏也会限制企业产生某些方面的需求,如购置高价的先进生产设备等。在电子商务出现以前,不知道电子商务为何物,人们不了解电子商务的作用,不清楚电子商务能对企业实现其目标有何帮助,因此不会有企业产生对电子商务的需求。所以,企业的需求也受环境因素限制。由此,企业的需求是主观愿望和客观要求相结合的产物。

2. 传统制造企业电子商务需求是技术需求,更是商务需求

电子商务需要相应的技术支持,但其商务功能的中心地位不可忽视。从传统制造企业视角看,开展电子商务工作,其本质是要围绕企业的存在意义,为企业创造价值,创造利润。没有收益,再先进、高端的技术也是一个摆设,对企业而言只能增加负担,平添成本。因此,企业电子商务项目相关人员必须有一个清醒的认识,必须统一以商务为中心的思想,围绕为企业创造利润这一个最高目标开展项目建设工作。

为此,传统制造企业在分析电子商务需求时需要注意以下几点:第一,技术确实很重要,但是商务是中心。传统制造企业电子商务项目从策划、设计到实施所有过程中,技术的使用是服务于商业的利润创造中心,无需炫耀技术的高级与先进。第二,对于传统制造企业的电子商务项目而言,技术负责人确实非常重要,在项目设计、实施过程中占有不可替代的重要地位。此外,由于一些技术问题并非被项目团队所有成员所熟悉与掌握,有时并非所有团队成员均能判断技术负责人所作决策的目标所在,从而阻碍项目的顺利实施。鉴于此,国外一些企业电子商务项目最高技术负责人往往是项目负责人或项目负责人副手直接兼任,以确保技术决策的科学、合理和适度。

3. 传统制造企业电子商务需求是网站功能需求,也是综合需求

很多人一谈起企业开展电子商务,就想起要建一个电子商务网站。当然,网站是传统制造企业电子商务工作的界面和窗口,它扮演着企业电子商务工作中买方与卖方"交通枢纽"的作用。但是,做好传统制造企业电子商务工作决不仅仅是做好一个网站就可以了,它需要对企业开展电子商务的动机、现实基础、企业文化、偏好等各个方面有充分全面的认识,需要理解企业为什么要开展电子商务工作、需要开展一个什么程度、什么水平、什么规格的电子商务项目,需要掌握隐藏在企业网站功能背后的真实想法,在这种综合分析基础上再通过各种需求分析方法落实到网站这个点上,将各种综合需求融入到网站功能之中。

为此,传统制造企业开展电子商务工作需要注意以下几点:第一,需求分析工作的开展不能仅依靠网站开发技术人员。由于网站技术开发人员出于职业思维习惯,往往只关注技术细节,需求分析视角一般比较狭窄,对于经济、社会、

文化等综合需求往往关注不够,这不利于需求分析工作的开展。第二,网站需求与其他需求是一种直接需求与间接需求的关系。从发展战略看,传统制造企业电子商务是一个持续、长期的商务工作,需要从长远眼光审视企业的发展方向,考虑问题往往是全盘、综合的视角,而网站需求则更多考虑的是信息、交易等基本的直接商务功能,考虑问题的时间纬度往往是近期的、直接的。

要想对产品类别与定位、市场现状、客户特征、企业技术、企业人才、财务状况,甚至企业文化、创新偏好、行业走势等有个全面的认识,需求分析员需要从各个不同视角了解企业,因为行业与企业的背景认知对于准确把握企业电子商务的综合需求而言非常重要。

二、传统制造企业电子商务需求分析的主要内容

需求分析的内容是什么呢?这是传统制造企业进行需求分析的核心问题。从企业理论和实践看,传统制造企业电子商务需求分析的主要内容应包括:商务定位需求、投入规模需求、网站功能需求、项目管理需求、研发设计需求与其他需求。

(一)商务定位需求

目前,学术界对商务定位还没有明确的界定。单从定位一词看,南朝梁刘勰在《文心雕龙·明诗》中有"《诗》有恒裁,思无定位,随性适分,鲜能通圆"之说。清朝曾国藩在《江宁府学记》中曰:"先王之制礼也,人人纳于轨范之中,自其弱齿,已立制防,洒扫沃盥有常仪,羹食肴藏有定位,绥缨绅佩有恒度。"由此可见,定位往往是指一定的规矩或范围。相应地,商务定位则是指企业对从事商务活动的范围和规矩的把握。企业做任何事情都有原因,有基本的定调。传统制造企业开展电子商务工作也一样,也会有自己的商务定位。

传统制造企业电子商务活动的商务定位是指企业在开展电子商务活动前事先确定的商务经营管理等方面工作的范围、规矩及总体路线等。从战略层面讲,传统制造企业电子商务的商务定位是一个宏观性的东西,为企业以后开展电子商务工作指明发展方向,指明路线。从表现形式看,传统制造企业电子商务的商务定位通常是一个简短的口号或总结,它是企业决策层在全面的战略分析后对定位所作的文字表达。

传统制造企业开展电子商务需要从以下几个方面考虑商务定位问题:

1. 商务模式的定位

企业电子商务有不同的类型,如按照交易主体不同可以分为 B2B、B2C 等,

按照按交易对象不同可以分为直接交易型电子商务和间接交易型电子商务。因为 B2B 和 B2C 这两种模式在商业运作方法和资源基础要求上差别很大,一般的企业往往只会采用其中一种商业模式。对于传统制造企业而言,销售的产品为工业品或销售量比较大、需要批发销售的消费品可以采用 B2B 模式,而面向终端用户、适合网上零售、希望小范围尝试的消费品则建议采用 B2C 商业模式。

2. 电子商务赢利策略的定位

如企业电子商务的最后运营结果令人不满意,可能不是因为产品不好,也不是因为推广宣传不好,而可能在赢利策略的定位上出了问题。一个企业特别是传统企业涉足电子商务,首先要解决赢利策略的问题。常见的赢利策略主要包括:创造新价值,新客户获得赢利的策略;低成本运营策略;资源整合策略;充当中介性质收取佣金策略;建立门户,实现 B2B 策略;细分市场,通过对市场的细分,针对特定目标实现赢利的策略等。

3. 电子商务目标客户的定位

确定了赢利策略就要研究自己的赢利策略所针对的目标客户。企业的客户呈 80/20 特征,即创造 80% 购买力的是你 20% 的客户。因此,目标客户是为你提供 80% 营业额的 20% 客户。

4. 电子商务核心产品定位

商场如战场,电子商务也一样。要想在众多网站中脱颖而出,就需要知己知彼,清楚自己的核心竞争力是什么,将自己的优势深挖、放大,才能做到百战不殆。在网站同质化严重、产品空前丰富、市场竞争呈无区域边界的全球竞争态势时,企业在开展电子商务时,不管其赢利策略是什么,都一定要有自己的核心竞争力,否则就无法说服客户、留住客户。

5. 电子商务独特的卖点定位

确定了上面的内容,接下来就要用一种好的方式将自己的优势更好地展现给客户。有了好的资源和目标再加上好的展现形式,可以快速提高网站的转换率。独特的卖点是针对不同的行业、不同的网站、不同的产品甚至不同的时间段,具体的方式也需要不断更新。

(二)投入规模需求

对于很多传统制造企业而言,是否开展电子商务不仅要看企业外部的环境,更需要看企业当前的处境,即企业的投入能力。但是,对企业经营管理决策者而言,投入问题不仅是能力问题,更需要考虑投入是否值得、是否必要的问题,即投入产出对比问题。

传统制造企业电子商务的投入规模需求是指企业推进电子商务项目前,对投入什么、投入多少、如何投入、如何进行投入监管等方面的具体需求。从投入内容角度看,传统制造企业开展电子商务需要从以下几个方面考虑投入规模问题。

1. 人力投入规模需求

人力投入就是指发生在人力成本上的各种支出的总和。这些支出的内容表现为:取得人力的投入、人力培训开发的投入、人力替换的投入。第一项是取得人力的投入成本。企业取得任何人力都需要进行大量的投入,包括招聘、谈判、测试等方面的支出,特别是高级人才的取得更是需要支出大量的时间、精力和资金。第二项是人力培训开发的投入成本。人力培训开发是保证人力持续发展的重要途径,企业为了维持自身在激烈的市场竞争中不被淘汰,不仅需要对引进的人力进行培训和整合,而且也需要对原有的人力进行在职培训。培训开发是个长期和持续的过程,特别是在知识经济社会,知识更新的速度非常快,为获得、掌握各种新的信息和适应各种新技术,必须要有长期的培训开发过程。这构成了人力投入的一个很重要的方面。第三项是替换原有人力的投入成本。任何一个员工适应新的岗位,一般要经历一个(视岗位的复杂程度)或长或短的磨合时期,这一时期工作的效率和工作的质量都将大打折扣,从而造成一定程度的额外支出或收益的减少。

人力投入的基本表现形式是人力投资。人力在企业的生产运行中不断地创造价值和剩余价值,并转移到商品和服务中去,在市场上实现,以使企业不断地获得利润和效益。但是要维持人力正常运转,必须对人力进行相应的投入以使其维持自身的简单再生产和扩大再生产。这些投入主要包括:工资、福利费、医疗保险、失业保险和其他相应的投入。此外,企业在人力上的其他投入还包括:人力管理投入、人力安置投入、人力遣散投入等等。

对于传统制造企业而言,其电子商务项目人力需求与企业传统工作人力资源要求有很大的差异,鉴于其内容的独立性和重要性,本部分内容将在第四章电子商务项目团队组建和第九章企业电子商务项目客户资源开发单独探讨。

2. 财力投入规模需求

财力是指一定时期内企业实力的财务表现,即从价值形态上表现的企业实力。通常,人们把财力的大小与拥有和可以拥有的货币多寡作同义语。但严格地讲,现实的财力不是其全部,而只是用于和已经用于社会再生产的部分。那些离开社会再生产过程,不用和不能在再生产过程中发挥作用的货币和其他形式的物质财富,就不是现实的财力。所以,现实的财力就是资金,包括一切流动资金、固定资金和暂时闲置的资金,其表现形式还可能是股票、债券等。

对于传统制造企业而言,企业决策层更关心推进电子商务需要多少的项目启动资金? 可能的后续发展资金是多少? 资金投入的构成情况怎样? 资金投入是否科学合理? 资金投入是否有风险? 等等。由于电子商务项目的网络特征,传统制造企业电子商务项目的财力投入包括:用于网络基本设备设施的采购、租赁等费用;电子商务软件系统的开发、采购或租赁费用;网络推广、销售渠道建设维护等费用。企业决策者一般最关心的是各个功能板块需要多少资金才能正常发展,各个阶段投入多少最为合适等问题。

3. 物力投入规模需求

物力是指企业拥有的进行生产经营活动所需的土地、厂房、建筑物、构筑物、机器设备、仪表、工具、运输车辆和器具、能源、动力、原材料和辅料等。企业所需物力一般包括两大类:一类是作为劳动手段,它形成企业的固定资产;一类是作为劳动对象,它形成企业的流动资产。这两类物力共同构成企业的有形资产。

对于传统制造企业而言,其电子商务项目物力投入需求主要包括工作场地、网络基础设备设施、物流设备设施、办公设备设施,有时还需要照相机、摄像相关设备等。其中工作场地与企业传统工厂性质完全不同。由于其功能的服务性,企业电子商务项目工作场地更倾向于现代商务大厦等商务型工作场所,以便于为工作人员营造一种商业服务的工作心理。网络基础设备设施也不同于企业传统的机器设备设施等内容,一般包括计算机终端、服务器、网关路由器、防火墙、网线等,有时企业服务器还可能需要交由专业服务器维护商管理或者单纯租赁服务器。物流设备设施通常是指网络商品储存、展示专用货架和专用的仓储设备设施,若企业想自己承担物流配送功能还需要购买专用物流配送设备。一般而言,传统制造企业若采用 B2C 模式的话,对仓储、货架的数量和规格要求会比企业土地使用权状况的运行要求高。

4. 无形资产需求

根据维基百科全书的解释,无形资产是指由特定主体所拥有,无一定形态,不具实体,但可构成竞争优势或对生产经营发挥作用的非货币性资产,如知识产权、人力资源、企业文化等都可以算是无形资产。无形资产一般可分为法定无形资产与无法律保护的收益性无形资产。法定无形资产也称为智慧财产权,是指受法律保护的无形资产,如营业秘密、版权、专利、特许、租赁、商标、商誉及土地使用权等。另一种则为无法律保护的收益性无形资产,如非专利技术、技术秘诀(know-how)、专业技术人员等,收益性无形资产则会影响一个组织的效益、生产量、耗费量及机会成本,最后也会反映在盈余、顾客满意度、市值及股票价格上。无形资产看不见,摸不着,没有实体,为特定主体所有,并在将来给企业带来额外经济利益的一种资产。

对于传统制造企业开展电子商务而言,弄清楚企业原有的无形资产类别、规模、价值,既是企业需求分析的基本目标,也是传统制造企业充分利用已有资源快速实现企业价值链延伸和强化行业控制力的手段,更是传统制造企业实现产业升级的砝码和根基。

传统制造企业电子商务无形资产需求分析的关键是要做好两项工作。一是如何高效利用传统制造企业现有无形资产问题。对于传统制造企业开展电子商务而言,无论是营业秘密、版权、专利、特许、租赁、商标、商誉及土地使用权等法定无形资产,还是非专利技术、技术秘诀、专业技术人员、企业文化等收益性无形资产,都是上帝赐予的巨大的"财富"。但如何巧妙地将传统制造企业的无形资产嫁接到虚拟性的电子商务项目之中? 即使是处于理论前沿的学术界对此也缺乏系统的科学研究。因此,需要企业创造性地将两者糅合在一起,力图实现"1+1>2"的效果。二是如何做好无形资产的风险管理问题。由于网络传播的无时间、无空间、无领域性,传统制造企业很有可能因一个管理失误而影响全局,而电子商务项目的传播不仅会影响网络业务,也会反过来影响传统业务,给传统制造企业造成巨大的心理威胁。从国际经验来看,传统制造企业开展电子商务后一般需要建立一个专门的网络品牌管理机构,由专业团队进行无形资产科学管理,以降低风险。

(三)网站功能需求

处于不同发展阶段的企业会有不同的发展战略。在传统制造企业发展电子商务时,不一定要建立自己独立的网站,但若企业确实需要建立网站,则应分析其网站功能需求? 一个成功的商业网站,除了应该在视觉艺术上使浏览者赏心悦目外,更应该注重其网站的功能,即通过网站给浏览者提供哪些特定的功用、价值。一个现代企业的网站如果在版式与功能设计上都非常到位的话,将会对企业自身的宣传和市场经营产生巨大的推动作用。虽说传统制造企业的电子商务网站并不存在固定统一的功能标准,但是一般应有用户管理、信息发布、询价谈判、信息检索、邮件服务、用户自助服务、论坛等基本功能,除此之外,还有用户个性化服务功能与其他增值服务功能。

1.用户管理功能

电子商务网站一个很重要的功能是对客户的管理。用户管理的主要内容是通过对用户提交的注册信息的分析,对不同业务系统的用户登录进行统一认证,包括用户密码、身份及权限的认证,并且根据系统的配置,在认证成功后跳转到相应的系统中去。系统对用户的权限认证一般会采用用户组及会员制的方式。在进行会员管理时,应进行会员信用等级的评定。信用等级的评定有多种方式:可以通过工作人员检验与核实会员注册信息的真实程度来确定;也可以在交易时通过分析会员的交易记录来确定;会员信用的评价体系还可以灵活设置修改,根据新的情况添加或减少评价指标,并方便地改变或定制信用评估算法。会员信用等级的划分可采用多级制。例如在五级会员制中,最低为一级,最高为五级,级数越高,会员的信用等级也越高。对于信誉度不好且无改进的用户,系统设立黑名单,禁止这种用户在系统中交易。会员在拥有了不同的信用等级之后,管理员就可以对他们进行分组管理了。一个用户组可以拥有多个用户,一个用户也可以隶属于多个用户组。用户注册默认为一般用户组,管理员可以通过这个功能,改变用户隶属的用户组,从而使其获得更多或者更少的系统访问权限。

2. 信息发布功能

在电子商务项目实施过程中,许多企业管理者发现:网站是建好了,可不见订单来,建好的网站是个没有商气的"冷店"! 此时,需要管理者审视自身是否用好了信息发布功能。对企业而言,信息的发布包括企业的信息发布、合作伙伴的信息发布与客户的信息发布。其中企业的信息发布主要包括:企业基本信息发布模块(如企业荣誉、人事、重大事件通告等)、商品信息发布、促销信息发布、行业信息发布、合作伙伴信息发布、人才招聘信息发布、广告信息发布等。

3. 询价谈判功能

电子商务网站中的询价系统应该为用户提供灵活的商品价格查询和分析手段。用户可以自己定义复杂的查询条件,从不同的角度去搜寻自己需要的商品和价格;询价系统还要与商品和供货商管理模块实现系统集成,同时预留与其他商情系统的数据交换接口,可以提供实时的价格信息。对同一类或同一种商品的价格趋势、渠道状况等进行分析,以制定合理的购买策略。询价系统的另一重要用途在于:买方可以通过询价系统找寻自己满意的商品价格,也可以通过询价系统在招投标管理中制定合理的价格标底。询价系统的结果和其他子系统的信息一样,可以通过各种发布渠道传达给用户,如触摸屏、计算机、手机短信、WAP 等。

4. 信息检索功能

商品检索引擎系统应支持多种方式的检索:简单的关键词检索、复杂的智能检索、对商品分类等进行的高速查询。目前的很多电子商务网站都提供了贴心式导购服务,这种导购服务实际上就是信息检索功能的综合运用,即通过向客户提供畅销商品、推荐商品、特别企划、专卖店、更新商品、商场打折等信息检索的方式,更好地为消费者提供服务。

5. 邮件服务功能

邮件列表具有传播范围广的特点,可以向 Internet 上数十万个用户迅速传递消息,传递的方式可以是主持人发言、自由讨论和授权发言人发言等方式。厂家、商场、商店和普通消费者都可以申请邮件列表,成为某个邮件列表的管理者或信息接收者。

6. 用户自助服务功能

网上自助服务一般是指有服务需求的主体通过互联网技术获取或传递主体所定制的信息和数据。这里的获取和传递是指这是一个数据和交易双向流动的过程,定制则是指每个主体都有个性化的要求,它包含所有能够自助的应用,目标是使客户能够通过标准 Web 浏览器检索到所需要的信息,可以自己在桌面为自己服务,实时得到自己想要的东西。

自助服务可以节省大量人力资源,减少相关的纸介质,使客户获得更高的服务水平,从而提高其满意度和忠诚度。客户自助服务管理系统可以使客户在任何时间进行交易,商家对客户的服务将延伸到网上,使客户可以在第一时间得到所需信息。比如,客户不必等候就可以进行交易;客户可以用 E-mail 找到他们问题的答案;客户可以与商家的其他客户交流,以更加了解商家的产品等。自助服务系统也为供应商提供必要的服务。比如,为供应商提供通过网上查看清单,判断是否需要补货的功能;供应商亦可以将他所负责的商家的采购订单的执行状况、发运执行状况、出厂质检状况等一系列信息提供给他所服务的商家。

7. 论坛功能

论坛系统亦称电子公告板系统,是网上社区的重要组成部分,它为互联网站提供了一种极为常见的互动交流服务。论坛可以向网友提供开放性的分类专题讨论区服务,网友们可以在此发表自己的某些观感、交流某些技术、经验乃至人生的感悟与忧欢。近年来,很多企业和政府机构也开始通过论坛进行市场调查、市场反馈、在线服务、在线讨论、在线问卷、技术支持等活动,有效增加了他们对市场的了解程度,也加强了他们对客户的服务力和亲和力。

8. 个性化服务功能

电子商务网站的设计还应该从怎样留住客户的角度出发,考虑到不同用户的各种需求,提供个性化服务。个性化服务的系统设计包括以下三个方面:一是个性化页面的设计,通过个性化页面可以让每个用户拥有自己所喜爱的页面,页面的版式、风格、颜色、字体均可由用户自主选择,真正做到随心所欲;二是个性化定制信息,用户可以定制自己需要的信息:包括新闻、供求信息等等;三是支持客户的个性化需求,跟踪客户在网站上的活动,并可使系统据此提供最符合客户习惯和需求的个性化服务,如商品推荐、商品比较等。

9.其他增值服务功能

增值服务功能的形式有很多,随着信息技术的发展,还有更多的增值服务的新形式和新内容出现。如通过基于 Web 的短信息平台,可以向手机用户提供发送短信、铃声、图片、定制新闻、点播、游戏等服务;为企业用户提供集团短信服务;支持最新的彩信业务;与 WAP 系统和 Web 网站集成;提供订阅、发送、点播、注册等日志供管理员进行查询;为第三方接口进行短信的发送和接收处理等。

(四)项目管理需求

传统制造企业推进电子商务工作的过程是一个项目管理的过程。项目是指在一定的约束条件下(主要是资金限定和限定时间),为完成某一独特的产品或服务并具有特定目标的一次性任务。项目的内涵包括三个层次:第一,项目是一项有待完成的任务,且有特定的环境与要求;第二,在一定的组织机构内,利用有限资源(人力、物力、财力等)在规定的时间内完成任务;第三,任务要满足一定性能、质量、数量、技术指标等要求。这三层含义对应着项目的三重约束条件:时间、费用和性能。项目的目标就是满足客户、管理层和供应商在时间、费用和性能(质量)上的不同要求。传统制造企业开展电子商务工作,其决策者最关心的就是在一定时间、资金限制条件下,工作团队是否能完成相应的工作任务,达到一定的性能指标。

从需求分析的内容看,传统制造企业电子商务项目管理的主要内容一般包括 4 个生命阶段、5 个基本过程、9 大职能领域和 42 个要素。其中,4 个生命阶段的管理是指概念阶段管理、开发阶段管理、实施阶段管理和收尾阶段管理。5 个基本过程的管理是指启动过程的管理、计划过程的管理、执行过程的管理、控制过程的管理和结束过程的管理。9 大职能领域的管理则包括项目范围管理、项目时间管理、项目费用管理、项目质量管理、项目人力资源管理、项目沟通管理、项目风险管理、项目采购管理、项目综合管理等。42 个要素则是指项目与项目管理、项目管理的运行、通过项目进行管理、系统方法与综合、项目背景、项目阶段与生命周期、项目开发与评估、项目目标与策略、项目成功与失败的标准、项目启动、项目收尾、项目结构、范围与内容、时间进度、资源、项目费用与融资、技术状态与变化、项目风险、效果度量、项目控制、信息文档与报告和项目组织。企业需求分析人员需要准确判断本企业电子商务项目的生命阶段,准确确定5 个基本过程的管理策略,并采用科学的管理方法,明确 9 大职能领域的管理分工,对 42 个要素进行全面认识并应用于项目实践。

传统制造企业电子商务项目管理需求分析的关键是把握好电子商务项目管理的特殊性和特定规律。与企业传统项目管理不同,传统制造企业电子商务项目管理需求分析具有三大特征。一是知识性。由于电子商务项目无论是使用技术、应用方法还是实施过程,都要使用大量的现代信息技术和最新科学计量技术,这使得整个项目管理过程也充满了知识性,没有知识将寸步难行。二是不确定性。在传统制造企业电子商务项目职能管理领域中,无论是项目范围管理、项目时间管理、项目费用管理、项目质量管理、项目人力资源管理、项目沟通管理、项目风险管理,还是项目采购管理和项目综合管理,都存在传统业务与现代服务的融合,这极大地增强了项目需求分析的不确定性。三是用户关联性。由于电子商务项目天生的网络关联性,这使得企业与用户沟通既成为可能,也成为必须,项目管理需求分析人员不得不将来自于网络平台的用户意见吸收到企业研究开发、产品设计、生产制造甚至营销渠道建设之中,以适应网络经济背景体验营销的现实需求。

(五)研发设计需求

研发又称为研究开发、研究与开发或研究发展,意指各种研究机构、企业为获得科学技术新知识,创造性运用科学技术新知识,或实质性改进技术、产品和服务而持续进行的具有明确目标的系统活动。研发一般包括四个要素:创造性;新颖性;科学方法的运用;新知识的产生。研究开发活动的产出是新的知识,或者是新的和具有明显改进的材料、产品、装置、工艺或服务等。研发一般有理论研发和产品研发两类,对于传统制造企业而言通常是指产品、技术的研究和开发。设计则是把一种计划、规划、设想通过视觉的形式传达出来的活动过程,可以把任何造物活动的计划技术和计划过程理解为设计。

随着现代科技的发展、知识社会的到来、创新形态的嬗变,研发设计过程也发生了变化,不再只是专业研发设计师的工作,而需要更广泛的用户参与到研发设计之中。以用户为中心的、用户参与的创新研发设计正日益受到关注,以用户体验为中心的研发设计的创新 2.0 模式、3.0 模式正在逐步形成。因此,传统制造企业若想依托电子商务促进产业升级和价值链延伸,就必须在项目谋划阶段考虑研发设计需求路径、模式和技术问题,并通过电子商务项目策划将其需求融入到项目整体活动之中。

对于传统制造企业发展电子商务过程中的研发设计需求,变革最大的是设计。由于网络平台的虚拟直观性,研发设计过程的改变首先表现为以用户体验为中心的设计方式与手段、途径等的改变。对于研究,其主要表现为新知识的获得、产品和服务的创新,而对于材料的改进、装置的更新、工艺的改进等方面研究的影响甚微。因此,传统制造企业在进行电子商务需求分析的初期就应该及时将产品设计、服务设计的重点内容镶嵌于项目管理工作的整体之中。

(六)其他需求

除了以上几种需求之外,传统制造业企业电子商务还有以下几种需求:

1.技术需求

这里指的技术需求是指传统制造企业开展电子商务前对技术发展和现实需要的宏观把握,一般包括技术性能需求、技术运行环境需求、技术升级需求等三大类。其中,技术性能需求有响应时间、响应方式、存储容量及其网络安全性等表现形式;技术运行环境需求包括操作系统、数据库、网络结构等形式;技术升级需求则包括软件和硬件升级、换代,以保持可扩充性、可维护性长远思考等方面的需求。

2.艺术设计需求

艺术设计需求是指企业决策层对企业电子商务网络世界形象的一种艺术期望,是一种心理期盼。一般包括网络艺术风格、网络视觉形象、网络造型、网络界面设计及美工实现等内容。

3.企业流程需求

企业流程在需求分析、需求协商与明确中具有重要判定作用,因此需求分析员也应关注企业流程需求。企业流程需求一般包括企业流程重组需求、企业物流模式选择需求、支付模式及流程设计需求、网络推广需求等。

三、传统制造企业电子商务需求分析的任务

(一)明确角色定位

需求分析之前首先是角色定位问题。各主体只有正确定位自己的角色才能更好地推进需求分析工作。从需求分析的根本任务看,传统制造企业电子商务最终需要建立一个电子商务系统,以服务于用户。在传统制造企业电子商务系统构建过程中,需要涉及需求分析员、系统设计者、系统运营者、系统用户以及系统合作者五类关系主体,弄清楚各个主体的角色定位对需求分析成功至关重要。

从图3-1企业电子商务系统角色关系需求分析逻辑模型可以看出,需求分析员、系统设计者、系统运营者、系统用户以及系统合作者共同决定需构建的企业电子商务系统。因此,需求分析员需要主动和系统设计者、系统运营者、系统

用户以及系统合作者四类主体沟通,以了解来自不同视角的现实需求。其中,系统用户的需求信息最为重要,因为它是价值的源泉,但系统用户对系统需求的描述往往具有模糊性、不确定性、变化性和主观性的特点;系统合作者与用户一样均来自企业外部,但它对需求的描述相对清晰,其需求描述对需求分析员具有一定的借鉴意义;系统运营者一般是需求分析的委任者,它的需求描述对需求分析最为直接、实用,需求分析员一般要花更多的时间听取它的需求;系统设计者与需求分析员距离最近,通常是一个工作组或项目团队,对于一个大中型企业电子商务项目而言,系统设计者与需求分析员通常是一个团队的不同任务小组,当然,需求分析员若是顾问公司性质,这两者也可能是完全独立的不同主体。

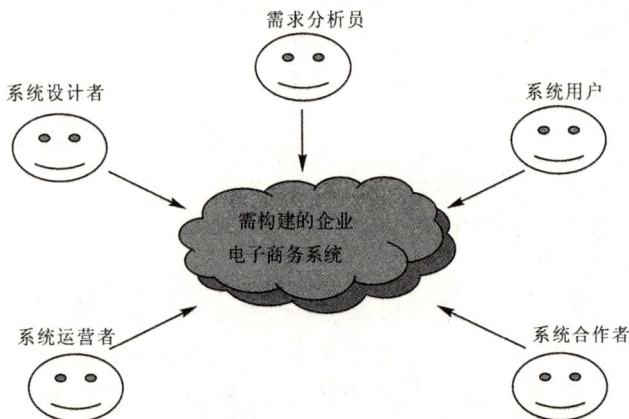

图 3-1 企业电子商务系统角色关系需求分析逻辑模型

(二)构建需求分析引导概念模型

需求分析是一个复杂的系统工程,应通过运用一系列专业方法,并需要在过程中进行逻辑深入和渗透。其中需求分析引导既是一个重要的现代分析方法,也是逻辑深入过程的重要起点。需求分析引导通过逻辑抽象这一概念过程,大大提升了需求分析的效率和准确率。企业电子商务系统需求分析员需要通过咨询调查发现系统的需求,这个咨询调查过程一般涉及客户和行业领域专家。特殊情况下,需求分析员若兼有行业领域足够的经验,可不需要行业领域专家。需求分析引导概念模型见图3-2。

领域知识来自于行业领域专家,其需求是行业专家广泛获取的、与事件无关的业务规则和可应用到典型行业和电子商务系统的专业智慧、技能和经验。从客户导出的需求以用例场景来表示,他们不同于专业性行业领域基本知识,

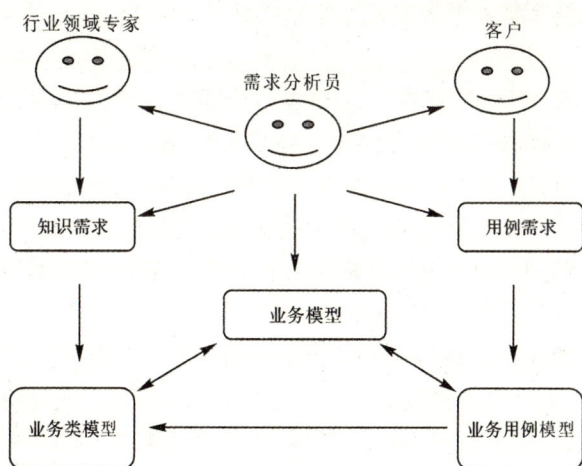

图 3-2　需求分析引导概念模型

通常捕获了组织的独有特征,即当前企业运作业务的方式或业务应该怎样运作的方式。

业务模型构建需要用到具有行业特征的领域专业知识和末端业务运作需求,需求分析员的任务就是将两个需求集合合并并构成业务模型。其中,业务类模型是一个标识业务对象的高层类图,业务用例模型是标识系统中主要功能构成块的高层用例图。业务用例模型主要用于表示业务用例、业务用例之间的关系以及业务参与业务用例之间的相互作用。

(三)学会基本的需求引导方法

传统的需求引导方法一般包括面谈法、问卷调查法、洞察法和文本研究法等。这些都是简单的、符合成本效益的方法。与现代的需求分析方法相比,传统的需求引导方法使用方法简单、技术难度不高,对解决复杂情形的系统需求分析能力不足。

1. 面谈法

根据需求分析引导概念模型,需求分析面谈的对象主要是客户,有时还可能是行业领域专家。面谈是发现事实和聚集信息的基本技术。大多数的面谈过程都是与客户一起进行的。与客户面谈大多用来导出用例需求。如果需求分析员没有足够的领域知识的话,可以邀请行业领域专家面谈。与行业领域专家的面谈通常是一个知识转换的过程,即对需求分析员来说是一个学习过程。

与客户的面谈更加复杂,原因是客户可能对他们的需求只有一个模糊的认识,他们也可能不愿意合作或不能够用可理解的方式表达他们的需求,他们还可能提出超出项目预算或不可实现的需求。并且,不同客户的需求之间还可能发生矛盾冲突。

面谈有两种基本形式:结构化的和非结构化的。结构化面谈需要提前准备,有一个明确的时间安排,并且许多问题都是预先确定的。有一些问题可以是无确定答案的,由于这些问题的答案无法预计,所以要提前进行信息和知识的储备。对于那些有确定答案的问题(答案可以从提供的可选答案中选取或者简单回答"是"或"否"),也需要认真斟酌其正确性及完整性,不可简单考虑答案问题。

非结构化面谈往往是结构化面谈的有益补充。非结构化面谈更像非正式的会议,没有预定的问题或预计的目的。非结构化面谈的目的是鼓励客户讲出自己的想法,并且在这个过程中导出需求分析员没有想到的或者没能提出的相关问题。通常而言,非结构面谈往往需要需求分析员熟练的语言沟通技巧和深厚的知识背景,其目的往往是挖掘出结构化面谈无法解决的问题。

结构化和非结构化面谈都必须有某个出发点和讨论的语境,它可以是一篇短的书面文档,或在会议之前发送给面谈者的电子邮件,解释面谈的目标或准备提出的一些问题。一般来说,以下三种问题应该避免:第一,固执己见的问题。在这种问题中,面谈者(直接地或间接地)表达自己对这个问题的观点,例如:"必须按我们的方式来做这件事!"第二,带偏见的问题。类似于固执己见的问题,但面谈者的观点明显是有偏见的,例如:"你不想做这件事,对吗?"第三,强加的问题。它假设了问题的答案,例如:"你是这样做事的,不对吗?"

国外的面谈法专家建议在面谈中应注意以下几类问题。第一,面谈中提出的任何问题的具体细节。询问 5W:何事(what)? 何人(who)? 何时(when)? 何地(where)? 为什么(why)? 第二,未来的憧憬。由于面谈对象可能不清楚各种系统约束,可能提出非常幼稚、无法实现的想法。第三,另类想法。可以以问题的形式向面谈对象提问,也可以作为面谈者的建议来征求意见。第四,作为问题的一个解决方案被接受的最低限度。好的、有用的系统是简单的系统,因此,发现最低限度的需求对于确定系统的可使用范围是必要的。第五,其他信息来源。发现重要的资料和其他面谈者不知道的知识来源。第六,要求图表。面谈对象绘制的解释业务过程的简单图形化模型对于理解需求可能是无价的。

成功的面谈需要注意很多方面,但最重要的因素或许是面谈者的沟通和人际交往技巧。除了对面谈者提问并且控制局面外,仔细倾听和保持耐心也很重要。为了保证正确的理解,面谈者应当把面谈对象的陈述分段后返还给他/她以寻求进一步确认。

为了维持良好的人际交往关系并获得额外的反馈,面谈的记录应当在一两天内被送到面谈对象那里,并要求给出评论。

面谈作为一种传统需求引导方法,具有如下独特的优点。第一,因为能够动态地对面谈对象的谈话做出反应,因此信息收集具有灵活性,不受时间约束。第二,通过进一步刨根问底和收集相关资料,可能获得对需求的更深理解。第三,通过视频会议,甚至可能与地理上分散的利益相关者进行面谈。

面谈的缺点则体现在以下方面。第一,当以会议的形式进行面谈时需要大量的后续活动,如听面谈录音,报告返回给面谈对象,消除误解,这需要时间开销和高昂的成本。第二,容易曲解和带有偏见。第三,对同一个问题容易获得来自不同面谈对象的相互矛盾的信息(通过分组面谈和现代需求引导方法,比如头脑风暴和其他研讨方法,这个缺点可以得到克服)。

2. 问卷调查法

问卷调查法是调查对象较多时常用的客户需求分析法,其缺点是不够深入、具有被动特征。它一般用来作为面谈的补充形式,而不是要替代它。但也有特例,那就是目标清楚的低风险项目。对这种项目,利用问卷调查表就已经足够了。

一般而言,问卷调查法没有面谈有效,因为缺乏面对面交流和灵活性。调查表是被动的,这既是它的优点,也是它的缺点。优点在于回答者有时间去考虑如何回答,并且回答可以是匿名的。缺点在于回答者不容易弄清楚这些问题的真实含义和原因。

问卷调查法的调查表应该设计得使回答者尽量容易回答。特别是应该避免选用开放性问题,大多数问题应该是封闭式的。封闭式问题可以采用如下三种形式:第一,多项选择问题。回答者必须从提供的答案集中选取一个或多个答案(允许回答者附加注释)。第二,评价问题。回答者必须表达他/她对一段陈述的观点,通常是在数字上画圈,或者,如"强烈同意、同意、中立、不同意、强烈不同意和不知道"。第三,排序问题。这里所提供的答案应该用序数、百分比或类似的排序方式给出。

一个设计良好、易于回答的调查表需要鼓励回答者及时返回完成的调查问卷。但是,在评估问卷结果时,需求分析员应该考虑到由于有些人没有回答以至于可能提供不同答案的这个事实所带来的偏差。

当需要调查很多人的观点而他们所处地理分散的时候,问卷调查法的调查表特别有用且经济。但是,准备一份好的调查表需要精心计划,而对于答案的统计分析需要恰当的技巧。

3. 洞察法

有些情况下,需求分析员发现通过面谈和调查表很难获得完整的、有深度的信息。客户或者不能有效地表达信息,或者只有一个完整的业务过程中的片段知识。这种情况下,洞察法可能是有效的发现事实的方法。

洞察法有三种基本形式:第一,被动观察。业务分析员观察业务活动而不干扰或不直接干预它。某些情况下,可以使用摄像机进行这种更少干预的观察。第二,主动挖掘。业务分析员参与到活动中,并且有效地成为团队的一部分。第三,解释发现。在工作过程中,用户向洞察者说明他/她进行的活动。

要使洞察法具有代表性,洞察者应该持续较长的一段时间,在不同的时间段上和不同的工作负荷下进行。

洞察法的主要困难在于人们在被观察的情况下总想表现出不同的行为。特别地,他们总想按照形式化的规则和过程去做。这样会由于隐藏了正面或负面的工作方法而歪曲了现实情况。另外,洞察法可能会涉及敏感的个人信息和组织机密,从而可能带来道德、隐私,甚至法律问题。

在积极的方面,洞察法是捕捉完成特定任务所需时间的必不可少的技术。它也是其他需求引导方法获得的信息的重要校验者。最后,由于它的可观看特性,洞察法能够揭示某些深藏在工作中的工作经验,这些经验不能被其他引导技术发现。

4. 文本研究法

文本研究法是发现用例需求和领域知识需求的宝贵技术。虽然它可能只针对系统中所选择的某些方面,但仍然常被使用。用例需求通过研究已有的企业文档、系统表格、报告来发现需求。对用例需求最有价值的了解方式之一是缺陷问题的记录和现有系统的变更请求。

一般而言,文本研究法要研究的组织文档通常包括:业务表格、工作过程、职位描述、政策手册、业务计划、组织图、办公室之间的通信、会议纪要、财务报表、外部通信、客户投诉等。

文本研究法要研究的系统表格和报表应包括:计算机屏幕和报表,相关的文档——系统操作手册、用户文档、技术文档、系统分析和设计模型。

领域知识需求一般可通过研究领域刊物和参考手册获得。对专用软件包(如 ERP、CRM 系统)的研究也提供丰富的领域知识。另外,访问公共图书馆和软件供应商也是需求分析引导过程中文本研究法的一部分。

(四)研究应用现代的需求分析引导方法

随着科学技术发展,现代的需求分析引导方法开始得到推广利用。目前,得以广泛应用的现代需求分析引导方法主要有软件原型法、头脑风暴、联合应用开发和快速应用开发等。与已讨论的其他方法比较,这些方法提供更为强大的分析功能,使用户能够更好地理解需求。但由于其专业性更强,通常需要应用者具有更多的知识、付出更多的努力。

由于不明确的目标、未成文的过程、不稳定的需求、不完善的用户知识、没有经验的开发人员和不充分的用户承诺等原因的存在,需求分析的内容会表现出内容复杂、难度大、风险高的特点,此时需要采用现代的需求分析引导方法。

1. 原型法

原型法来源于软件开发,是较常使用的现代需求引导方法。构造原型是为了使整个系统或者系统的一部分对用户可视化,以便获得他们的反馈。原型是一个演示系统,其用意是首先提出一个解决方案工作模型,它呈现出 GUI(图形用户界面),并且可对各种用户模拟系统行为。其特征是能给用户一种直观的效果。

通常,当使用其他方法很难从客户那里获得需求时,系统原型是一种非常有效的需求引导方法,尤其是当系统需要增加新的业务功能时。当各项需求之间存在矛盾或者在客户和开发人员之间由于知识结构差异等原因而沟通困难时,原型法往往也可奏效。现代 GUI 的复杂性和增长的客户期望使原型开发在系统开发中必不可少,系统的灵活性和可用性可以在真正实施之前通过原型很好地估计出来。

原型法一般包括两种原型:第一,"丢弃"原型。当需求引导完成时,该原型将被丢弃。"丢弃"原型针对生命周期的需求确定阶段,它主要集中在系统的功能需求上而不考虑性能、运行环境、用户界面等。第二,进化原型。在需求引导过程之后仍被保留并被用于产生最终产品。进化原型将产品发布的速度作为目标,它集中在理解得很好的需求上,使得产品的第一版能够很快发布,尽管功能可能还不够完整。

2. 头脑风暴法

当一群人围绕一个特定的兴趣领域产生新观点的时候,这种情境就叫做头脑风暴。由于会议使用了没有拘束的规则,人们能够更自由地思考,进入思想的新区域,从而产生很多的新观点和问题解决方法。当参加者有了新观点和想法时,他们就大声说出来,然后在他人提出的观点之上建立新观点。所有的观点被记录但不进行批评。只有头脑风暴会议结束的时候,才对这些观点和想法进行评估。这就是头脑风暴法。之后的分析和决定与头脑风暴法技术无关。

头脑风暴法适合不同需求分析对象有不同的答案。由于被调查者对于具体需求意见不一致,因此,头脑风暴在需求引导中对各抒己见、思维碰撞非常有用。更有甚者,利益相关者总对需求有狭隘的观点或者偏见,而头脑风暴则能够帮助他们启发创意。

头脑风暴法一般需要一个人来主持会议,即调解人。在会议之前,调解人应当为将产生的新想法界定问题或者讨论领域,这被称作问题陈述。问题陈述界定了特定的头脑风暴会议的范围和采用的形式,如:问题、异议、关注、困难、神秘、困惑。在需求引导中,问题陈述很可能由触发式问题构成。国外学者针对需求引导的头脑风暴会议给出了下面触发式问题范例:

- 系统应当支持什么特性?
- 系统的输入和输出数据是什么?
- 在业务或者专业领域对象模型中需要什么类?
- 在面谈或者调查表中需要提出什么问题?
- 哪些问题还需要考虑?
- 项目的主要风险是什么?
- 在这次或者今后的头脑风暴会议中会问哪些触发式问题?

通常,头脑风暴会议应当限制在12~20人之间,围坐成一个圆圈,最好有一张大的圆形会议桌。调解人只是人群中的一员,所有参加者都是平等的。会议清单应当包括记事本、钢笔、每2~3人后面有大挂图,还有呈现问题机会陈述和触发式问题的投影机。在会议过程中,参与者想出触发式问题的答案,大声喊出它们以便铭记在心,或者将答案写在一张纸上。然后,答案可能顺着圆圈传递给后边的人。这样会激发人们产生更多的想法。这个过程一直持续到没有新的想法产生或者持续一段固定的时间(如15分钟)。这时候,请参会者读出他们面前的纸上所记下的想法,这可能是来自其他参会者的想法。这些想法被写在一张挂图上,之后可能有一个简单讨论。会议的最后一步是投票表决这些想法的先后顺序。可以给每个参会者一定的票数,一个好办法是每个参会者发固定数目的便签,让他们将便签贴到挂图上的那些想法的旁边,每个想法旁边的便签数就是最后票数。

3. 联合应用开发法

联合应用开发法(Joint Application Development,JAD)是指在一个或多个工作会议中的一次联合应用开发,它需将所有的需求分析对象带到一起,类似于头脑风暴法。联合应用开发法是IBM公司在20世纪70年代后期引入的,起先并没有得到广泛应用,现在这种现代需求分析引导方法正逐步向不同领域拓展。目前,国外已经有许多专门从事JAD需求分析的专业组织和执行JAD会议服务的咨询公司。

一般而言,一次JAD会议可能要几个小时、几天甚至两三个星期,参加人数常为25~30人。会议参加者应有以下几类:第一,领导,组织和召集这次会议的人。这个人具有很强的沟通能力,他不是项目的利益相关者(除了作为

JAD 领导之外），但应具有很好的业务领域知识（但不需要好的软件开发知识）。第二，文书人员，在计算机上记录 JAD 会议的人。这个人应该有快速录入的技能，应该具备很强的软件开发知识。他能够使用 CASE 工具为会议生成文档，并开发最初的解决方案模型。第三，客户（用户和经理），他们是交流、讨论需求、做出决策、认可项目目标等工作的主要参与者。第四，技术开发人员，开发队伍中的业务分析员和其他人员，他们听得多说得少。他们在这个会议上发现事实并收集信息，而不支配这个过程。

JAD 的最大特点是利用了群体动力优势。群体能提高生产力、学习得更快、做出更理智的判断、消除更多的错误、采取更具风险的决定（尽管这一点可能是负面的）、使参与者的注意力更多地集中在那些最重要的问题上、使人员一体化等等。实践证明，当按照规则召开 JAD 会议时，更易于产生令人惊奇的好结果。但有时也有反面的案例，如"福特汽车公司在 20 世纪 50 年代就因为 Edsel（由一个委员会设计的汽车）而经历了一次市场灾难"。

4. 快速应用开发法

快速应用开发（Rapid Application Development，RAD）不仅仅是一种需求分析引导方法，它还是一种基于过程的软件开发方法。RAD 往往能快速塑造一个系统解决方案，但技术上的精良性则往往不够。

RAD 组合了五个方面的技术。第一，进化原型。第二，带有代码生成以及在设计模型和代码之间的循环工程的 CASE 工具。第三，拥有先进工具的专业人员（SWAT），RAD 开发小组包括组织能够得到的最好的分析员、设计师和程序员。开发组在严格的时间安排下工作，并与用户在一起。第四，交互式 JAD，一个 JAD 活动，在此期间，文书由具有 CASE 工具的 SWAT 小组代替。第五，时间盒，一种项目管理方法。该方法将固定时间期限强加到 SWAT 小组，以完成项目。

RAD 方法对许多项目来说是有吸引力的，特别是那些不在组织核心业务范围内并不需给其他开发项目制订日程表的小项目。

(五)做好需求协商及复审

1. 为什么要需求协商

在需求分析过程中，来自客户的需求也许是重叠或者矛盾的。有些需求可能是模棱两可或者不现实的，其他一些需求可能还没有被发现。由于这些原因，在形成需求文档之前需要对需求进行协商及复审。

实际上需求协商及复审是与需求引导同步进行的。在进行需求引导时，就需要接受一定程度的审查。涉及社会群体的所有现代需求引导本来就是如此。

此外,当引出的需求已经汇编成一张表后,它们仍然有必要接受细致的协商及复审。

需求协商及复审过程与需求文档的书写过程不可分离。需求协商通常是以文档的草稿为基础的。如果有必要,要对文档草稿中列出的需求进行协商和修正,删除错误的需求,增加新发现的需求。

需求复审需要更加完整的需求文档版本,其中所有的需求都要被清楚地标识和分类。利益相关者阅读文档并且召开正式复审会议,复审常常被结构化为走查或审查,它们也是测试的一种形式。

2. 确定需求范围非常重要

信息技术项目的选择和需实现的系统都是在系统规划和业务建模活动中确定的。然而,系统之间详细的相互依赖关系只有在需求分析阶段被发现。确定系统边界是需求分析的重要任务,使得这个过程中的"范围调整"问题可以早点解决。

为了确定任何特定需求是在系统范围之内还是之外,需要对照参考模型,才能做出判断。以前,这种参考模型通常是以关联图的形式提供数据流图(DFD)解决。虽然 DFD 在 UML 中已经被用例图所代替,但是关联图仍然是目前建立系统边界的很好的方法。

然而,可能还有其他原因将需求归到系统范围之外。例如,需求也许太难,不能在计算机化的系统中实现,应当由人工处理;或者需求的优先级不高,需将其从系统的第一个版本中删除;需求也可能在硬件或者其他外部设备中实现,但这些都超出了软件系统的控制范围。

3. 用需求依赖矩阵排"虫"

假定所有的需求都已经清楚地标识和编号,那么就可以构建需求依赖矩阵(或交互矩阵)来排除需求中的矛盾和重叠。需求依赖矩阵需要按一种分类顺序分别在行和列的表头上列出需求标识符,如表 3-1 所示。

表 3-1　需求依赖矩阵示意图

需　求	R1	R2	R3	R4
R1				
R2	矛盾			
R3				
R4		重叠	重叠	

矩阵的右上部分(包括对角线和对角线以上,即阴影区域)没有使用。剩下的单元格表示任何两个需求是否重叠、矛盾或者冗余(是指空白单元格)。

　　若发现了矛盾的需求,需求分析人员应加强与客户的沟通讨论,可能的话重新陈述这个需求以避免矛盾(矛盾的记录应该保留,并对后续的开发可见)。重叠的需求也要重新陈述以消除重叠。

　　当需求数目比较少的时候,需求依赖矩阵是一种发现需求矛盾和重叠的简单有效的技术。如果情况不是如此,但需求被按类分组,在每一类中独立地比较,这项技术也许依然有用。

　　4.强化需求风险识别工作

　　一旦需求中的矛盾和重叠已经解决,就产生了一组修正后的需求,接下来需要对这些需求进行风险分析,并排列优先级。风险分析要确认那些很可能在开发阶段产生困难的需求,而排列优先级是为了在项目面临延迟的时候,方便地重新界定其范围。

　　项目的可行性实际上依据项目风险而定。项目风险是对项目计划实施的一种威胁,其威胁往往来自于财政预算、时间、资源分配等方面。通过识别风险,项目经理能够尽力控制它们。根据国外经验,典型的需求风险有以下几种。第一,技术风险,需求在技术上难以实现。第二,性能风险,需求实现后,会延长系统的响应时间。第三,安全风险,需求实现后,会破坏系统的安全性。第四,数据库完整性风险,需求不容易验证,并且可能导致数据不一致性。第五,开发过程风险,需求要求开发人员使用不熟悉的非常规开发方法,如形式化规格说明方法。第六,政治风险,由于内部的政治原因,证实很难实现需求。第七,法律风险,需求可能触犯现行法规或者假定了法律的变更。第八,易变性风险,需求很可能在开发过程中不断变化或进化。

　　比较理想的状况是需求优先级可在需求引导过程中从个体客户处获得,然后在会议中协商,并且当附加了风险因素时,再一次进行修改。

第四章　传统制造企业电子商务项目团队的组建及管理

团队(英文为 Team)是由员工和管理层组成的一个共同体。它需要充分利用每一个成员的专业知识和实践技能开展工作,协同解决问题,达到团队共同的愿景目标。团队的构成要素包括5P,分别为目标、人、定位、权限、计划。传统制造企业电子商务项目团队是指为开展电子商务业务,传统制造企业专门组建的工作队伍。相对生产制造工作团队而言,传统制造企业电子商务项目团队本质上是一个服务团队,一般专业性强,现代知识和技术水平要求高,也是典型的知识型团队。本章将在分析传统制造企业电子商务项目团队特征基础上,重点探讨项目团队组建方式和管理问题。

一、传统制造企业电子商务业务的特征及对员工的要求

业务的内容和特征决定了企业对员工素质的要求标准。传统制造业不同于一般的服务业和新兴产业,其电子商务业务具有非常独特的特征。从业务内容看,传统制造企业电子商务业务主要涉及渠道合作、客户服务、网络技术、营销推广、物流配送等环节,并在各个环节中体现不同的业务特征及员工素质要求。

(一)传统制造企业电子商务业务的特征

开展电子商务工作后,传统制造企业业务包括两类:一类是原有的企业生产制造环节业务;另一类是线上线下销售业务。其中,传统制造企业生产制造环节业务主要关注生产制造技术、原材料采购、生产过程管理等内容;而销售环节业务则更关注传统线下销售渠道的控制,以及线上销售渠道的建立、实施、维护及管理等内容。

1.渠道合作类电子商务业务的特征

渠道合作,是指同一渠道的不同企业之间为了共同的利益而结成联盟或合作组织的行动。通过渠道合作,传统制造企业可以整合所有贯穿于电子商务业

务链的资源(包括传统分销商、信息服务商、支付结算服务商、物流服务供应商、广告公司、营销服务商等),为企业提供高效、高质量、高利用率的整体性渠道运行方案,满足企业资源利用需求。

渠道合作类电子商务业务是传统制造企业电子商务业务的核心内容。传统制造企业一般需要通过与各种电子商务渠道控制主体合作设计渠道使用方案,逐步建立有利于企业发展的销售渠道管理体系。渠道合作类电子商务业务类似于传统的供应商管理,它要求工作团队深入分析现有业务环境,并创造性地设计符合双方业务实际的合作模式和方案,灵活多变地推进双方的合作,实现共赢。从特征看,该类业务是一个外向型工作,需要团队擅长于沟通与交流;同时,该业务也是一个策划型工作,需要工作团队策划出符合合作共赢目标的模式,有时甚至需要一事一议,有时又需要循章办事。

2.客户服务类电子商务业务的特征

客户服务是为了能够使企业与客户之间形成一种难忘的互动过程(如愉悦的沟通、愉快的交易),企业所能做的一切服务工作。客户服务是企业与客户接触的窗口,肩负着企业与客户交流互动的重要使命。传统的客户服务最典型的方式是跨柜台的、面对面的交流,或者是电话沟通,解决问题的方式和服务内容均是被动式的,即出现问题→改正问题的"Problem Driven"问题驱动模式。

在电子商务环境下,传统制造企业客户服务通常是集服务与销售于一体的创造性互动交流活动。这种工作一般可以通过网络、电话、多媒体、数据库等等一切可以运用的技术手段,结合客户的数据表象特征,如购买年限、型号、地区等,推测客户可能会出现的情况,并整合资源满足客户特定需求,主动地服务于顾客。通常,企业电子商务客户服务工作更容易为客户提供个性化的服务,能超越被动式服务模式,并在客户满意的基础上让客户为企业说好话,做第三方宣传。同时,这种客户服务能为传统制造企业提供更全面有效的客户信息,能帮助传统制造企业更好地维系老客户,开发新客户,并指导企业按照客户的需求进行产品更新换代,推进生产工艺改进,进而为企业技术创新、产品创新、工艺创新提供支撑。

电子商务客户服务有如下几个表现特征:一是虚拟性。与传统客户服务不同,在购买之前、消费之中和享受之后,电子商务客户工作人员一般都是以虚拟形态出现的,不一定像传统客户服务一样活灵活现地呈现在用户面前。二是知识性。电子商务客户服务本质上是一种知识活动,它需要客户服务人员依托良好的知识素养为客户提供企业或产品的知识解读、纠偏、提升等服务,而不是像传统客户服务那样依靠工作人员丰富的自然语言和肢体动作来感染消费者。在现有模式下,客户服务工作人员的肢体语言将很难发生重要作用。三是平台依赖性。与传统客户服务的人员依赖性不同,电子商务客户服务必须依赖一定的信息平台才能开展客户服务工作,对平台的使用熟练程度、平台的表达形式和信息文明习性成为工作优劣的重要衡量标准。

3. 信息技术类电子商务业务的特征

电子商务是现代社会中网络技术、电子技术和数据处理技术等信息技术在商业领域中综合应用的结果。信息技术是传统制造企业电子商务项目的生命线,电子商务业务中的信息技术主要包括 Internet 技术、Web 技术、数据库技术、电子支付技术、安全技术、中间件技术和物流配送技术等。

一般来讲,传统制造企业电子商务项目首先要利用计算机网络技术构建一个适合本企业的电子商务网站或第三方租用平台,以开展产品展示、客户沟通、网络下单、网上支付等工作,在客户交流和购买的过程中还要保证支付活动的安全性,以及物流配送的高质量,这些技术共同为电子商务活动保驾护航。因此,传统企业电子商务项目开展对工作人员的计算机网络、网络安全、网上支付、物流等技术都有较强的要求。

尽管电子商务的核心是商务,但是,必要的技术支撑也是必不可少的。基于传统企业电子商务项目对技术的全面要求,项目团队中的员工需要对网站开发技术、计算机技术、软件应用技术、数据处理应用技术等相关技术非常熟练,并能综合运用;同时还要能善于学习应用新技术,以灵敏的感知去学习并熟练掌握一切有利于本企业电子商务项目实施的新技术;还要能理解非技术人员的技术需求,将各个部门所提出的新的想法付诸技术实践。

4. 营销推广类电子商务业务的特征

销售是企业生产经营活动价值实现的现实途径,传统制造企业只有通过销售产品才能实现其价值。传统的企业销售方式非常强调通过调动销售人员的主观能动性来促进产品销售,增加销售额。电子商务在很大程度上改变了企业传统的营销理念和方法。从企业的网上网下形象塑造、产品推广,到产品的销售过程,以及产品的售后服务、客户分析、客户管理等,企业电子商务活动的出现促进了网络营销理论的诞生。

网络营销(On-line Marketing 或 E-Marketing)是以国际互联网络为基础,利用数字化的信息和网络媒体的交互性来辅助营销目标实现的一种新型的市场营销方式。简单地说,网络营销就是以互联网为主要手段,为达到一定营销目的的营销活动。其主要特征有以下几个方面:一是时域性。互联网能够超越时间约束和空间限制进行信息交换,企业有了更多时间和更大的空间进行营销,可以随时随地提供全球性营销服务。二是富媒体性。互联网是一种可以传输多种媒体的信息载体,如文字、声音、图像等,这使得基于互联网的商务交易具有更好的信息对称性,也可以更容易发挥网络营销人员的创造性和主观能动性。三是交互性。网络营销人员可通过互联网展示商品图像,实时查询商品基本信息资料,通过网络互动技术软件来实现供需互动与双向的沟通,还可以进行产品测试与消费者满意调查等活动。四是高效性。互联网可传送的信息数量与精确度,远超过其他传统媒体,并能响应市场需求,及时更新产品信息或调整价格,因此能更及时有效地了解并满足顾客的需求。

由于网络营销推广的以上特点,在传统制造企业电子商务项目的实施过程中对项目团队也具有对应的要求。项目团队应当具备网络营销多方面的技能:一是应熟悉互联网行业基本理论,包括网络行为理论、网络消费心理、互联网发展背景与趋势、搜索引擎排名、点击率等,同时还应具有较好的统计分析能力、数据处理能力等。二是要掌握 B2B、B2C、C2C 等网络销售模式知识,能够以多种网络推广技术和方法支持企业开拓网络营销资源和渠道。三是要能够对制造企业所在领域其他企业有全面的了解,能为企业量身打造合理的营销方案。四是要掌握市场营销的基本技能。要有很强的市场营销知识和技巧,特别是商务沟通能力和团队合作精神。五是要有软文编写能力。因为网络平台的创造都是依靠一系列的软文来支撑的,企业信息发布、产品信息展示等,都需要有相当吸引能力的软文来支撑。总之,营销推广类传统企业电子商务项目团队需要有强抗压力能力、很强的网络语言表达能力、较强的网络策划和创新能力等。

5. 物流配送类电子商务业务的特征

物流配送是制造企业供应链活动的一部分,是为了满足客户需要而对商品、服务以及相关信息从产地到消费地的高效、低成本流动和储存过程。典型的制造企业一般要求在最低的存货条件下,物料畅通地买进、运入、生产加工、运出并配送到客户手中。传统的物流通常将企业中的进向物流、生产物流和出向物流割裂开来,各个部分在追求利益最大化的同时却导致瓶颈处处存在。

物流配送是电子商务的核心实体环节。随着现代信息技术的进步和管理水平的提高,企业靠减少资源消耗和节约劳动投入来获得"第一、第二利润"的空间越来越小,而物流配送环节通过降低库存,合理组织运输,促进流通加工增值,提高包装、储存、装卸水平等,可以大大降低流通成本,提高资金周转速度和效率,拓宽利润来源渠道和空间。有关资料表明,物流配送在我国工业企业中所占用的时间几乎是整个生产经营过程的 80%,流通费用占商品价格的 30% 左右,由此可见,通过电子商务整合物流配送活动可以给企业带来广阔的利润空间。现代物流通过与电子商务的紧密结合,有机地整合了物流、信息流、资金流,促进了物流的信息化、自动化、网络化、智能化和柔性化,并促进物流设施、商品包装的标准化。

(二)传统制造企业电子商务业务对员工的要求

从传统制造企业电子商务业务的特征可以看出,其对相关工作人员能力素质有特定的要求。

1.要有较广的知识面

电子商务本身是一门综合性学科,理论知识涉及计算机、网络技术、商贸、市场学、企业管理、物流、法律等,学科大类涵盖计算机、经济学、管理学、法律等众多领域,这决定企业电子商务工作人员需要熟悉各个领域的专业知识,需要工作人员在对经济管理和商务贸易知识掌握足够深度和广度基础上,结合传统制造业领域实际开展工作。由于知识面要广,传统制造企业电子商务业务特别需要其工作人员擅长于用自学、干中学、用中学,以弥补学校传统专业教学方法知识面偏窄的问题。

2.要有较强的信息驾驭能力

电子商务最大的特征是虚拟商业生态环境的建立,网络信息成为传统商贸面对面交易模式的替代者。从信息学角度看,其在产生、呈现、传递、存储、转化、利用、开发、创新等方面有一套独特的知识体系,特别是在充分利用计算机和互联网技术工具,有效地进行信息收集、分析、整理和挖掘,以及进行信息的发布、传播和推广方面完全不同于传统的"面对面"信息模式,需要相关工作人员有很强的信息驾驭能力,才能适应新的发展要求。

3.要有很强的创造性

电子商务本身是个新生事物,从技术角度看是基于国际互联网的现代信息技术的综合体,从商务角度看是基于网络平台的商业模式创新。在学科体系尚处于建设初期状况下,很少有现成的专业理论可借鉴,加上本领域的理论更多时候是落后于实践,这要求工作人员必须具备创造性开拓业务的能力。同时,传统制造企业电子商务业务本身是个综合性应用实战问题,不像纯基础性研究那样可多开展模仿,所以更需要创造性地解决现实问题。

4.要有较专业的技术能力

企业电子商务项目团队要求有计算机、经济学、管理学、法律等方面的基本知识,要能在每一个方面实实在在地开展业务工作,是行业的专才。如从计算机技术角度看,企业电子商务技术团队必须掌握计算机的使用和维护的专有技术,有相当的软件开发能力,特别是商务网站规划、设计和开发能力,以保证网络平台对客户的 24 小时开放服务。由于企业电子商务涉及每个行业领域的具体性,每个领域的技术都不能含糊,都必须非常精通,这大大增加了工作团队的技术学习难度。

5.要善于沟通交流

从业务工作对团队要求看,传统制造企业电子商务项目团队必须善于沟通,擅长于跟不同领域、不同行业的、不同性质的人员交流,寻求资源整合最佳途径。一是要学会与传统制造企业内部不同部门的沟通,重点是产品设计部门、售后服务部、品牌管理部等的沟通,获得企业内部的积极支持;二是要学会与外部关系的沟通,重点是搜索引擎、广告商、电子商务第三方平台、传统分销商、物流企业、金融企业等。同时团队还必须有与时俱进的素质,能够及时获取并学习最新的信息和知识,做到与外界环境的同步发展。

6.要有团队协作能力

正因为电子商务是一门综合性学科和专业性学科,才使得企业电子商务项目团队要有很强的团队协作能力。一方面,电子商务涉及的专业知识非常细、非常深,需要项目团队在每个领域都有专才;另一方面,企业电子商务业务模块又非常综合,需要团队成员通力合作、携手共同解决问题,专才与全才两者的不同要求决定了项目团队必须有很强的协作能力,必须将不同专业、不同领域的专家无缝链接到一个项目之中。

二、如何组建传统制造企业电子商务项目团队

一个高效的项目团队是传统制造企业开展电子商务的最基本保障,直接影响着电子商务业务能否顺利进行。所以要遵循科学合理的原则来挑选人才组建项目团队。

(一)组建原则

1.优选创业型人才

从内容看,传统制造企业电子商务项目本质上是镶嵌于传统生产制造业务之上的崭新内容,是一个有相当独立性的技术项目。由于项目内容和技术的新颖性,要求传统制造企业具备较强的开创性,要能适应从零开始、从无到有、从小到大的工作节奏,就像一个传统创业项目一样实现企业的创立、发展和壮大(只不过比较而言,传统制造企业电子商务项目的创业速度一般相对较快,要么很快成功,要么快速失败)。因此,组建传统制造企业电子商务项目团队一般也应充分考虑其创业型特征,优选具备创业创新素养的特定人才,而不是过多地选择传统产业领域的行家,从人文视角保障项目的创业特质。

2.选择适应网络文明的人才

网络文明是指网络上的具有网络社会特征的文明活动及产品,是以网络物

质的创造发展为基础的网络精神创造活动。网络文明给社会的经济社会发展带来了新的生机，带动了电子商务文明的发展。电子商务工作是建立在互联网发展基础上的，电子商务工作的开展与网络文明有着密不可分的关系。因此，在传统制造企业电子商务项目团队人才选择时应努力选择适应现代网络文明的员工。也就是说所选人才必须有网络基础，能在具体工作中利用现代信息网络平台开展各项活动，比如学习新知识、接触新思想、与客户交流、与网络合作伙伴谈判、创造性改造网络平台等。只有适应网络文明的员工才能在电子商务项目团队工作，才能依托网络平台不断开拓新业务。同时，优选网络文明型员工还可以借以推进企业网络文化的发展，使企业更容易适应现代社会的发展步伐。网络文明型的员工在网络中能够在道德和法律规范下自由活动，他们懂得如何去利用有利条件为传统制造企业电子商务的开展获取资源，同时在网络式工作环境中实现个人价值，适应网络文明的员工更适应企业电子商务工作，所以在团队组建的时候应优选能够适应网络文明的员工。

3. 以能力素质为中心组建团队

能力素质模型的创始人大卫·麦克里兰将直接影响工作业绩的个人条件和行为特征称为能力素质。能力素质模型用行为方式来定义和描述员工完成工作需要具备的知识、技巧、品质和工作能力，通过对不同层次的定义和相应层次的具体行为的描述，确定其核心能力的组合及完成特定工作所要求的熟练程度。电子商务业务具有高度的综合性和应用性，除了必备的专业知识和技能外，还要求其对应的团队成员具有较高要求的综合能力素质，如沟通能力、文字能力、协调能力、管理能力等。因此，在企业电子商务团队组建过程中，需要从团队战略出发，通过能力素质综合要求来评估和测试员工，以根据其职业能力和个性特点，按照"最合适"原则来进行人员配置，最终达到强化团队竞争力，提高企业业绩的目的。其组建原则是把不同特征、不同能力水平、不同性格、不同偏好的员工配置到不同的核心业务中去。

4. 强调专业知识的科学配置

专业知识科学配置的核心就是让特定知识技术能力的人担任最合适的工作。一般而言，由于电子商务项目的新属性，企业在选择电子商务人才时通常优选学历层次比较高的知识性人才。其实，电子商务与其他技术项目一样也存在着业务水平的层次性，有高技术的专业业务，也有低技术和低要求的业务工种。传统制造企业电子商务项目在人才布局时，应在尊重其专业能力的同时做到有效使用，人尽其才，特别要避免造成人力资源浪费。传统企业电子商务项目团队中的人才具有自己特有的知识体系和处事方式，在团队组建的过程中，需要充分考虑不同人才的知识能力体系进行合理配置，使其达到效率最优的效果。特别需要指出的是,电子商务项目中知识型员工多是追求自主性、个体化、多样化和创新精神的群体,激励他们的措施除了工资待遇外,往往还需要通过股权、期权、荣誉、行政职务等多种方式,他们一般对自我价值实现的要求较高。传统企业在开展电子商务项目的过程中,需要根据各类员工的特征,将其放到不同的知识、技术、技能岗位要求的特定工作上,这样才能充分调动员工工作的积极性,为传统制造企业电子商务的发展提供更强大的动力。

(二)组建方式与路线探讨

电子商务的蓬勃发展引起了各种类型传统企业的关注,无论是传统制造企业还是服务企业、农业企业。但是,对于这些传统企业而言,电子商务是一个新生事物,组建一个什么样的团队和如何去组建团队非常关键。从实现路径看,传统制造企业电子商务项目团队的主要组建方式有三种:一是依托原有业务团队组建;二是将业务完全外包给专业外部团队运作,本企业与外部团队通过契约开展项目合作;三是通过兼并重组等方式将外部团队吸纳进来,并与企业原有相关团队进行人员整合,按照资源优化配置的方法重构项目团队。

1.通过企业原有业务团队调配、转型等形式组建

企业自组织电子商务团队,自建电子商务平台是企业电子商务项目最高效的运转方式。银泰集团投资 1 亿元打造"银泰网",单独组建项目团队,自己投资建立仓储和物流配送体系。其"银泰网"完全独立于母公司运行,整个电子商务项目与其他传统业务有一定功能和技术隔离。企业建立自己的电子商务团队,构建电子商务平台,不仅可以有效地挖掘客户需求、培育市场,而且能充分应用电子商务平台,使企业得到以前无法获得的商业资源和商务机会,在激烈的市场竞争中领先于对手。在平台上,实现企业内部信息交流,通过网络迅速获得最新的商业信息,发布信息,建立网上品牌,保护企业的无形资产;同时,通过企业自己的电子商务平台参与国际、国内市场竞争,为企业创造新的销售渠道。

从来源渠道看,企业自建电子商务团队的人员一般来自于企业内部原有团队的相关业务部门。其中,来源渠道最多的是企业内部的管理、营销和技术部门,这些岗位人员需要结合企业电子商务项目功能需求进行合理调岗、转岗。

这种团队组建方法需要注意以下几个方面的问题:

第一,原有营销人员调入电子商务项目团队问题。

电子商务项目团队所需要的营销人员是一种网络营销人员,它与传统的市场营销人员在工作环境、技能、知识、性格、素养等方面区别比较大,调岗、转岗时需要进行一定的人员淘汰和筛选。现代网络营销人员特别重要的能力是基

于网络环境的创新、创意和实践能力,而传统的市场营销人员则特别强调人际交往与沟通能力,说服能力,这两者之间有比较大的区别。

第二,原有管理类人员调入电子商务项目团队问题。

企业原有管理人员调入电子商务项目团队的最大问题是面对的管理对象发生了很大的变化,这主要是传统的业务团队与网络业务团队在性格、工作模式和内容方面发生天翻地覆的变化,网络团队成员的个性化、个人偏好明显不同于传统业务团队,他们一般需要个性更为张扬,有创新和创业精神的成员。因此,原有管理类人员调入电子商务项目团队需要考虑调岗、转岗的管理人员是否能适应这一特定管理氛围。

第三,原有技术类人员调入电子商务项目团队问题。

尽管电子商务项目也需要大量的技术人员,但是传统业务与电子商务业务所需要的技术人员在职能上有较大的区别。其中,传统业务的技术主要从事软件开发、技术维护与调试,而电子商务项目所需要的技术人员则重点在网站技术开发、维护,和基于电子商务业务的品牌宣传、产品推广及网络客户参与活动,其团队技术人员的重要工作将是围绕网站的商务活动提供技术支撑。从工作重点看,前者强调技术开发,后者则强调围绕商务诉求的技术服务。

第四,其他相关人员调入电子商务项目团队问题。

除了营销、管理、技术人员外,传统制造企业还往往需要调用其他传统业务部门的工作人员充实到电子商务项目团队,如设计、广告、品牌、财务等。其调岗、转岗核心问题是适应新的网络用户诉求,学会应用网络环境学习新知识、开发资源,适应网络环境下的业务流程和内容变化。能够适应新的网络业务规则是调岗转岗成功的关键。

另外,通过企业原有业务团队调配、转型等形式组建电子商务项目团队还需要重点做好新进团队成员的培训工作。并且,对新进电子商务团队成员培训也要分部门进行。其中,新进的网站运营部人员主要是基于网络的组织管理和经营策划能力培训,新进的技术部新员工主要是加强电子商务应用技术的培训,新进的市场部和客服部员工则主要进行电子商务基础知识、沟通技巧以及产品服务知识技能的培训。同时,由于电子商务产业技术发展很快,这种团队构建模式的人员培训并不是一次两次就够了,在企业业务发展过程中,需要不断地对团队成员进行知识技能培训,做到与时俱进,紧跟电子商务发展步伐。

2.通过电子商务项目外包的契约合作形式组建项目团队

全球智能手机三大品牌之一 HTC 的中国官方网上商城正式上线,向用户提供从购机、软件应用到售后等一系列综合服务。然而,HTC 并未靠自身力量直接自建官方网站,而是与一家名为兴长信达的电子商务外包商合作。除所有权和定价权外，HTC 官方网站将建站、运营、仓储、物流、数据挖掘、客服和售后等几乎所有电子商务业务都外包给了兴长信达公司。

企业通过电子商务项目外部的契约合作方式组建电子商务团队，本质上就是电子商务业务外包。即通过与外部电子商务企业签订合约的形式进行约束与管理，电子商务团队的人员及其相关的管理均由合作企业提供。发包方可以根据实际需要选择部分或全部的业务给受包方，发包的内容一般包括渠道规划及建设、推广、运营、物流、仓储等。

从企业电子商务外包内容看，一般包括：

（1）电子商务咨询业务外包

一般包括电子商务战略咨询：产品战略、市场战略、组织战略、供应链战略、营销战略、物流战略、财务战略、人力资源、研发战略等；电子商务技术咨询：ERP、CRM、SCM、网站构架等；电子商务营销咨询：STP（目标客户、市场细分、市场定位）、4P（产品、价格、渠道、促销）、4C（Customer、Cost、Convenience、Communication)等；电子商务管理咨询：企业电子商务流程再造、电子商务模式等。

（2）电子商务策划外包

一般包括市场调研、网站功能策划、网站内容策划、产品策划、品牌策划、组织策划、营销策划、物流策划、支付策划、运营策划、推广策划等。

（3）电子商务运营外包

一般包括产品拍摄、图片处理、产品编辑、网店装修、网店推广、网店促销、在线销售、在线客服、订单处理、支付、物流、CRM、数据库营销等。

（4）电子商务管理外包

一般包括人力资源规划：团队组建、绩效考核、培训辅导等；现金流管理：投入产出、全年预算、网络支付管理、盈亏平衡分析等；物流管理：进销存管理、退换货管理；信息流管理：产品信息发布、物流信息、客户信息、支付信息、推广效果分析、销售数据管理、基于业务流程的信息整合等。

（5）电子商务推广外包

一般包括品牌网络推广和官方商城推广。其中，商城推广通常包括搜索推广、频道交换、活动策划、友情链接、论坛推广、事件营销、QQ 群、博客推广、SNS推广（病毒式营销）等。

（6）网络分销外包

一般包括代理品牌企业的网络分销体系的规划、建设、管理，以及网络打假，规范网络销售渠道管理等。

传统制造企业通过电子商务项目外包形式组建电子商务团队，是基于企业自身能力和发展战略所做出的最优选择,在企业发展初期不失为推进电子商务项目的较优选择。不过如果要长期采用这种方式,企业需要尽可能地优化双方合作模式,并把握好与外包企业的沟通和协作分寸,并通过完整的外包协议强化对外包企业的监控,以防止因管理不当而造成的对企业的损失,如核心技术流失、商业秘密暴露等。

随着产业的发展,精细化分工趋势越来越明显,电子商务业务外包就是产业精细化的具体表现。一些企业若需要耗费很多的资源才能完成电子商务业务,则非常有必要将一些普通业务外包给其他专业企业。比如由于组建物流分销部门的成本巨大,一些企业就可考虑将物流功能外包给专业物流公司,其他电子商务业务由企业自身团队完成。一些技术人才不多的新建企业则可以考虑将网站开发、管理等技术业务外包出去,这样不仅可以减少电子商务技术人员的成本开支,而且可以享受专业的技术服务。一些企业则可以考虑将客服职能外包出去,这样就可以腾出更多精力做好其他业务工作。

3. 通过兼并重组等方式组建电子商务项目团队

通过兼并重组外部项目团队组建的电子商务团队,本质上是对契约外包式团队的深化,是指在对外包服务团队深入合作或深入了解基础上,发包企业干脆将外部团队以一定的激励形式"拉"入本方阵营,成为本项目的百分百成员。这种方式是介于自建电子商务团队和电子商务外包之间的一种电子商务团队组建方式,也是传统制造企业开展电子商务活动的一种很好选择。

外部项目团队的兼并重组方式较适合于那些想进入电子商务领域,但原有团队又非常缺乏核心电子商务人员的传统制造企业。若在产品生产制造和相关资源方面有一定的优势,传统制造企业完全可以通过兼并重组等方式快速组建一个团队,并重点做好原有资源和新团队资源的整合工作,快速打入电子商务市场。

这种方式尽管有众多优势,但是也存在诸多不足。如组建时的合作谈判将是一个艰苦的过程。另外,企业原有团队与新进团队员工的文化融合将是一个痛苦的过程,两个团队之间的原有差别将随时引起任意一个团队的不满。通常而言,让新团队适应原有团队通常是合作的主流,但是也应充分考虑新团队的实际情况,整合过程不能过于死板和急躁,否则将会前功尽弃。

三、如何管理传统制造企业电子商务项目团队

电子商务活动植根于网络经济环境下,其信息流的有效运动决定着物流、资金流的调配与聚散,尤其决定企业对市场需求的响应速度。因此,电子商务

组织结构设计首先要考虑信息流的传输及相互交流的通道,其总体组织结构应朝扁平化、网络化方向发展。

(一)科学设计项目团队的组织结构

组织结构是表明组织各部分排列顺序、空间位置、聚散状态、联系方式以及各要素之间相互关系的一种方式,是整个管理系统的"框架"。组织的全体成员为实现组织目标,在管理工作中进行分工协作,在职务范围、责任、权利方面形成结构体系,其本质是为实现组织战略目标而采取的一种分工协作体系。

传统制造企业电子商务项目团队的组织结构在设计的时候要考虑到企业自身的特点以及电子商务活动的要求,并且要重点考虑电子商务业务的规律,按照科学、高效、信息快捷、低层级等设计原则,对项目团队的组织结构进行规划设计。

企业电子商务项目团队的组织结构一般应不同于传统的垂直领导型直线制结构、直线职能式组织结构以及产品部门化组织结构,应采取偏平式、网络化结构,使信息、知识能顺畅地在各个节点间流动。

从设计思想角度看,传统制造企业组织结构设计应有利于信息在组织内高速、有序地传输,应有利于内部资源的整合,应有利于组织利用外部资源,还应有利于组织快速、科学决策。

(二)注重项目团队领导的选择与培养

传统制造企业电子商务团队组建的核心工作是选择培养一个优秀的团队领头人。此人要有实战经验,如果经验丰富就最好不过了。切记不可找"理论家",理论固然重要,但对传统制造企业电子商务项目这个特殊工作而言,能否掌控操作内容和流程才是关键。只有找到这样的合适人员,企业的电子商务才可持续发展下去。

同时,一个电子商务团队还必须要有一个核心管理层来领导并指导其运作。这个核心管理层的能力将直接决定这个团队整体的执行能力。核心管理层所必须具备的能力包括:计划能力、分析能力、执行能力和控制能力。此外,还要求这个核心管理层同时具备统筹能力和驾驭电子商务队伍的能力;具备实战力,用经验来归纳总结理论,从而进一步指导电子商务战略、战术的规划和执行;具备电子商务理论力,在这个以市场、以顾客为导向,以企业文化为电子商务核心的时代里,电子商务基本理论依然非常重要,它依然是企业决策的依据和准则。没有理论的指导,企业团队很可能在电子商务的发展道路上走不远。

另外,在电子商务项目团队建设过程中,还应建立一种人才储备培养机制,以便于在整个团队建设中选拔和培养一批年轻而又有创造力的人才充实到领导层。从领导层能力素质发展方向看,企业在重视技术积累的同时,还应该加强对知识型员工的培养。领导层不仅应该掌握网络平台运营基本知识技术,更应该熟悉网络发展的潮流,了解网络发展的最新动向,及时调整团队在产品设计定位的方向,让产品和销售模式始终保持在行业的前端。

(三)搞好项目团队的任务分工

传统制造企业电子商务项目团队同其他团队一样,需要通过合理的工作分工来提高团队的工作效率。团队的分工一般按能力、特长、身份等差别,坚持以人为本的原则进行。同时,团队分工时还要注意协作性与保留个体个性、调配搭配性与以事为本、分工明确与适度弹性,以提高项目团队的竞争力。

结合传统制造企业电子商务项目团队的组织架构,各部门的任务及职能分工可设计如下:

1. 技术部门的分工及职能

对于传统制造企业电子商务项目而言,技术部门主要负责企业网站系统(包括 B2C 或 B2B 网站的网站架构和技术开发)、客户关系管理系统(CRM)、呼叫中心系统(Call_Center)、采购和仓储管理系统、订单管理系统等的策划、开发、管理和维护,以及网络服务器和网络运营商的选择与管理等。

技术部门从职能上一般可分为三组,分别是网站开发组、系统开发组和系统维护组。

网站开发组主要负责企业网站的开发工作,具体包括网站架构、网站开发与测试、页面设计和 SEO 优化等。其中,网站架构人员主要负责与网站运营部和市场部的技术沟通工作,确定网站架构方案,并与开发和测试人员共同完成网站的建设和改版工作;网站开发和测试人员主要负责结合网站架构和功能需求编写程序代码,完成网站技术开发和改版工作,并通过不断测试提高用户体验,根除网站漏洞;页面设计人员主要负责网站页面的设计和改版工作;SEO 优化人员主要针对搜索引擎开展页面优化,使得网站关键词得以实现搜索排名提前,这与网站框架、页面设计和文案相关。

系统开发组主要负责网站相关系统的开发工作,具体包括客户关系管理系统(CRM)、呼叫中心系统(Call_Center)、采购和仓储管理系统(包括采购管理、供应商管理、仓储中心的库存管理等)、订单管理系统(订单管理、配送管理、收款、退换货等)。由于系统开发和网站开发在代码和技术方面均不同,所以一般应分开团队工作。系统开发功能一般可分为需求分析、系统分析(系统框架)和软件开发测试三个职能,其中需求分析人员主要负责与各部门人员沟通,分析各系统的使用需求,完成各系统的整体需求分析等工作;系统分析人员主要负责根据需求分析情况设计数据库模型和系统模型;软件开发测试人员最终完成开发测试工作,并且需要三种职能人员一起进行测试。

系统维护组则主要负责服务器管理、网络管理和系统调试等基础工作。

2.市场部门的分工及职能

从任务分工角度看,传统制造企业电子商务的市场部一般负责对外的合作、推广和宣传工作,包括搜索引擎营销、电子邮件营销(EDM)、网站合作、媒体合作、新闻炒作、口碑合作、活动及研讨会等;负责研究分析客户关系管理体系,包括会员级别、积分机制、客户活跃机制、沟通机制等;另外,还负责优化购物流程,提高用户购物体验,制定客户关系管理营销战略,分析销售数据,研究用户购买行为,以提高订单转化率。

从具体职能分工看,市场部一般也可分为三组,分别是:媒介推广组、网络推广组和营销分析组。其中,媒介推广组主要负责对外的付费推广,目的是提高网站的有效访问量,提高推广的有效性,提高订单转化率。媒介推广策略必须结合营销分析、网站运营和促销。网络推广组则主要负责搜索引擎营销(百度和谷歌为主)、EMD 合作营销、门户和垂直网站推广合作、CPS 投放合作等,其中心是在推广模式上不断创新,提高与外部渠道的合作深度;营销分析组则主要负责分析各种投放渠道的效果,不断调整投放策略,不断提高投产比。

一般而言,传统制造企业电子商务网站的媒体曝光率和展示率直接影响用户转化率和忠诚度,因此需要通过新闻撰写、活动策划执行、品牌公关、高层访谈和口碑营销等各种方式不断向用户渗透网站品牌理念。从操作层面看,需要有活动公关组具体运作,一般可分为新闻公关(含撰写、投放和媒体联络)、品牌公关(品牌定位、口碑营销、危机处理等)和活动策划执行三个小组;其中新闻公关主要负责寻找新闻话题,进行新闻的采编工作或引导媒体对网站相关热点进行报道,保持媒体对网站的持续性报道;品牌公关组主要负责分析研究品牌定位,处理危机事件,协助活动策划执行组确定新闻和活动的品牌涵义,组织相关人员针对论坛和博客的网络口碑营销,不断释放网站的品牌信号,加深网民对网站的了解;活动策划执行组则主要负责策划、参与各种活动,包括行业研讨会、新闻发布会、高层访谈(含网络访谈、电视访谈、报纸访谈等),组织安排相关负责人参与活动,并与有关负责人沟通确定发布文稿。

3.网站运营部门的分工及职能

网站运营部门一般负责产品的采购目录、陈列展示、促销和销售工作,假如市场部负责外部资源的整合,那么网站运营部则主要负责网站内部的资源整合,具体包括分析并确定产品目录、预测和计划产品销量、确定采购量、制定销售价格、控制产品毛利润,根据销售情况确定网站各网页的陈列展示,策划设计各种促销活动(根据产品、会员、节假日等),利用 EDM 电子邮件营销系统、电话客服、网站展示位、网络推广资源等各种方式提高促销效果。

网站运营部门一般可分为四个小组:产品分析组、销售组、策划编辑组、促销组。

产品分析组有三个职能,分别是产品分析筛选、产品定价和销售分析。其中,产品分析筛选主要负责分析各个种类的产品,确定网站主推产品名单,预测产品销售额,跟采购部协商确定采购量,并根据销售情况不断调整采购策略;产品定价主要负责根据传统渠道价格、竞争对手价格、采购成本等各种因素确定网站产品定价,保持产品竞争力和毛利润;销售分析主要负责分析网站各种产品的销售情况,将产品分为若干等级,如一种分法是畅销品(现金牛)、滞销品(瘦狗)、潜力产品(明星)和不确定产品(问号),寻找并确定畅销品的品种,尽快用促销等方式消化滞销品的库存,通过内外部资源提升潜力产品的销量,分析研究不确定产品的原因。

产品销售组则主要负责产品的销售、产品在网站的陈列展示、产品促销等。产品销售组通常需要加强与市场部的联络,确定在推广过程中的策略,确定搜索引擎关键词和描述,以及电子邮件营销策略(EMD),负责与促销组确定产品促销方案,促销产品和促销资源的调配。

策划和编辑组主要负责产品的文案和图片处理,网站的功能策划、板块设置和网站建设等。策划和编辑组一般包括三个职能:网站策划、网站编辑和美工摄影。其中,网站策划人员主要负责全站的网站建设、改版、功能设计、购物流程优化等工作;网站编辑人员则主要负责产品文案撰写、促销文案撰写、网站各频道的内容编写、专题策划和编辑等等;美工及摄影人员主要负责产品的图片拍摄和处理、网站页面设计、促销和产品展示、Flash 的设计等等。

促销组负责策划执行促销策略,并与市场部协调推广资源(搜索引擎、EDM、门户和垂直网站等),推进促销宣传,与销售组协调促销方案和促销产品,与策划编辑组配合完成促销文案、促销图片、EDM 投放和 Flash 展示等。

4.采购及物流部门的分工及职能

采购及物流部一般主要负责产品的采购,各类产品在全国的仓储布局、调整和管理,网站配送合作和订单配送工作。具体包括与网站运营部确定采购名单,根据名单筛选供应商,争取最低采购价格;负责根据重点销售区域确定网站的仓储中心规划,各个仓储中心的管理,各个种类产品在不同仓储中心的调配;负责确定快递配送合作伙伴,制定配送标准,设计包装规格,制定订单配送管理规则。

从职能上,采购及物流部分为三个组,分别是采购组、仓储组和配送组。

采购组在采购过程中与网站运营部密切合作,制定合作经销商名单,争取最低采购价格,多利用网站及推广资源,争取以资源换价格。

仓储组一般包括仓储运营和供应链优化两个职能。其中,仓储运营职能一般包括仓储中心的布局、具体仓储管理、产品在各个中心的库存调配、产品从采购到入库的管理、仓储管理系统的设计和改进等;供应链优化职能一般包括从采购、产品入库、产品销售、订单配送,到用户收到产品的供应链过程中的优化,尽可能缩短仓储周转周期,缩短订单配送周期(订单处理、订单分拣、订单包装、快递配送),提高资金周转率和仓储利用率。

配送组一般包括订单处理、包装及配送和配送稽核三个职能。其中,订单处理职能一般包括对用户提交的订单进行审核,对于地址不清晰、电话格式不对、订单信息不完全、恶意订单等进行确认;包装及配送职能一般包括产品的分拣和包装,订单的配送,配送标准的制定和优化,包装的设计,配送合作伙伴的选择等;配送稽核职能一般包括对配送的质量进行监督,提高配送服务的水平,提高配送的用户满意度,对配送合作伙伴(或自身配送人员)的不恰当配送行为进行处罚和处理。

5. 客服部门的分工及职能

客服部门又可分为客服培训、客服运营和绩效及稽核三个小组,其中客服运营是核心,其他两个部门主要是辅助和配合客服运营。

客服培训组一般主要负责制定客服手册(咨询手册、产品咨询手册、回访手册、在线咨询手册等),对客服工作人员进行技巧和技能培训,纠正客服工作人员的不良习惯,提高客户的满意度。

客服运营组一般主要负责咨询电话、客户服务电话和在线客服的咨询、产品咨询、订单处理、售后服务、客户主动咨询、客户回访、大客户挖掘和营销等服务工作。客服运营组一般会设有客户主管,客户主管管理客服专员(客户服务工作人员)。

绩效及稽核组主要负责监督检查客服质量,降低不良咨询率,对客服专员进行工作考核和测评。

(四)提高项目团队的沟通能力

一个团队,特别是电子商务项目团队,往往涉及的人员多,而且跨专业、跨部门甚至跨区域,其有效沟通问题往往非常麻烦。因此,非常需要构建一个科学高效的沟通机制。并且,传统制造企业电子商务项目团队是典型的知识型组织,其团队沟通不同于传统的信息传递、指令传达等形式。提高项目团队沟通能力重点应做好如下几个方面：

1. 创新沟通模式,加强沟通渠道建设

沟通由各种信息传递和接受机制组成,它影响企业、团队、个人朝着共同的目标前进。信任是影响内部沟通成效的重要因素之一,它可以促进内部交流从而产生创新。低水平的信任会阻碍沟通行为,因此,搞好人际信任关系梳理对团队建设有重要的意义。

良好的沟通能够缓解团队冲突,促进成员之间、成员与组织间建立信任关系;各成员互通有无也有利于知识共享,形成良好的组织氛围,从组织层面来说,它能降低员工旷工率,减少员工流动率,提高组织绩效、组织生产力,甚至创造力,达到组织和成员双赢的效果。

传统制之企业电子商务项目团队管理者应创新沟通模式,特别是要充分利用现代信息技术工具,建立形式多样、科学高效、简练实用的沟通模式,增加成员间及成员与领导间的交流机会。如 QQ 群、SKYPE 系统、UC 网络视频系统等。由于成员多是年轻人,有较多的共同点,经常性地组织各种线下团队活动,也可以增强团队内成员的沟通。而在团队和组织间的沟通,需要团队的主管及时收集成员反馈的信息,反映给组织,使其了解情况,从而对不合适的目标做出修正,形成一个整体沟通渠道。

2. 建立明确的沟通机制

建立明确的沟通机制非常重要,一般包括沟通工具的选择、沟通方式的设计、沟通语言的规范等。从沟通技术角度看,传统制造企业电子商务项目团队沟通在沟通工具、沟通手段方面可以充分运用信息技术工具和各种软件平台,提高沟通的效率。从沟通方式角度看,传统制造企业电子商务项目团队沟通可以采取线上线下结合的模式,推进两种方式的互动。从沟通语言角度看,传统制造企业电子商务项目团队沟通要规范正式沟通的语言表述规范,在提高效率的同时保证沟通的成效,防止沟通形式化、娱乐化。

为提高沟通效率,应积极明确目标,指定责任,使沟通更加实在。因此,每次沟通必须有明确的目标,并明确每个团队成员的职责,做好沟通记录。

为明确任务,应积极使用"责任书"、"任务状"等沟通工具,即团队所有成员要明确知道哪些事情是自己负责的、哪些事情是自己要参与的、哪些事情是不需要关注的,要让每个团队成员都写一份"责任书",定好责任,然后通过责任书去定位,哪些事情应该汇报,向哪些人汇报、哪些事情应该召集会议、哪些事情应该发邮件、哪些事情应该视频沟通(UC)等。

3. 构筑"拍桌子"的论事氛围

电子商务项目团队是一个创新的团队,需要每个团队成员的积极参与。因

此,应建立起一种活跃、开放、包容的沟通氛围。应该构筑起对抗、"冲"起来的氛围,让很多问题、想法、创新点都迸发出来,让大家"激动"起来、100％精力参与、相互思维的充分碰撞,挖掘创新的火花。这样还可以让团队的沟通没有阻力,大家有话就讲、有想法就说,不会有顾忌,沟通的效率就提升了,团队的沟通氛围就产生了,大家也更加相互信任。

(五)促进项目团队的知识共享

知识共享是指员工之间充分交流知识,使知识由个人的经验扩散到组织的层面。在知识型组织里,员工好的方法和技术通过知识系统就可以整合到组织里,其他员工通过查询组织知识就可以获得解决问题的方法和工具。

1.搭建服务平台,促进团队内知识转移

知识在电子商务团队中起非常重要的作用。传统制造企业电子商务项目知识可以分为个体知识、团队知识、组织知识。个体知识是员工个体的技能、经验、习惯、直觉、价值观等,这些知识经过个体经历的时间和空间积累而成,在大脑中加工处理。团队作为个人和组织的中间层次非常重要。企业内的跨职能团队、面向客户团队或者产品的团队、特别任务小组等,是团队知识共享、传播和创造的主体,团队知识的形成过程和内在规律越来越受到决策层的重视。组织知识指组织内优秀的作业流程、信息系统、组织文化、团队协作等个人无法带走的知识,组织知识包含了团队知识和个人知识。组织的知识来源于个体和团队知识的发展、共享、转换,这些知识是电子商务团队发展建设的基石。在个体知识、团队知识、组织知识三者中,团队知识处于核心地位,它决定了企业的核心竞争力。

因此,传统制造企业电子商务团队在组建初期,应该对自己的团队知识建设有个明确定位,应不断地收集和积累适用于自己团队发展建设的知识。同时,当团队累积到一定程度的时候,应开始将团队里的隐性知识通过"工业化"的生产方式转变为显性知识,如企业内部网络、内部论坛、行业论坛、网站等知识平台。这样企业就可以对一些专业知识相对较弱的员工进行培训提升,让他们很容易就接手一些程序业务。并且,知识平台的搭建也有利于知识在团队内的传播和发酵,有利于知识转移。

2.建立有利于知识共享的激励制度

一个有利于知识共享的公司制度必须让那些为知识共享做出贡献的员工得到奖励,而让那些只知索取的员工付出代价。

首先,在设计薪酬制度时可以考虑将隐形知识的拥有及共享作为评价因素之一。因为一般组织内部的隐形知识都是出自较为资深的员工,人力资源管理部门可以在设计薪酬制度时将隐形知识的拥有及共享作为评价因素。其中,隐形知识的共享付出是薪酬设计的主要依据。例如,员工在进行了某一内容的交流培训之后,由学习者对其交流的内容进行评价,确认这种交流培训的效果,这种将评价结果与薪酬体系结合起来的方式将有利于知识共享文化与氛围的建立。

其次,在企业的考核制度中考虑知识共享的付出者。企业对员工的考核可以分为不同的等级,这种有差别的考核等级对那些有上进需求的员工是一种巨大的动力。例如企业员工的年度考核可以将上级对下级的培养,或者上级在推动知识、经验共享方面做出了卓越共享等等作为重要的考核指标或依据。若将考核制度与薪酬设计制度关联起来,知识共享制度将更容易建立起来。

最后,企业可以将晋升制度与知识共享制度结合起来。企业可以将晋升制度与强制性知识共享结合起来,目前这种做法已经在很多知识管理领域得以应用。例如企业可以要求在每个支持项目结束后必须进行项目的总结评审工作,从而把此项目的经验、教训等知识强制显性化。如果达到必要的条件,可以考虑在职务晋升中优先处理。也可要求每一个员工在获得晋升机会之前,必须培养可以接任已任的下级,将自己的知识、经验进行有效传承,否则将不予提拔。

3. 形成有利于知识共享的交流模式

传统的金字塔型的交流方式,带来了知识共享在各管理层次间的空间与阶层障碍,这不利于知识的流动。因此,建立有利于知识共享的交流模式非常必要。其中,轮岗就是一种有效的促进知识共享的交流模式。具体操作层面上就是要构建扁平的组织结构,并通过确定轮岗规则使企业内部员工有广泛的流动机会,这样便可以带动隐性知识在企业不同部门之间的扩散和共享,可以使拥有知识的员工能够辐射更多的群体和后来者。

同时,有经验的核心员工在企业研发、生产、销售和采购等不同部门之间的轮换,也能促使不同个体和团队的隐性知识在企业不同部门扩散,最终形成企业层次的隐性知识。要进行员工的岗位轮换,人力资源管理部门首先应该从战略发展高度对组织结构的模式进行梳理,组建不同的组织工作模式以适应知识共享需要;其次,人力资源部门还应该结合企业实际,研究哪些员工进行轮岗能够更好地带来知识流动,以确定合适的轮岗、调岗机制。

显然,由于企业隐性知识难以用文字、语言、图形和数学公式等来精确表述,隐性知识的共享需要知识拥有者和知识需求者之间密切的交流和合作,企业隐性知识的共享效率将受到隐性知识的可显性化程度、知识拥有者的传授能力、知识需求者学习能力、激励力度、互惠程度和信任程度等因素影响。因此,成功地推进知识共享的企业需要充分发挥人力资源管理部门的作用,在企业的交流模式、员工培训、激励与考核机制、职业生涯发展规划、企业文化等方面做好准备,这样才能创建知识共享的动力机制,也只有这样,知识共享才能最终达到为企业赢得可持续竞争优势的目标。

(六)优化项目团队的考核评价

绩效考核是企业为了达到生产经营目的,运用特定的标准和评价指标,采取科学的方法,对承担生产经营管理过程的各级人员完成指定任务的工作实绩和由此带来的诸多效果做出价值判断的过程。

电子商务项目团队是典型的知识型团队,其考核评价难度较大。从考核评价程序看,传统制造企业电子商务项目团队的考核评价不仅要建立一套科学的评价指标,而且要对整个团队活动过程进行跟踪考核。由于大量的电子商务项目活动与团队绩效不是直接相关的,但是它的作用又非常重要、非常难以直接评价,因此不仅要考核团队运营结果,而且需要考核其运转过程,以保证对每个参与者的贡献做出科学评价。比如对技术部的考核评价,不仅要考核其成果的技术水平、技术难度,还要考核其与其他部门的协作水平;物流部的考核评价,考核的标准不仅应包括入库盘点、库存盘点、发货任务数量的完成情况,还要考察物流完成过程中的客户满意度;客服部的考核评价则除了咨询量、成交量、退货量的数量指标外,还要考察客服人员的工作方法、工作态度等软性指标;对销售部的考核评价,不仅应重点考核销售业绩,对访问量、转化率、重复购买率、用户体验(出库速度、准确度、到货时间、售后服务响应等)等进行定性考核,还要考核销售理念、方法的新颖性和销售技巧;运营部除了考核每一次策划活动取得的效果是否达到预先的目标,还要考察运营思路及方案的创新程度,考察其行业竞争力和未来发展前景。

同时,对电子商务项目团队的考核评价还应该考核每个成员的业绩完成情况及其团队文化,表现在每个团队成员对整个团队的满意程度,团队成员间的和谐关系,以及团队内部的公平、积极向上、公正的氛围。只有这样,才能建立起一种适应创新型项目、有竞争力的电子商务项目团队。

第五章 选择合适的传统制造企业电子商务技术路线

实施电子商务需要一系列关键技术作为支撑,其中相关的计算机技术、网络技术和远程通信技术是主体。本章将从企业电子商务支撑技术分析入手,分别从网络平台运行环境技术、企业的"硬"技术方案选择设计、企业的"软"技术方案选择设计、网页制作技术及网站建设等方面对企业发展电子商务所涉及的网络连接技术、网络服务提供技术、网站开发设计技术、网站管理服务技术、网络交易技术等进行深入分析,最后从电子商务促进企业竞争力提升视角探讨企业技术抉择及具体实现,为传统制造企业开展电子商务的技术战略、技术方法和技术实施提供系统支持。

一、传统制造企业发展电子商务的技术环境分析

(一)企业电子商务技术基础

1.电子商务技术的概念及内容

电子商务(Electronic Commerce)是利用计算机技术、网络技术和远程通信技术,实现整个商务(买卖)过程中的电子化、数字化和网络化。商务是目的,电子是工具。电子商务技术是为实现整个商务过程而使用的各种电子信息技术的总和。

从内容看,电子商务技术一般包括网络协议技术、网络连接技术、网络服务提供技术、网站开发设计技术、网站管理服务技术、网络商务交易技术等。从本质上讲,电子商务技术主要来自现代计算机技术、网络技术和远程通信技术三大领域,或者是基于商务需要而运用以上三大技术研究开发出的商务应用技术。

2.企业电子商务相关支撑基础技术介绍

从基础应用和底层支撑视角看,企业电子商务相关支撑基础技术主要包括网络协议技术、Internet服务提供技术、电子商务系统的多层体系结构技术等内

容,这是企业开展电子商务的技术基础设施。

(1)网络协议有哪些

网络协议是指计算机网络中为进行数据交换而建立的规则、标准或约定的集合。

①OSI 参考模型

1979 年, CCITT (International Telephone and Telegraph Consultative Committee——国际电话与电报顾问委员会)和 ISO(International Organization for Standardization——国际标准化组织) 提出 OSI 参考模型,将整个计算机网络划分成 7 层。

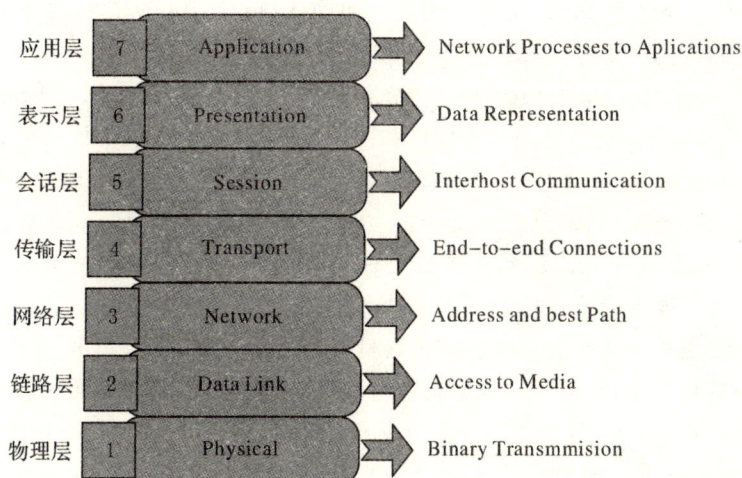

应用层	7	Application	➡	Network Processes to Aplications
表示层	6	Presentation	➡	Data Representation
会话层	5	Session	➡	Interhost Communication
传输层	4	Transport	➡	End-to-end Connections
网络层	3	Network	➡	Address and best Path
链路层	2	Data Link	➡	Access to Media
物理层	1	Physical	➡	Binary Transmmision

图 5-1　OSI 参考模型

OSI 参考模型是一个最基础的计算机网路协议,7 层协议在网络通信中分别担当不同的功能角色,使计算机网络成为一个服务整体。

表 5-1　OSI 参考模型 7 层协议的功能列表

参考模型分层	主要功能
物理层	提供建立、维护和拆除物理链路所需的机械、电气、功能和规程特性,通过传输介质进行数据比特流的物理传输、故障监测和物理层管理。
数据链路层	链路连接的建立、拆除、分离;帧定界和帧同步(链路层的数据传输单元是帧);对帧的收发顺序进行控制;差错检测和恢复;流量控制等等。
网络层	路由选择和中继;激活、终止网络连接;在一条数据链路上复用多条网络连接;差错检测与恢复;排序,流量控制;服务选择;网络管理等。
传输层	提供建立、维护和拆除传输连接的功能,监控服务质量,提供端到端可靠的透明数据传输、差错控制和流量控制。

续表

参考模型分层	主要功能
会话层	提供两个进程之间建立、维护和结束会话连接的功能,提供会话流量控制和交叉会话功能。
表示层	提供不同信息格式和编码之间的转换,提供数据表示、数据压缩和数据保密功能。
应用层	提供网络服务,如资源共享和设备重定向;远程文件访问;进程间通信支持;网络管理;网络目录服务;电子信息传输。

②TCP/IP 协议

TCP/IP 协议是 Internet 网络专用的网络通信协议。TCP/IP 协议是 AR-PAnet 网络结构的一部分,是由一组通信协议所组成的协议集。其中两个主要协议是网际协议(Internet Protocol, IP)和传输控制协议(Transfer Control Protocol, TCP)。TCP 协议处于应用层和网络层之间,是传输层协议。它实现端到端(Peer-to-Peer)的通信,提供流(Stream)式服务,分段(Segment),TCP 协议从应用层收集数据后,组成长度适中的一个分段(Segment),加上 TCP 头后交给 IP 协议发送。TCP 协议允许在实现时,根据实现的方便或者基于效率考虑决定阻塞或转发的时机。IP 协议主要的任务是提供相邻节点之间的数据传送和为数据传送提供正确的路径。它具有良好的网络互联功能,制定了所有在网络上流通的包标准,传输层的数据交给 IP 协议后,IP 协议要在前面加上一个 IP 报文头,用于控制 IP 协议对数据的转发和处理。

TCP/IP 协议是 OSI 协议在 Internet 上的具体化,两者的对应关系可从下图看出。

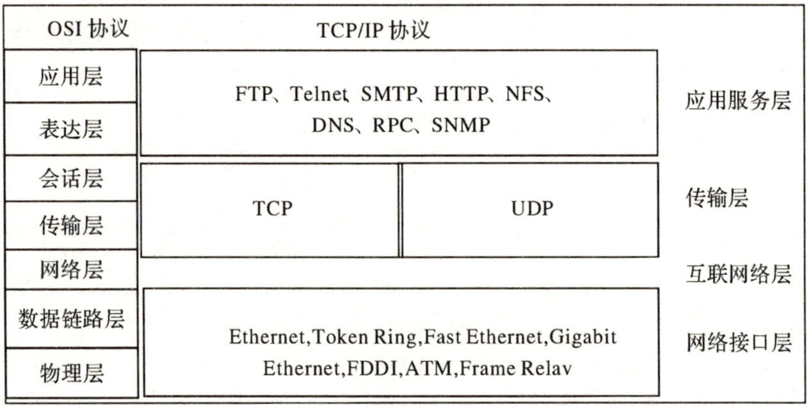

图 5-2 TCP/IP 协议与 OSI 协议的对应关系

③IP 地址

为了保证 Internet 上任何两台计算机能准确地相互通信,需要唯一识别网络上的每台计算机。因此,必须给每台计算机分配一个在全球网络唯一的网络地址,这个地址就是 IP 地址。为了保证 IP 地址的唯一性,所有 IP 地址均由 Internet 网络信息中心 NIC(Network Information Center)统一分配,并由各级网络信息中心分级管理。IP 地址由网络标识和主机标识两部分组成,如图 5-3。

图 5-3　IP 地址示意图

每个 IP 地址由长度为 32 位二进制数(即 4 个字节)所组成。由于用二进制数表示的 IP 地址难于书写和记忆,通常采用"点分十进制"表示法。

例如:二进制的 IP 地址 11001010 01101001 00000010 00101101

转换成相应的十进制表示形式为:202.105.2.45

根据网络标识和主机标识各占位数的不同,IP 地址被分为 A、B、C、D、E 五类,常用的是前三类。

A 类:第一个字节的最高位为 0,第一个字节为网络地址

B 类:前两位为 10,前两个字节为网络地址

C 类:前三位为 110,前三个字节为网络地址

以下是五类 IP 地址的分布(见图 5-4)和常见的三类地址分布规律(见表 5-2)。

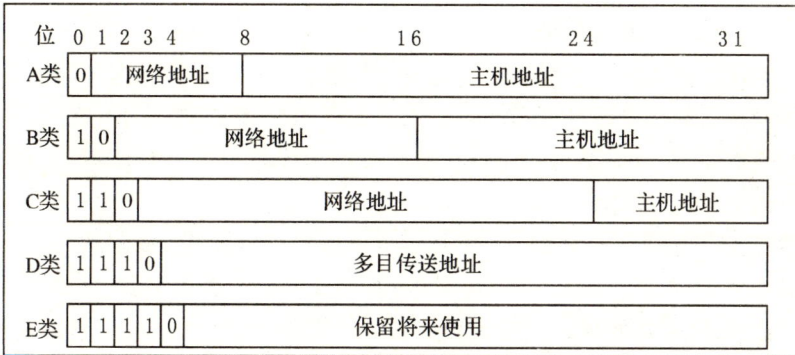

图 5-4　IP 地址分布图

表 5-2　常见的三类 IP 地址分布规律

类　　型	头 8 位取值	最大网络数	最大主机数
A 类	0～127	128	16777216
B 类	128～191	16384	65536
C 类	192～223	2097152	256

(2)Internet 服务提供商承担什么职能

ISP,全称为 Internet Service Provider。即 Internet 服务提供者,指 Internet 网络用户接入、信息服务的提供者,它是网民进入 Internet 世界的入口和桥梁。

由于接入国际互联网需要租用国际信道,其成本对于一般企业用户是无法承担的。Internet 接入提供商作为接入服务的中介,需投入大量资金建立中转站,租用国际信道,购置一系列计算机设备,通过集中使用,分散压力的方式,向本地用户提供接入服务。较大的 ISP 服务提供商拥有自己的高速租用线路以至于它们很少依赖电信供应商,并且能够为客户提供更好的服务。最大的国际和地域性因特网服务提供商有:AT&T WorldNet,IBM 全球网,MCI,Netcom,UUNet 和 PSINet。

Internet"接入服务"指的是"为接入互联网而进行的一系列配套服务",这个接入概念并不仅仅指连接一个宽带光纤等物理接入,也指把一个网站等信息载体成功和互联网连接,为接入互联网而进行的一系列配套增值服务,如空间出租、服务器托管等。目前,各地已有很多企业可以提供 ISP 服务,那么,企业选择 ISP 的依据是什么呢?

第一,出口带宽。网络之间都是用线缆进行连接,网络出口带宽是指 ISP 接入网络上级的线路出口带宽,和它的网络上级互联单位的出口带宽,企业应了解的是选择的 ISP 的线路出口带宽究竟是多少。出口带宽数据可反映出 ISP 本身被以多高的速率连接到 Internet 或其上级 ISP,是体现该 ISP 接入能力的一个关键参数,所以应是越大越好。现在国内速度较快的是 ChinaNet,国内很多 ISP 都利用 ChinaNet 出口。

第二,ISP 网络基础设施。ISP 服务商的网络基础设施是指其网络服务器、网络交换机、路由器等基础的设备设施。所选 ISP 的服务器容量、主机速率、软件技术等,将在很多程度上影响到企业商务的质量。

第三,ISP 服务内容。选择 ISP 服务商前,应详细了解其能够提供的服务内容和种类,如接入方式、空间出租、服务器托管、站点分析、安装、域名注册等等。

第四,收费。各 ISP 服务商的收费方式多种多样,企业可选择服务自己最实际的收费模式。除申请时一般需要一定开户费外,使用中的收费大体可分为以下几种:每月基本费+超时通信费,适合使用 Internet 通信和信息查询作为日常工作的单位,大多数 ISP 如此收费;固定包月租金,适合以在 Internet 网上大量查询信息为日常工作的单位。

另外,ISP 服务商的通信线路、技术实力、服务质量与信誉等也是要重点考察的内容。

(3)为什么有电子商务系统多层体系结构的说法

客户机/服务器(Client/Server)模式是 20 世纪 80 年代流行的局域网信息流通模式。在 C/S 模式下,数据库服务器接收到请求后,自行修改数据库,它只通过网络发送完成了该操作的信息。C/S 模式充分发挥了客户机和服务器的处理能力,从而向用户提供了有效的服务,它不只是把服务器当作一个存储数据的大容量外设。C/S 模式从整体上看有以下一些特点:桌面上的智能,操作简便;地理上分散,最优化地共享服务器资源;优化网络利用率;更高的系统处理速度。将任务在客户机和服务器间分开进行:服务器端专门处理数据库操作,客户机负责人机对话及相关计算,任务分工提高了系统的处理速度,充分利用了系统资源。

到了 20 世纪 90 年代,随着 Internet 网络的流行,原来建立在局域网基础上的网络体系结构逐步向新型网络结构转型,企业逐步采用基于 Internet 的网络体系结构,这就是 Browser/Server 结构模式。Browser/Server 模式借用 Internet 上的浏览器作为统一客户界面来开发和使用信息系统,即 Web 与数据库集成,原来的 Client 由浏览器替代,在 Server 端不但有 Database Server,还有 Web Server,以及他们的连接软件,即瘦客户机—肥服务器,我们称之为 Brower/Server 模式。这种网络体系机构模式的转变影响了企业电子商务系统的根基,使企业不得不依据 Browser/Server 结构模式设计自己的电子商务框架及运行过程。因此,掌握 Browser/Server 结构模式对企业开展电子商务工作非常必要。Browser/Server 模式的工作流程如下:

第一,用户打开计算机中的浏览器。

第二,输入一个 URL,浏览器将生成一个 HTTP 请求并把它发送到指定的 Web 服务器。

第三,服务器将主页发回,浏览器将显示在屏幕上。

第四,用户阅读相关信息,可继续查找有关信息,向浏览器发出请求。

第五,浏览器发送一个请求给相应的服务器,将把由 URL 标识的文档/文件返回屏幕。

第六,服务器收到请求后,查看本站点是否有该文档,若有,把该文档放入相应信息中返回浏览器。

第七，浏览器收到响应，查看头文件格式，判断是否能直接显示出来，否则调用对应的帮助应用程序或外挂程序处理。

第八，浏览器等待用户的下一条指令，而服务器准备接收来自浏览器的下一条请求。

（4）还有哪些技术

电子商务技术与计算机技术、网络技术、通信技术密不可分，有时候在技术范畴、界限方面很难做一个准确的界定和区分。基于篇幅和知识相关度考虑，本书将以下一些技术领域作为电子商务技术的扩展技术范畴。

电子商务安全技术。一般包括网络安全技术、加密技术、数字签名、密钥管理技术、认证技术、防火墙技术以及相关的一些安全协议标准等。由于信息安全技术有较多涉及，这里不再赘述。

电子商务物流技术。一般包括物流过程、活动的信息化、自动化、智能化、网络化、柔性化等技术范畴，由于在物流技术与工程学科中将专门研究，这里也不再赘述。

（二）传统制造企业发展电子商务所面临的技术抉择

1.传统制造企业发展电子商务所面临的技术机遇与技术风险

技术是一把双刃剑，它有时候给企业带来麻烦，有时候也会给企业带来好处。从传统制造企业发展电子商务看，现代计算机技术、网络技术、通信技术都可能得以充分应用，传统制造企业受到的影响既有正面的，也有负面的。

传统制造企业发展电子商务所面临的技术机遇。一是电子商务技术推动企业软化。依托电子商务服务的拓展，企业不仅可以实现制造过程和产品的先进化、高端化，而且可促进其业务领域向服务业拓展。二是电子商务技术促进产业链的延伸。实施电子商务后，传统制造企业的业务重点向下游销售端延伸，电子销售网络逐步建立，企业产业链得以延伸。三是电子商务技术有助于加强研发设计功能。在网络背景下，传统制造企业与终端消费者的接触点增加，接触深度提高，以客户为中心的生产制造体系得以形成，这种生产制造体系将拉动传统制造企业从客户需求出发强化研发设计功能。四是电子商务技术助力企业信息能力的提升。借助网络平台，传统制造企业对信息的感知、获取、处理、应用能力得到同步提升。五是电子商务有助于提升企业的国际竞争力。在传统模式下，企业往往关注于生产制造环节，而国际电子商务的推进直接提升了企业的国际竞争力。

传统制造企业发展电子商务所面临的技术风险。一是由病毒或黑客攻击所造成的人为破坏,这种技术风险由于不确定性强,可能会对企业的电子商务工作带来巨大冲击。二是由于技术管理的失误造成的商业秘密外泄,这种技术风险一般管理难度大,破坏性强。三是由于自然灾害或意外事故造成的电子商务系统崩溃,这种技术风险难以抗拒,管理成本高。四是基于技术的电子商务支付风险,由于资金的敏感性,企业技术管理压力大。五是技术实施后的业务流程重组失利,电子商务的实施势必带来企业的流程重组,但是中国的企业文化与现代技术的冲突很可能带来重组失利,并引起系列负面反应。六是基于网络的品牌危机,电子商务背景下,网络沟通不当或产品失误很可能带来快速的网络信息传播,造成企业品牌的崩溃。

2. 企业在战略层面上的技术抉择

21世纪的头个10年,传统制造企业企业界流传着这样一个说法,中国企业上了ERP是找死,不上ERP是等死。这种对企业信息化难度的妖魔化描述令人毛骨悚然。当历史的车轮翻过这10年,确实有很多企业在信息化过程中倒下了,但更多的企业不仅没有倒下,反而更加强大,更加自信。实践证明,掌握现代信息技术的发展规律及其在传统企业的应用范畴、方式和目标定位,现代信息技术是可以给企业带来福音的天使。

因此,传统制造企业发展电子商务,在战略层面上首先要弄清楚本领域有哪些先进技术,哪些技术可以应用到企业业务发展中,哪些技术对企业不够适用,企业为了跟上先进技术发展的步伐需要在哪些方面逐步作出调整,企业如何找到适合自己的电子商务新技术发展方案。

例如,在移动电子商务技术飞速发展的背景下,传统制造企业首先应判断其产品是否适合开展移动电子商务。如果适合,该如何调整电子商务战略? 如何调整企业资源布局? 如果不适合发展移动电子商务,那么是否应该及时了解移动电子商务技术动态,适时将有关先进技术引入本企业?

二、传统制造企业发展电子商务所面临的技术环境及可能的方案

传统制造企业发展电子商务,必须对电子商务发展中的技术方向、技术定位、技术路径等战略问题进行抉择。下面是对企业需解决关键技术及推进路径的探讨。

(一)网络平台运行环境分析及选择

1.网络平台的技术需求

(1)网络平台的逻辑设计

是指电子商务网络平台建设的总体拓扑结构和物理配置方案。总体拓扑结构是指企业在总线型、星型、环型等网络结构中选择何种;物流配置方案主要是指企业将采取何种主干网架构、网络通信设备、服务器、网管工具、网络操作系统、工作站等。

(2)网络平台的工作容量需求

根据不同的硬件和系统软件配置,考虑本电子商务系统能够在较大范围内支持不同的负载容量,系统的扩展不应影响到平台的正常运行。如需要考虑网站系统设计容量按照多少用户的规模进行配置、单台服务器最大同时在线用户数是多少、峰值静态页面响应时间是多少、系统是否具备负载均衡和容错性、保持在大并发条件下系统性能的稳定性如何、网站提供访问服务、是否能保证网站系统每天 24 小时不间断运行等。

(3)可靠性需求

是指设计的电子商务平台在技术上是否可靠。如系统容错及冗余的实现;是否考虑性能价格比和系统性能数据库服务器采用双机备份;系统切换时是否能保证数据的完整、快速恢复、切换时间;是否能保障系统的存储性能和数据安全要求;系统性能稳定,年累计停机次数和每次停机时间是否在合理的范围。

(4)安全性需求

是指整个系统从硬件、操作系统、支撑软件到应用软件的完整安全需求。包括是否能提供完备的运行记录;是否能建立完善的、多层次的、统一的安全管理体系,确保系统、数据和网络传输的安全;是否建立集中与分散相结合的权限管理体系,在保证业务人员操作灵活性的同时确保权限的集中管理与系统的安全;关键业务数据如客户密码等是否加密存放,通信是否采用高强度的加密、鉴别机制,防止数据泄露和篡改系统;是否具备审计、日志功能,保障数据发生修改后有据可查。

(5)可维护性需求

即系统维护和管理的设计应遵循高效、安全、简单、便捷的原则。包括是否要求系统能提供集中管理能力;是否能够直接管理各个应用,包括应用的启动、停止、配置运行参数等;是否可以随时查询各功能模块的运行状态;在不投入大量人力的前提下,能否灵活地修改系统,以更好地适应业务的需要。

（6）兼容性需求

即电子商务平台与其他系统的兼容冲突问题。为了充分利用信息资源，在设计中需要充分考虑与现有信息系统（如网上交易系统、物流管理系统、客户关系管理系统、ERP、OA系统等）及未来将要开发的信息系统的兼容性，提供与公司其他信息系统简洁、高效、标准化的接口。

（7）标准化需求

充分利用国际标准的交换协议和系统管理技术，采用标准化的软件开发和管理技术。当然，在还没有形成标准的新领域内也积极倡导标准的形成。

2. 常见的 Internet 接入方式有哪些

企业要开展电子商务工作，首要的工作就是进入 Internet，这样才能到网上安家。Internet 接入技术，也叫"最后一公里技术"，它用于将用户的计算机或局域网连接到公用网络。Internet 接入技术主要有：拨号网络（PSTN＋MODEM）、专线（DDN）接入、ISDN、Cable MODEM、数字用户线（xDSL）、无线接入技术、光缆接入技术等。

（1）拨号网络

这是一种比较老的连接方式。其原理是利用 Modem 通过公用电话电路（简称为 PSTN＋MODEM），采用 PPP 方式上网，理论上可获得最高 33.6Kb/s 到 56Kb/s 的接入速率。该方法速度慢，但可按接入时间计算费用，适用于业务较小的单位和个人使用。

（2）专线入网

用户租用 DDN 电路接入 Internet 网，通信速率为 1.2Kb/s 至 2048Kb/s 可选，费用较高（其资费一般是根据速率，结合信息流量收取的），适用于大业务量的网络用户。

（3）ISDN 接入技术

ISDN（Integrated Service Digital Network，综合业务数字网）接入技术俗称"一线通"，它采用数字传输和数字交换技术，将电话、传真、数据、图像等多种业务综合在一个统一的数字网络中进行传输和处理。其优点是能较好满足用户对较高的传输数率和可靠的数据传输及较低上网费用的需要。缺点是对于普通电话用户来说，当采用 ISDN 方式接入 Internet 时，需要购置终端适配卡（TA）、数字电话机等，ISDN 线路传输的可靠性和安全性要略低于 DDN 等专线方式。

（4）Cable MODEM 接入技术

Cable MODEM 是一种通过有线电视网提供数据高速传输的设备。其上下行速率不对称，下行速率高，上行速率稍低；无需建立连接，快速接入。Cable

MODEM 也可做成外置式,作为一个独立的设备,通常采用通用的计算机以太网卡与 PC 连接;也可做成内置式,如把它做在电视机的机顶盒中,使用电视机与 Internet 连接。全国共有大小有线电视网近两万个,且大城市中有一定规模的有线电视网均为光纤—同轴电缆混合网(HFC)。

(5)xDSL 接入技术

xDSL(数字用户线路)是以铜质电话线为传输介质的传输技术的总称。xDSL 采用了离散多音调整、自适应滤波等数字处理技术,是当前比较高性能的一种现实接入技术。它包括 HDSL(High bit-rate DSL)、SDSL(Symmetrical DSL)、VDSL(Very high bit-rate DSL)、ADSL(Asymmetrical DSL)和 RADSL(Rate-Adapted DSL)等。它们的区别主要体现在信号传输速度和距离的不同以及上行速率和下行速率对称性的不同两个方面。

(6)无线接入技术

无线接入技术分为两种:一种为固定接入方式,包括微波、扩频微波、卫星和 UHF(特高频);另一种为移动接入方式,包括 CDPD(蜂窝数字分组数据)、电路交换蜂窝、专用分组无线电传输和 PCS(个人通信业务)。WAP(无线应用协议)是无线接入技术实用化的一个典型代表。

(7)光缆接入技术

光缆接入技术是一种高带宽的接入技术,包括光纤接入技术(FTTB 光纤到楼)和光纤同缆接入(HFC)技术,前者将光纤接到 Intranet 所在建筑,后者是指光纤接到 ISP 处,从 ISP 到用户端为有线电视部门的同轴电缆。

3.网上安家方式

所谓的网上安家,就是在网站制作成功后,如何在网络上找到一个存放网站的空间。网上安家方式也称为网络服务器解决方案,一般包括托管服务器、租用虚拟主机、独立自营服务器等。

(1)托管服务器

托管服务器方式就是指企业自行购买服务器,并按照 ISP 服务商的要求进行相应配置,然后把服务器委托给 ISP 服务商,并委托 ISP 服务商代为管理。由企业自行远程维护,同时向 ISP 服务商支付一定的管理费用。

托管服务器方式的主要优点包括:服务可靠、收费合理、成本低、不间断的技术支持。主要缺点是:购置服务器与配套软件,需配套足够的技术人员负责和网站的建设与维护。

(2)租用虚拟主机

租用虚拟主机(Virtual Host Virtual Server)或租用空间就是指使用特殊的软硬件技术,将一台计算机主机划分为一台台"假设"的主机,每一台虚拟主机都具有独立的域名和 IP 地址(或共享 IP),具有完整的 Internet 服务器功能。在同一台硬件、同一个操作系统上,可运行多个用户打开的不同的服务器程序,互不干扰;而每个用户拥有自己的一部分资源(IP 地址、文件存储空间、内存、CPU 时间等)。租用虚拟主机对于中小企业来说,是一个既经济又安全的服务器解决方法。

租用虚拟主机的优点很多,包括:节约企业投资开销、节约维护费用、可以获得专业的维护而无需维护人员与昂贵的电源系统、拥有更加稳定的性能等。

现在有很多 ISP 服务提供商利用虚拟主机这种技术,为中小企业提供租用空间,而且价格便宜。中小企业只需要再购买一个域名和有个管理网站信息的管理员就可以了,无需付太多的资金就可以实现网站的构建。

(3)独立自营服务器

独立自营服务器就是指需上网企业自己购买服务器和相关设备,自己解决网络接入问题,自己维护管理网站。对大多数企业而言,完全靠自营主机的方式开发出来的电子商务网站可更具个性化,更加适合本企业的需要,同时企业在这个过程中也可培养自己的专业人才。但是建立自营主机的总成本会很高,要采购硬件、WWW 服务器软件、电子商务软件和 T1 网络连接,同时要保证获得高速的速率就必须支付昂贵的专线通信费用。而且自营主机的网络设备对环境的要求很高,需要专业的技术人员维护,保证设备的安全运行。所以,这对于完全依靠自己的力量发展电子商务网站的中小企业而言并不是一个很好的选择,只适用于要求较高的专业公司。其特点是:自行购置设备设施,自行测试,自行配置软件,自行安装、维护,自行接入。

4.域名技术

用户在 Internet 上通信时,要记住成千上万台主机的 IP 地址是非常困难的,为了方便用户的使用,Internet 引入域名系统 DNS(Domain Name System),利用它可以为主机提供一种用文字表示的域名地址 。

Internet 表示网中的一台主机或一个域的格式:

<主机名>.<域名>.....<域名>

句点的右侧是左侧主机(或域)的父域。域名系统 DNS 一般采用树状结构对名字进行管理,DNS 服务器管理其下主机的名字及对应的 IP 地址。加入 Internet 的系统除了应设置、管理自己的域名服务器之外,还应向其父域的名字服务器登录其名字与地址。

网上域名一般有顶级域名和二级域名两种形式:

顶级域名。Internet 将顶级域名分成三大类,即国际顶级域名、国家顶级域名和通用顶级域名。国际顶级域名只有一个:int。通用顶级域名是指不同的应用领域。在美国通用顶级域名是按照机构性质划分的。但是,对于其他国家来说,还须在这些顶级域名后加上一个用于指定国家或者地区的国别域名(由两个字母组成),习惯称为"国家顶级域名"。

二级域名,即网络名。由网络信息中心 NIC 将顶级域名的管理权授给相应的管理机构,各个管理机构再为它们所管理的域分配二级域名,并将二级域名的管理权分配给其下属管理机构。如此就形成了有层次的 Internet 域名结构,它至少要有 2 层,最多可以有 5 层。

域名结构本着低层子域名在前,高层域名在后的原则,即名字从左到右表示的范围从小到大,且子域名与子域名之间用圆点分隔开来,一般形式如下:

主机名或服务器名......二级域名.顶级域名

我国于 1990 年向 NIC 申请并登记了我国的最高域名——cn,同时 NIC 将顶级域的管理权分派给我国的中国互联网信息中心 CNNIC(China Internet Network Information Center),CNNIC 负责我国最高域名 cn 下的所有域名注册。

域名管理要注意以下几点:第一,域名在整个 Internet 中必须是唯一的,当高级子域名相同时,低级子域名不允许重复。第二,大小写字母在域名中没有区别。第三,一台计算机可以有多个域名(通常用于不同的目的),但只能有一个 IP 地址。第四,主机的 IP 地址和主机的域名对通信协议来说具有相同的作用,从使用的角度看,两者没有区别。但是,当你所使用的系统没有域名服务器,只能使用 IP 地址不能使用域名。第五,为主机确定域名时应尽量使用有意义的符号。

5.网络平台综合服务提供商 IDC

IDC(Internet Data Center),也称为互联网数据中心,是一种以电信级机房设备为基础、面向用户提供专业化和标准化的数据存放业务和相关服务的服务商。由于其不仅提供基本的网络接入服务,而且提供服务器空间服务和其他众多网络基础技术服务,故又称其为网络平台综合服务提供商。

早期的 IDC 的业务范围一般包括网站托管、服务器托管、高速接入、应用托管、企业网站建设、管理和维护等。随着业务发展和客户增长,不少 IDC 开始推出负载均衡以及集群服务、Web Caching 服务、VPN 服务、网络存储服务和网络安全服务等增值业务。目前 IDC 提供的服务一般包括服务器等设备出租、系统维护(如系统配置、软件安装、数据备份、故障排除等)、管理化服务(如带宽管理、流量分析、入侵检测、系统漏洞诊断、数据备份、负载均衡、Cache 服务等)、支撑服务(如技术支持热线等)、运作支持服务(如操作间、会议室、设备工具出租等)等。

其实,对 IDC 服务商更准确的定义,应该是 xSP,即包括 HSP(主机托管服务提供商)、ISP(互联网接入服务提供商)、NSP(网络服务提供商)等目前已为人们熟悉的 IDC 基础服务角色,同时还包含了 MSP(管理服务提供商)、MSSP(网络安全服务提供商)、SSP(存储服务提供商)、CSP(内容服务提供商)和 ASP(应用服务提供商)等服务。

(二)企业的"硬"技术方案选择设计

1.服务器的技术方案

服务器是网络环境中的高性能计算机,它侦听网络上的其他计算机(客户机)提交的服务请求,并提供相应的服务。因此,服务器必须具有承担服务并且保障服务的能力。服务器作为网络的节点,存储、处理网络上 80%的数据、信息,因此也被称为网络的灵魂。相对于普通个人计算机而言,服务器在稳定性、安全性、性能等方面都要求更高,因此其 CPU、芯片组、内存、磁盘系统、网络等硬件和普通个人计算机有所不同。对于一个电子商务系统而言,其服务器一般有 Web 服务器、交易服务器、数据库服务器、电子邮件服务器、DNS 服务器、视频服务器等。

在电子商务应用系统中,服务器主要应用于数据库和 Web 服务,而个人计算机则主要应用于桌面计算和网络终端。这种应用差异决定了服务器应该具备比个人计算机更可靠的持续运行能力、更强大的存储能力和网络通信能力、更快捷的故障恢复功能和更广阔的扩展空间,同时,一些对数据敏感的应用还要求服务器提供数据备份功能。而个人计算机在设计上则更加重视人机接口的易用性、图像和 3D 处理能力及其他多媒体性能等。

服务器的访问速度是企业最关心的内容,其影响因素主要有以下几个方面:第一,服务器的硬件配置(包括服务器的类型、CPU、硬盘速度、内存大小、网卡速度等)。第二,服务器所在的网内环境与速度。第三,服务器所在的网络环境与 Internet 骨干网相联的速率。第四,ChinaNet 的国际出口速率。第五,访问者的 ISP(Internet 接入服务提供商)与 ChinaNet 之间的专线速率。第六,访问者的 ISP(Internet 接入服务提供商)向客户端开放的端口接入速率。第七,访问者计算机的配置,Modem 的速率、电话线路的质量等。

2.客户端硬件的技术方案

客户端(Client)也称为用户端,是指与服务器相对应,为客户上网提供本地服务的计算机。除了一些只在本地运行的应用程序之外,一般安装在普通的客户机上,需要与服务端互相配合运行。随着 Internet 的发展,较常用的用户端包括如万维网使用的网页浏览器,收寄电子邮件时的电子邮件客户端,以及即时通讯的客户端软件等。对于这一类应用程序,需要网络中有相应的服务器和服务程序来提供相应的服务,如数据库服务、电子邮件服务等等。

3. 网络通信设备的技术方案

网络通信设备是指用于连接网络各子网、各节点的物理连接实体。网络通信设备种类繁多,且随着技术的发展产品数量与类别与日俱增。常见的网络通信设备有:集线器、交换机、网桥、路由器、网关、网卡、无线接入点(WAP)、打印机、调制解调器等。从设备作用看,各网络通信设备在功能和技术上有较大的差异,部分设备在功能上有重叠,且在产品选择上存在着匹配和组合模式问题,因此,有必要关注网络通信设备的基本功能和特色。

(1)中继器的技术方案

中继器是实现局域网互连的最简单设备,通过连接具有相同物理层协议的LAN,对同轴电缆中数据信号进行接收、放大、整形、转发等。要使中继器能够正确工作,首先要保证每一个分支中的数据包和逻辑链路协议是相同的。但是,中继器可以用来连接不同的物理介质,并在各种物理介质中传输数据包。从产品使用看,中继器是扩展网络的最廉价的方法,当扩展网络的目的是要突破距离和结点的限制,并且连接的网络分支不会产生太多的数据流量,成本开支又不能太高时,就可以考虑选择中继器。但是,中继器没有隔离和过滤功能,它不能阻挡含有异常的数据包从一个分支传到另一个分支。因此,一个分支出现故障可能影响到其他的每一个网络分支。实际上,集线器本质是有多个端口的中继器,又称为HUB。

(2)路由器的技术方案

路由器(Router)是在网络层实现多个网络互联的设备。路由器工作在OSI体系结构中的网络层,包含有网络地址、连接信息、路径信息和发送代价等,通过在相对独立的网络中交换具体协议的信息来实现目标,可以在多个网络上交换和路由数据包。与网桥相比,路由器不但能过滤和分隔网络信息流、连接网络分支,还能访问数据包中更多的信息,并且可提高数据包的传输效率。一般来讲,路由表路由器比网桥慢,主要用于广域网或广域网与局域网的互联,目前市面上出现的桥由器(Brouter)是网桥和路由器的合并功能产品。

(3)网桥的技术方案

网桥(Birdge)是在数据链路层上实现不同网络互联的设备。网桥工作于OSI体系的数据链路层,具备中继器的功能和特性,不仅可以连接多种介质,还能连接不同的物理分支,如以太网和令牌网,能将数据包在更大的范围内传送。网桥的典型应用是将局域网分段成子网,从而降低数据传输的瓶颈,这样的网桥叫"本地"桥。用于广域网上的网桥叫做"远地"桥。两种类型的网桥执行同样的功能,只是所用的网络接口不同。

(4)交换机的技术方案

交换机是一种第二层、多端口设备。交换机主要实现数据帧的转发、交换表(基于 MAC 地址)的建立和维护、减少冲突域和广播风暴等功能,能提供快速的线速交换,相当于多端口网桥。交换机能提供与集线器或网桥类似的功能,但拥有更多的先进性能,能够对任意两个端口进行临时连接。它包含一个交换矩阵或交换结构,能够迅速地连接端口或切断端口。与集线器不同的是,交换机仅将信息帧从一个端口传送到目标节点所在的其他端口,而不会向所有其他的端口广播。

(5)网关的技术方案

网关能实现在传输层及以上各层具有不同协议的网络之间的互联。网关实际上可用来指任何设备、系统或软件应用程序,其功能是将数据从一种格式转化成另一种格式。但是,网关并不会改变数据本身。例如:从技术角度来说,网关能够将数据从 IPX 网络传送到 IP 网络的路由器就是一个网关。同样地,能够在以太网和令牌网之间往返传输数据的解析型交换机也可被称为网关。网关能互联异类的网络。网关的一个较为常见的用途是在局域网的微机和小型机或大型机之间作翻译。网关的典型应用是网络专用服务器。

(6)集线器的技术方案

集线器一般用于放大和再生信号,并将信号进行传发,主要作用是传输网络信号,在 OSI 的 7 层模型中处于物理层,其实质是一个中继器。计算机通过一段双绞线连接到集线器,在集线器中数据被转送到所有端口。除了与计算机相连的端口之外,所有的集线器,都会有一个端口被指定为上行端口,用来将该集线器连接到其他的集线器以便形成更大的网络。集线器与中继器的区别在于集线器能够提供多端口服务,也称为多口中继器。

4.网络传输介质的技术方案选择设计

传输介质是网络中信息传输的线缆,是网络通信的重要物质基础。传输介质的性能对传输速率、通信的距离、可连接的网络节点数目和数据传输的可靠性等均有很大的影响,必须根据不同的通信要求,合理地选择传输介质。在局域网中常用的传输介质有双绞线、同轴电缆和光导纤维等。

(1)双绞线的技术方案

双绞线(Twisted Pair)是最普通的传输介质,它由两根绝缘的金属导线扭在一起而成。通常还把若干对双绞线对(2 对或 4 对),捆成一条电缆并以坚韧的护套包裹着,每对双绞线合并作一根通信线使用,以减少各对导线之间的电磁干扰。双绞线分为有屏蔽双绞线和无屏蔽双绞线。有屏蔽双绞线外面环绕一圈金属屏蔽保护膜，可以减少信号传送时所产生的电磁干扰。无屏蔽双绞线没有金属保护膜，对电磁干扰的敏感性较大，电气特性较差。

(2)同轴电缆的技术方案

同轴电缆(Coaxial Cable)是网络中最常用的传输介质，共有四层，最内层是中心导体，从里往外，依次分为绝缘层、导体网和保护套。按带宽和用途来划分，同轴电缆可以分为基带和宽带。基带同轴电缆传输的是数字信号，在传输过程中，信号将占用整个信道，在同一时间内基带同轴电缆仅能传送一种信号。宽带同轴电缆传送的是不同频率的模拟信号，这些信号需要通过调制技术调制到各自不同的正弦载波频率上。

(3)光导纤维电缆的技术方案

光导纤维电缆(Optical Fiber)简称光纤电缆或光缆。光缆由纤芯、包层和护套层组成(见图5-5)。其中纤芯由玻璃或塑料制成，包层由玻璃制成，护套由塑料制成。光纤通信的优点是：传输速率高，为几十兆至几千兆；抗电磁干扰能力强，重量轻，体积小，安全保密性高；传输衰减极小。随着对数据传输速度的要求不断提高，光缆的使用日益普遍。

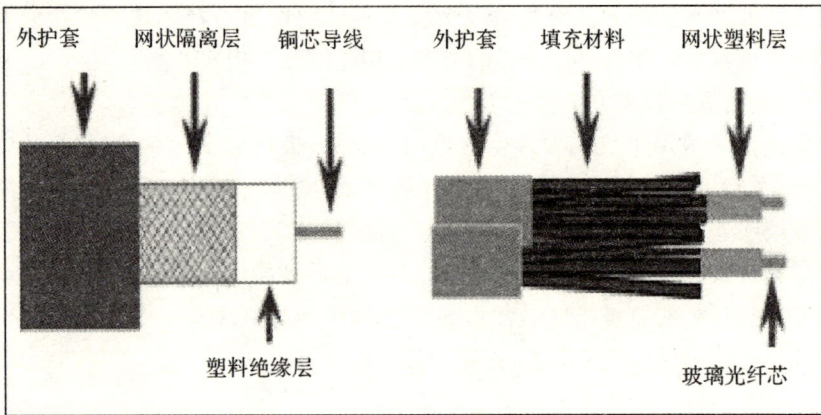

图5-5　光导纤维电缆

(三)企业的"软"技术方案选择设计

1. 网络操作系统的技术方案

操作系统是网络运转的大脑和灵魂。作为系统软件，网络操作系统管理并控制着计算机的软硬件资源，在用户与计算机之间担任着重要的桥梁作用。WinNT 和 Unix、Linux 等是目前较流行的几种网络操作系统。从系统的基本特征看，WinNT 比较简单、易于学习和使用；Unix、Linux 比较专业化，较适合大型服务器。

（1）Unix 操作系统的技术方案

在众多的网络操作系统中，Unix 在安全性和稳定性等方面都非常突出。如使用 Unix 服务器很少出现死机、系统瘫痪等现象，原因是它对文件和目录权限、用户权限及数据都有非常严格的保护措施。另外，Unix 一开始就使用了 TCP/IP 作为主要的通信协议，从而使它与 Internet 之间建立了紧密的联系。但从应用的角度来看 Unix 的不足之处是它过于强调技术性，一般用户很难在短期内掌握其技术要领，对没有网络安装和维护经验的一般用户来说，由于 Unix 系统非常庞大，不同功能之间的关联性很强，很难在短时间内掌握 Unix。另外，随着网络操作系统的多元化，目前 Unix 的重点是大型的高端网络应用领域，如建立 Internet 网站、组建广域网或大型局域网等，在一般的中小型局域网中使用 Unix 就相对麻烦。所以说 Unix 在定位上与普通的网络用户之间存在着一定的距离。

（2）Linux 操作系统的技术方案

在网络操作系统中，除了高端应用的 Unix 板块和以 WinNT/2000 为代表的普通局域网板块外，Linux 已成为普通人的 Unix。因为从技术上看，Linux 是 Unix 的“克隆”产品，它与 Unix 一脉相承，在 Unix 上实现的功能逐渐可以在 Linux 上实现。另一方面 Linux 从一问世就开始瞄准并进入普通局域网市场。从目前实际应用的角度看，Linux 的优势在于其源代码公开，是一个自由软件；其缺点是版本太多，并且大量的不同版本之间互不兼容。

（3）WinNT 操作系统的技术方案

以往 NetWare 局域网的组建一般都要由熟悉网络的专业人员来完成，而 WinNT 以其配置、操作的简单性迎合了众多网络 DIY 者的需要，一些具备简单网络知识的用户就可以通过自己动手组建网络。不管是网络的组建，还是网络的日常维护，WinNT 很适合中小型局域网用户使用。另外，在系统安全性、稳定性和可靠性方面，WinNT 基本能够满足用户的需要，并且表现出了优异的性能。

（4）Win2X Server 操作系统的技术方案

Win2X Server 被认为是 WinNT 的升级版，Win2X Server 在架构 Web Server、FTP Server 等网络服务的能力上有了很大的增强，再加上操作界面与 WinXP 相同、安装和设置都比 Unix 与 Linux 容易，因此，Win2X Server 操作系统自面市以来得到迅速普及，市场占有率节节攀升，已成为 Unix 的强劲竞争对手。

2. Web 服务器软件的技术方案

目前,市场上 Web 服务器软件较多,常见的有 IIS、Apache Server、IBM Websphere 等。Web 服务器软件的功能主要包括:安全性、检索、数据分析、网站管理、网站开发等。在选择使用 Web 服务器时应考虑的因素有:性能、安全性、日志和统计、虚拟主机、代理服务器、缓冲服务和集成应用程序等。下面介绍几种常用的 Web 服务器。

(1)IIS 的技术方案

IIS(Internet Information Services)是 Microsoft 公司开发的应用服务器软件,是目前最流行的 Web 服务器产品之一,它提供图形界面的管理工具,用于监视配置和控制 Internet 服务。IIS 是允许在公共 Intranet 或 Internet 上发布信息的 Web 服务器。IIS 在本质上属于 Web 服务组件,包括 Web 服务器、FTP 服务器、NNTP 服务器和 SMTP 服务器,分别用于网页浏览、文件传输、新闻服务和邮件发送等方面,因此它非常方便使用者在网络上发布信息。IIS 与其他服务器软件的区别在于它是在 Windows Server 平台上免费附加的,与 Windows 平台紧密结合在一起,支持 HTML 和 ASP,ASPX 等,买了 Windows 就可以免费使用 IIS。

(2)Apache 的技术方案

Apache 源于 NCSAhttpd 服务器,也是世界上最流行的 Web 服务器软件之一,几乎可以运行在所有计算机平台上。Apache 取自"a patchy server"的读音,意思是充满补丁的服务器,因为它是自由软件,所以不断有人来为它开发新的功能、新的特性、修改原来的缺陷。Apache 的特点是简单、速度快、性能稳定,并可做代理服务器来使用。Apache 对 Linux 的支持相当完美,Apache 有多种产品,可以支持 SSL 技术,支持多个虚拟主机。

(3)Tomcat 的技术方案

Tomcat 为开放源代码,是一个基于 Java 的 Web 应用软件容器。Tomcat Server 是根据 Servlet 和 JSP 规范进行执行的,因此可以说 Tomcat Server 也实行了 Apache-Jakarta 规范且比绝大多数商业应用软件服务器要好。Tomcat 是 Java Servlet 2.2 和 JavaServer Pages 1.1 技术的标准实现,是基于 Apache 许可证下开发的自由软件。Tomcat 是完全重写的 Servlet API 2.2 和 JSP 1.1 兼容的 Servlet/JSP 容器。Tomcat 使用了 JServ 的一些代码,特别是 Apache 服务适配器。随着 Catalina Servlet 引擎的出现,Tomcat 性能将得到提升,目前许多 Web 服务器都采用 Tomcat。

(4)BEA WebLogic Server 的技术方案

BEA WebLogic Server 是一种多功能、基于标准的 Web 应用服务器,能为企业构建自己的应用服务提供支持。无论是集成各种系统和数据库，还是提交服务、跨 Internet 协作，起始点都是 BEA WebLogic Server。由于它具有全面的功能、对开放标准的遵从性、多层架构、支持基于组件的开发等特点，基于 Internet 的企业都选择它来开发部署最佳的网络应用。

（5）IBM WebSphere 的技术方案

WebSphere Application Server 是开放的 Web 应用程序服务器，是 IBM 电子商务解决方案的核心部分。它基于 Java 的应用环境，用于建立、部署和管理 Internet 和 Intranet Web 应用程序。WebSphere 针对以 Web 为中心、在基本 HTTP 服务器和 CGI 编程技术上成长起来的开发人员。IBM 提供 WebSphere 产品系列，通过提供综合资源、可重复使用的组件、功能强大并易于使用的工具，以及支持 HTTP 和 IIOP 通信的可伸缩运行时环境，来帮助用户从简单的 Web 应用程序转移到电子商务世界。

3. 中间件的技术方案

中间件是前端客户端和后端服务器之间的一个中间层，或者说是由 API 定义的软件层，也可以将应用服务器理解为对已有中间件技术的更高层次的封装。中间件的基本动因是：在软件开发的过程中，越来越多的人意识到软件重用的重要性。在中间件产生以前，应用软件不得不直接面对非常底层的东西。不同的硬件体系、不同的操作系统、不同的网络协议实现和不同的数据库等，这些使得应用程序复杂多变。面对易变的东西，软件工程师已经习惯于通过添加中间层的方式来隔离变化。把应用软件所要面临的共性问题进行提炼、抽象，在操作系统之上添加一个可复用的部分，供成千上万的应用软件重复使用。这一技术思想最终推动了中间件的快速发展。在企业电子商务背景下，中间件获得了更快的发展。

从中间件的层次上来划分，可分为以下三个大的层次：基础型中间件、通用型中间件、集成型中间件。在电子商务系统架构中，应用服务器又称为"应用服务器软件平台"，是最重要的一类中间件软件。但应用服务器软件并不是老产品的位置重置，不是把交易管理、数据访问等诸多中间件和别的中间件以及技术简单地打包在一起，而是把其中最常用、最核心的进行集成，形成中间件。图 5-6 是中间件在电子商务体系结构中的位置示意图。

4. 数据库管理技术的方案选择

数据库是计算机科学技术中发展最快、应用最广泛的重要分支之一。同时，它也是电子商务系统的重要技术基础和支柱。数据库是一个通用化的综合性数据集合，它可以供各种用户共享且具有最小的冗余度和较高的数据与程序的独立性。由于多种程序并发地使用数据库，为了能有效、及时地处理数据，并

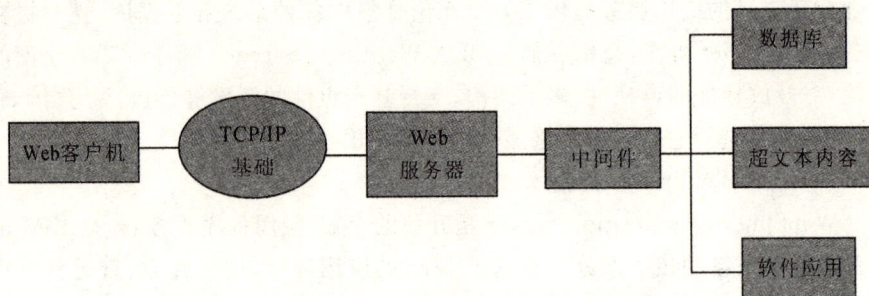

图 5-6　中间件在电子商务体系结构中的位置示意图

提供安全性和完整性,就需要一个软件系统——数据库管理系统(DBMS),在建立、运用和维护时对数据库进行统一控制。目前数据库管理系统主要有三种类型:层次数据库、网状数据库和关系数据库。其中应用最广泛的是关系数据库,如 Oracle、DB2、SQL Server、SyBase、Informix、Access、VFP 等。Web 服务器和数据库的连接技术主要有:CGI、Web API(Web 服务器应用编程接口技术)、ODBC、ADO 以及 JDBC(Java 数据库互联接口)等。

对于电子商务系统而言,后台数据库的合理选择对于网络规划建设和维护至关重要。目前,商品化的数据库管理系统以关系型数据库为主导产品,技术比较成熟,面向对象的数据库管理系统虽然技术先进,数据库易于开发维护,但尚有未成熟的产品。国际国内的主导关系型数据库管理系统有 Oracle、Microsoft SQLServer、Informix、IBMDB2 和 MySQL 等。

(1)Oracle 数据库管理系统的技术方案

Oracle 是以高级结构化查询语言(SQL)为基础的大型关系型数据库管理系统。Oracle 引入了共享 SQL 和多线索服务器体系结构。减少了资源占用,并增强了数据存储和处理的能力,以便在较低规格软硬件平台上用较少的资源就可以支持更多的用户,而在高档平台上可以支持成百上千个用户。Oracle 提供了基于角色分工的安全保密管理。在数据库管理功能、完整性检查、安全性、一致性方面都有良好的表现,而且提供了与第三代高级语言的接口软件 PRO 系列,能在 C、C++ 等主语言中嵌入 SQL 语句及过程化语句,提供了新的分布式数据库能力。可通过网络较方便地读写远端数据库里的数据,并有对称复制的技术。

(2)Microsoft SQL Server 数据库管理系统的技术方案

Microsoft SQL Server 是微软的数据库管理系统,是基于 Windows NT 系统的规模可调的高效数据库管理系统,为目前大中型网络中常用的数据库管理系统之一,因为性能优越、价格低廉而受用户欢迎。它的主要特点如下:Microsoft SQL Server 的内置 Internet 集成的最佳数据使得企业能够建立当前 Web 站点,在 Internet 上使用开放的高效方案发布数据;采用并行和分布式运行方式,使系统的性能大大提高;可将信息复制到非 Microsoft SQL Server 的数据库中,包括 Access、Oracle、Sybase 和 DB2 等;可借助更多的处理器提高系统操作性,并使规模可调整性更佳。

（3）Informix 数据库管理系统的技术方案

Informix 一般运行在 Unix 平台上,支持 Sunos,Hpux,Alfaosf/I 等。同时,Informix 采用双引擎机制,占用资源小,简单易用,适用于中小型数据库管理。另外,它还具有多线索查询机制、数据物理结构为静态分片、具有虚拟处理器等特点,并提供并行索引功能,是高性能的 OLTP（联机事务处理 Online Transaction Processing）数据库。但是它也存在着不少缺点,比如网络性能不好,不支持异种网络,并发控制易死锁,速度慢,可靠性差,开发工具不成熟,只具有字符界面,无 Client/Server 分布式处理模式,可移植性差,不同版本的数据结构不兼容等。

（4）IBMDB2 数据库管理系统的技术方案

DB2 是内嵌在 IBM 的 AS/400 系统上的数据库管理系统,直接由硬件支持。它支持标准的 SQL 语言,具有与异种数据库相连的接口,因此它具有速度快、可靠性好的优点。但是,只有硬件平台选择了 IBM 的 AS/400,才能选择使用 DB2 数据库管理系统,而且 DB2 的价格较贵。

（5）MySQL 数据库管理系统的技术方案

MySQL 是一个多用户、多线程的开放源代码 SQL 数据库管理系统,它基于 Client/Server 结构,由一个服务器守护程序 MySQL 和多个不同的客户程序和库组成,具有强大的数据管理能力和灵活的应用程序接口。虽然与商业数据库管理系统（SQLServer、Oracle、Sybase、DB2 等）相比,MySQL 不具备其全部特性,但它提供了其他数据库少有的编程工具,而且对商业和个人用户是免费的,所以应用成本低、速度快、不需要大型数据库的应用,对于中小企业是一个性价比较高的选择。

（四）网页制作技术及网站建设

除了网络硬件和软件基础建设外,企业开展电子商务的首要工作是开发制作商务定位的网页,并将网站系统上传到网络空间,这样才算在网上安了家。

1.客户端软技术选择

（1）HTML 的特点及技术方案

HTML 是超文本标记语言 Hyper Text Markup Language 的简称。HT-

ML 语言的特点是简单易用,它通过提供一定的文本结构和格式,使其能够在浏览器上呈现给访问它的用户。HTML 不同于一般的 ASCII 文件,是对 ASCII 文件的一种增强版本。它在文件中加入标签,使其可以显示各种各样的字体、图形及闪烁,还增加了结构的标记,如头元素、列表和段落等,并且提供到 Internet 上其他文档的超文本链接。HTML 成为 Web 上的通用语言,用它可以方便地制作网页、建立链接,很快它便成为了 Web 蓬勃发展的基石。但是,HTML 过于简单,随着 Web 文件内容的增多和形式多样化,越来越显得不适应,原因是 HTML 定义了唯一的文件类型,并且标记集不能被改动,简单易用却牺牲了语言性能。

(2)XML 的特点及技术方案

XML 是扩展标记语言 Extensible Markup Language 的简称。它继承了 SGML 的可扩展性、结构性及可校验性。与 HTML 语言相比,其区别主要在三个方面:一是扩展性。HTML 不允许用户自行定义他们自己的标识或属性,而在 XML 中,用户能够根据需要,自行定义新的标识及属性名,以便更好地从语义上修饰数据。二是结构性。HTML 不支持深层的结构描述,XML 的文件结构嵌套可以复杂到任意程度,能表示面向对象的等级层次。三是校验性。HT-ML 没有提供规范文件以支持应用软件对 HTML 文件进行结构校验;而 XML 文件可以包括一个语法描述,使应用程序可以对此文件进行结构确认。HTML 用来显示数据,XML 则是描述数据本身,后者可以多种方式显示,也可以由其他应用软件进行深入的处理。在超链接方面,HTML 虽然可以链接本机或其他主机上的文件,但只能指定单向且固定的链接位置,XML 可以建立多重链接,除目标网页位置外,同时可提供如何从其他网址链接的信息,可以进一步指定目标网址找到后的动作。

(3)Javascript 的特点及技术方案

Javascript(Scripting Language)是由网景 Netscape 公司开发的一种脚本语言,或者称为描述语言。它是一种由 Netscape 的 LiveScript 发展而来的原型化继承的面向对象的动态类型的区分大小写的客户端脚本语言,主要目的是为了解决服务器端语言,为客户提供更流畅的浏览效果。在 HTML 基础上,使用 Javascript 可以开发交互式 Web 网页。Javascript 的出现使得网页和用户之间实现了一种实时性的、动态的、交互性的关系,使网页包含更多活跃的元素和更加精彩的内容。运行用 Javascript 编写的程序需要能支持 Javascript 语言的浏览器。微软公司还有自己开发的 Javascript,称为 JScript。Javascript 短小精悍,又是在客户机上执行的,大大提高了网页的浏览速度和交互能力。

（4）CSS 的特点及技术方案

CSS 是 Cascading Style Sheet 的简写，有时也译为"层叠样式单"或"级联样式单"。在主页制作时采用 CSS 技术，可以有效地对页面的布局、字体、颜色、背景和其他效果实现更加精确的控制。CSS 的特点是：在几乎所有的浏览器上都可以使用；以前一些必须通过图片转换实现的功能，现在只要用 CSS 就可以轻松实现，从而更快地下载页面；使页面的字体变得更漂亮，更容易编排，使页面真正赏心悦目；可以轻松地控制页面的布局；可以将许多网页的风格格式同时更新，不用再一页一页地更新了。可以将站点上所有的网页风格都使用一个 CSS 文件进行控制，只要修改这个 CSS 文件中相应的行，那么整个站点的所有页面都会随之发生变动。

2. 服务器端技术方案选择设计

（1）CGI 的特点及技术方案

CGI 是 Common Gateway Interface 的简写。在物理上是一段程序，运行在服务器上，提供与客户端 HTML 页面的接口。绝大多数的 CGI 程序被用来解释处理来自表单的输入信息，并在服务器产生相应的处理，或将相应的信息反馈给浏览器。CGI 程序使网页具有交互功能。在运行环境方面，CGI 程序最初在 Unix 操作系统上 CERN 或 NCSA 格式的服务器上运行；同时，在其他操作系统（如：Windows NT 及 Windows 95 等）的服务器上也广泛地使用 CGI 程序，同时它也适用于各种类型机器。CGI 解决了静态页面的两个问题：一是可以动态地将数据和页面模板组合在一起，然后通过 Web 服务器发给客户端，实现 Web 服务器的动态网页功能；二是实现了客户端向 Web 服务器的数据传送和处理。

（2）ASP 的特点及技术方案

ASP（Active Server Page）是服务器端的脚本环境，可以生成和运行动态的、交互的、高性能的 Web 应用程序。其特点是使用了简单易用和强大的 COM 对象技术。ASP 使用 VBScript、JScript 等脚本语言作为开发工具，镶嵌于 HTML 文本中。当用户从浏览器向 Web 服务器提出请求时，Web 服务器会自动将 ASP 的程序解释为标准的 HTML 格式的主页内容，用户端只要使用常规可执行 HTML 程序的浏览器，就可浏览 ASP 所设计的主页内容。另外，用户既可以直接在 ASP 页面中使用 Visual Basic 和 Visual C++ 各种功能强大的 COM 对象，同时还可以创建自己的 COM 对象，直接在 ASP 页面中使用。通过使用第三方开发的各种 COM 对象，可以大大地节省开发人员编写代码的数量和时间。ASP＋是微软在 ASP 之后新推出的一种动态网站开发语言。

（3）JSP 的特点及技术方案

JSP(Java Server Pages)是由 Sun Microsystems 倡导、许多企业参与一起建立的一种动态网页技术标准。JSP 技术有点类似 ASP 技术，它在传统的网页HTML 文件中插入 Java 程序段和 JSP 标记，从而形成 JSP 文件。它将内容的生成和显示进行分离。在服务器端，JSP 引擎解释 JSP 标识和小脚本，生成所请求的内容，并且将结果以 HTML(或者 XML)页面的形式发送回浏览器。用JSP 开发的 Web 应用是跨平台的，既能在 Linux 下运行，也能在其他操作系统上运行。JSP 页面的内置脚本语言是基于 Java 编程语言的，并拥有 Java 语言"一次编写，各处运行"的特点。

（4）PHP 的特点及技术方案

PHP 是超级文本预处理语言 Hypertext Preprocessor 的简写。PHP 是一种 HTML 内嵌式的语言，是一种在服务器端执行的嵌入 HTML 文档的脚本语言，语言的风格类似于 C 语言，应用广泛。它的特点是免费、简单实用、功能强大并具有可扩展性。它的语法混合了 C、Java、Perl 语言风格和语法框架，但能更快速地执行动态网页。在资源开放模式下，只要加入相应的模块，就可以使PHP 的功能得到增强。PHP 能够支持 Sybase、Oracle、Informix、MSSQL 等多种数据库，PHP 还支持生成动态图像、IMAP、SNMP、LDAP、XML 等。PHP具有良好的跨平台可移植性，可以在 Windows、Unix 和 Linux 系统下的 Web服务器上正常运行，支持包括 IIS、Apache 等在内的多种流行的 Web 服务器。此外，当用户变换工作平台时，不需要更改 PHP 代码，直接就可以在新的平台上使用。PHP 最大的优点是其跨平台性与免费，成本低。用户完全可以采用PHP＋Apache＋Linux＋MYSQL 的全套自由软件进行开发。

（5）Java 的特点及技术方案

Java 由 Sun Microsystems 开发的专门用于像 Internet 这样的分布式网络的一种流行的编程语言。普通的 Java 程序就可实现动画和交互式网页的 Applet。Java 是用于 Internet 的面向对象的编程语言。可以在 Web 上开发相关的 Web 应用；也可以开发出各种类型的 Internet 应用，如 HotJava。前者称之为 Java Applet；后者称之为 Java Application。

3.网页制作工具选择

网页是企业开展电子商务的基础载体和信息平台，是 Internet 上宣传和反映企业形象和文化的重要窗口。网页制作是指使用标识语言，通过一系列设计、建模和执行的过程将电子格式的信息通过互联网传输、浏览。

（1）FrontFage 的特点及技术方案

FrontFage 是微软的一个用于制作网页的十分强大而且友好的可视化的编

辑工具。用户仅通过拖拽就可以轻易地建立一个主页。它支持多种网络技术和静态、动态的网页设计。网页制作由 FrontPage 中的 Editor 完成,其工作窗口由 3 个标签页组成,分别是"所见即所得"的编辑页,HTML 代码编辑页和预览页。FrontPage 带有图形和 GIF 动画编辑器,支持 CGI 和 CSS。向导和模板都能使初学者在编辑网页时感到更加方便。FrontPage 最强大之处是其站点管理功能。在更新服务器上的站点时,不需要创建更改文件的目录,FrontPage 会为你跟踪文件并拷贝那些新版本文件。FrontPage 是现有网页制作软件中唯一既能在本地计算机上工作,又能通过 Internet 直接对远程服务器上的文件进行工作的软件。

(2)Dreamweaver 的特点及技术方案

DreamWeaver 是一个常见的网页设计软件,一般包括可视化编辑、HTML 代码编辑的软件包,支持 ActiveX、Javascript、Java、Flash、ShockWave 等技术,而且它还能通过拖拽从头到尾制作动态的 HTML 动画,支持动态 HTML(Dynamic HTML)的设计。同时它还提供了自动更新页面信息的功能。DreamWeaver 是一种可视化的页面设计,具有开放式的插件功能,一般与制图软件组合使用,方便网站管理。DreamWeaver 最大特征是它的开放式设计,这项设计使任何人都可以轻易扩展它的功能。

(3)Flash 的特点及技术方案

Flash 是一种交互式矢量多媒体技术,有灵巧的绘图工具,具有动画效果的按钮和菜单、图像的支持、声音的插入等功能。Flash 的优点是体积小,可边下载边播放,这样就避免了用户长时间的等待。Flash6 可以用其生成动画,还可在网页中加入声音。这样你就能在网页中生成多媒体的图形和界面,并使文件的体积较小。Flash 虽然不可以像一门语言一样进行编程,但用其内置的语句并结合 JavaScripe,用户也可做出互动性很强的主页来。

(4)Photoshop 的特点及技术方案

Photoshop 是 Adobe 公司旗下最为出名的图像处理软件,是一个集图像扫描、编辑修改、图像制作、广告创意,图像输入与输出于一体的图形图像处理软件,较受平面设计人员的喜爱。Photoshop 的应用领域很广泛,在图像、图形、文字、视频、出版各方面都有涉及,Photoshop 具有强大的图像修饰功能。利用这些功能,可以快速修复一张破损的老照片,也可以修复人脸上的斑点等缺陷。

4. 网站规划要点

网站规划没有统一的界定和基本规则,有的只是基于成功网站的模板借鉴和套路参考。总体而言,企业网站规划最重要的是基于企业文化和商务定位的理解的网站要素、功能、技术、呈现形式的创新。

网站建设是一个复杂的系统工程，涉及多种技术及特定的商务定位。如何设计出合理的网页和网站结构，协助用户快速地发现其感兴趣的内容，并提供交互功能操作，完成相应的行为记录，成为网站规划的关键。一般而言，网站规划包括网站机构规划、网站功能规划、网站流程规划、网站主题风格规划和网站呈现方式规划等内容。基于传统制造企业的特点，本书重点探讨网站主题风格规划、网站机构规划、网站功能规划三种。

（1）网站主题风格规划要点

企业网站主题就是指网站围绕什么类型的企业、什么特征的产品、什么规格的服务来开展工作，是网站规划者对企业网站的理解、阐释、转换、表达、呈现的统一。网站代表企业的形象，具有特色的设计能给访问者留下深刻印象，增强企业在信息时代的竞争力。无论什么类型的网站，必然有它的主题，网站的风格应与主题相一致，同时还应考虑到客户群的行为特征。一个电子商务网站若选择了与其主题不相符的风格，不论它的技术多先进、形式多复杂，也会使人产生不协调的感觉。

通常，企业电子商务网站比较适合简明大方的风格。例如 Dell 公司的网站，其主页以简洁的图形突出网站的主题，以蓝色为该网站的基本色，无论是主页还是其后的链接页面都以蓝色为基调，给人以朴素明快的感觉。一个网站一般只能有一种主色调，其他颜色不宜超过三种。颜色太多，会给人产生杂乱花哨、不专业的感觉。除了颜色的心理效应外，挑选的颜色最好在通用的颜色调色板中存在，以确保浏览者在阅读时不会感到吃力。

（2）网站结构规划要点

网站结构规划是指网站规划者利用电子商务技术对网站要素、功能的合理配置和设计。网站结构是指布局在网站上的网页、文本、图片、照片、表格、动画、声音、影像及其存放目录等对象之间的物理的和逻辑的关系，涉及数量、类型、用户对象、现存架构、拥有者、结构、名称、网站导航、网站索引、网站地图、网页地址等内容。网站结构影响了客户完成任务的效率及其体验，好的网站结构可以留住客户，反之会失去客户。

在规划阶段，根据网站的目的已确定出网站的导航结构，设计阶段可根据企业实际情况对导航结构作进一步地细化和增减。在内容较多、流程较复杂的情况下可对某个栏目添加若干个频道的子栏目。一般企业型网站的导航栏目包括：公司简介、企业动态、产品介绍、客户服务、联系方式、在线留言，必要时可增加常见问题、营销网络、招贤纳士、在线论坛、英文版等栏目，并确定出这些栏目在网页中的具体位置。

（3）网站功能规划要点

网站内容就是指网站能做什么，具体包括什么功能，如何实现这些功能等。网站功能规划一般包括网站的功能模块规划、网络功能的整合设计、网络功能的实现方式设计与网站功能的技术实现方案选择。

网站的功能模块的规划。一般包括企业基础资源管理、用户注册管理、商品管理、订单管理、物流配送管理、支付管理、客户服务管理、权限管理等内容。不同类型的网站的功能结构会有所差异，例如企业宣传型网站、综合应用型网站、行业型网站、商务型网站的功能就有所不同，必要时需要画出模块实现的程序流程图。

网站功能的整合设计。对一些综合性的网站，必要时需要进行功能的整合，如对引导页、会员系统、网上购物系统、在线支付、问卷调查系统、信息搜索查询系统、流量统计系统进行整合。

网站功能的实现方式设计。网站是通过一个个页面来实现的，实现时是通过动态网页还是静态网页？营销内容采用列表方式还是地图展示方式？等等。这些问题需在网站功能实现方式设计中给出答案。

网站功能的技术实现方案选择。对于企业的网站功能实现，可能存在多个不同的技术解决方案。在技术实现方案选择时，需要回答如下问题：是自建服务器还是租用虚拟主机？采用模板自助建站、建站套餐还是个性化开发？选择什么样的动态脚本及相应的数据库，是 ASP、JSP，还是 PHP 脚本？是 SQL、ACCESS 数据库，还是 ORACLE 数据库？采用何种类型的操作系统，是 Windows 系列还是 Unix 系列？流媒体软件采用 Microsoft 公司的 Media Play Server、Real One 公司的 Real Media Server（包括 Real Audio 和 Real Movie），还是 Sun 公司的 Flash Media Server？在新技术的采用上既要考虑技术成本，又要考虑主要目标访问群体的分布地域、年龄阶层、网络速度、阅读习惯等，明确这些不同技术的投入成本、功能、开发、稳定性和安全性等。

5. 网站上传发布的要领

网页制作完毕，最后要发布到 Web 服务器上，才能够让企业用户看到，现在上传的工具有很多，有些网页制作工具本身就带有 FTP 功能，利用这些 FTP 工具，你可以很方便地把网站发布到自己申请的主页存放服务器上。网站上传以后，你要在浏览器中打开自己的网站，逐页逐个链接地进行测试，发现问题，及时修改，然后再上传测试。全部测试完毕，就可以把你的网址告诉给周围的人，让他们来浏览。

因此，网站上传发布最重要的是要做好以下工作：

第一，选择好网站发布和运行的方式。即根据企业技术规划，根据对应服务器模式采取合适的方式将网站上传到服务器空间,并采取合适的运行措施。

第二,网站测试。网站在项目开发团队的试运行正常并不一定代表上传到网络服务器的正常。因此,需要对网站的每一功能、要素变动做一个详细的检查、试运行。

第三,网站的发布。不同的服务器模式有不同的发布要求,企业应根据自身服务器模式选择对应的发布方法。同时,还要选择好发布工具、发布流程。

三、传统制造企业发展电子商务的技术选择及实现

(一)传统制造企业电子商务系统的接入方式、服务器方案及域名设计

1. Internet 接入方式选择

上文提到,Internet 接入方式主要有拨号网络(PSTN+MODEM)、专线(DDN)接入、ISDN、Cable MODEM、数字用户线(xDSL)、无线接入技术、光缆接入技术等。从技术层次看,在稳定性、安全性、速度等方面各类接入方式确实存在着优劣之分,因此,企业在选择接入方式前应先对其技术参数做详细的考察分析再做出决策。从技术演进看,上述技术是目前市场上比较成熟的产品服务,但随着技术的不断发展可能还会有更好的新的接入方法出现。从技术关联性看,在一些方案中,Internet 接入方式与服务器解决方案在解决方案中是打包集成的,如一些 ISP 服务商往往提供包括托管服务器和租用虚拟主机一揽子解决方案,企业只需要了解其原理并对过程进行科学管理就可以了。当然,企业有需要通盘考虑管理的自主性与技术的自主性。

总之,企业在 Internet 接入方式决策前需要对本地接入方式的种类、每种接入方式的特点、每种接入方式的原理及管理方法、每种接入方式的投资规模及企业预算、企业技术团队实力及系统技术对企业要求等进行综合考虑,根据企业实际作出最科学的决策。

2. 服务器安家方式选择

上文提到,企业网上安家方式主要包括托管服务器、租用虚拟主机、独立自营服务器等。从安家方式的本质看,托管服务器实质上是企业自己购买服务器并委托给 ISP 服务商管理,服务器放在 ISP 服务商的专用机房,企业进行远程网站数据维护;租用虚拟主机实质上是指企业花钱租用 ISP 服务商的服务器使用,出于成本考虑,ISP 服务商一般将一台服务器逻辑上划分为几个部分给不同的企业同时使用,企业没有直接的共享一个服务器的感受;独立自营服务器则是谁都不"相信",自己购买服务器、自己建设机房安放、自己进行软硬件维护,

只是在线路及接入方式上依然要寻求相关 ISP 服务商租用专线,否则服务器无法进入 Internet。从实施便利性看,独立自营服务器最为复杂,对企业自己的技术团队要求高,适合于大的企业电子商务项目;租用虚拟主机在技术上最为简单方便,连服务器购买问题都可以不过问;托管服务器则处于两者之间。从投资规模看,独立自营服务器方式投资最高,不仅需要购买几乎所有软硬件设备,而且还需要花成本投资在技术团队建设上;租用虚拟主机投资最低,只需要交纳主机部分空间的单位时间租用费即可;托管服务器投资处于两者之间,购买服务器设备设施需要企业投资,但后续的服务器场所建设则不需要,同时人力成本也要少得多。

同样,企业在选择服务器安家方式时需要详细考察每种方式的原理、特点、管理过程和内容等,还要结合企业的技术战略定位、企业投资预算及管理决策者对技术管理的偏好,全盘考虑,统筹设计,科学决策。

3. 域名的策划设计问题

好的域名,事关未来企业网络品牌形象的成功树立。一个好的域名,应该简洁易记,避免过长的字符导致记忆的困难,如果域名不便被潜在用户们记忆应用,就等于让用户忘掉了如何能找到贵公司的虚拟门面。此外,域名还应该考虑到因特网的国际性,兼顾国际用户。

选择域名的原则主要包括以下几个方面。第一,对于国内企业来说,最直接选取域名的方法就是使用企业名称的汉语拼音。既容易被用户想到,又便于网络宣传。例如,海尔集团的域名为 www.haier.com。第二,英文域名,即企业名称的英文名。例如,中国移动的域名为 www.chinamobile.com。第三,当企业名称繁琐时,可用其简化的拼音组合或简化的英文组合构成域名。第四,以中英文结合的形式给企业注册域名。如中国人网的域名为 www.chinaren.com。这样的域名也是比较好记而流行。第五,注册的域名不要侵犯他人企业的商标权,会带来不必要的麻烦。第六,为了让用户能准确地浏览网站,注册域名时对常用域名进行注册,如.cn,.com,.com.cn 等,将所注册域名通过跳转的方法集中到最常用域名上,这样可以保证潜在的用户不流失。第七,面向国际网时尽量使用.com 国际域名,便于国际搜索。第八,注册域名要以好记为前提,长度适当,与企业或知名品牌相关。

(二)传统制造企业电子商务系统软硬件运行环境的配置实现

1. 传统制造企业电子商务系统硬件运行环境的配置实现

传统制造企业电子商务系统类似于传统 C/S 模式下的局域网,其硬件环境配置可参照局域网的硬件配置,只是需要重点考虑 B/S 模式下电子商务系统工作环境的配置。

系统硬件运行环境的配置往往是在企业电子商务定位需求确定之后推进的,但前期的商务定位需求与中期的系统硬件需求在时间上并非绝对,商务定位需求往往需要根据实际的技术背景作出调整,系统硬件运行环境与系统商务定位的需求是互为背景与条件的。

系统硬件运行环境的配置还需考虑需配置硬件的种类。从设备类别角度看,主要是考虑服务器、工作站硬件、网络通信设备、网络线缆(传输介质)和其他相关网络设备设施。从重点对象看,系统硬件环境主要做好服务器和网络通信设备的配置,服务器是整个电子商务系统中心,它的科学配置直接决定了系统的性能、稳定性、安全及性价比;网络通信设备设施的配置也关系到网络运行效率和稳定,当然,网络通信设备设施的配置还跟网络拓扑结构的设计有关,不同的逻辑结构可能需要配置不同的网络通信设备。

系统硬件运行环境的配置的第三个问题是网络安全问题。企业电子商务系统在 Internet 服务模式下,不同于传统 C/S 模式下局域网的封闭模式,电子商务系统的资源几乎全面向用户开放。因此,为保障系统技术的安全,电子商务系统将在防火墙设置隔离方面投入更多,会将网络防火墙作为硬件环境配置管理的重要内容。

2.传统制造企业电子商务系统软件运行环境的配置实现

传统制造企业电子商务系统软环境也类似于传统 C/S 模式下的局域网软环境,其软件环境的配置也可以参照传统局域网的网络软件配置,只是需要重点考虑 B/S 模式下电子商务系统的软件配置,使其更加适应开放环境,并兼顾硬件设备设施的配套、兼容问题。因此,软环境的配置更为复杂。

除了需考虑前后规划的协调调整、软件产品内容和网络安全外,传统制造企业电子商务系统软环境配置还要重点考虑以下几个方面的问题。

第一个是软件的冲突矛盾问题。由于企业电子商务系统各部分软件已进入到成熟的市场化阶段,各功能软件一般都由大型软件公司开发销售(也有一些是开放代码或免费使用),部分企业出于市场垄断和利益的需要,往往在软件产品使用上设计一些隔离或排斥功能,这就使得企业在采购相关软件时首先要考虑到产品的相互冲突问题,若选用的软件产品跟其他核心软件或硬件有冲突,就不得不调整软件的选择。

第二个是软件各部分合理搭配问题。系统与软件产品的关系就如球队与球队成员,最优秀的一批球员组成的一个球队不一定是最优秀的。因此,系统软件产品也要考虑产品的特征和功能,要使产品之间有个合理的分工,尽力使搭配最为合理。常见的错误是将一些高级的产品与低端的产品搭配在一起,根据木桶效应,最后只能发挥出最低功能产品标准的整体效率。

第三个是软件产品的更新换代问题。软件产品是技术发展的结果,但是由于技术是不断进步的,且在软件的使用过程中用户往往会提出一些新的功能需求,因此,软件需要不断升级。传统制造企业电子商务系统软件运行环境也需要考虑软件产品的升级换代对整体系统的影响,需要与软件产品供应商建立良性的互动关系,实现软件的适时更新。

(三)传统制造企业网页设计及网站建设方案选择

网页设计及网站建设是企业电子商务推进工作中相对独立功能的一块,其核心技术是网站代码编写能力、网页功能及艺术设计能力、网站运行管理能力等。从网页设计及网站建设方案选择看,主要有自主开发模式、外包模式和外部平台的改装模式三种。

1. 自主开发模式

自主开发模式是指企业不依靠外部专业网页设计或网站开发企业,完全由企业自己的团队、自主组织资源设计制作网页,形成企业网站。自主开发模式的缺点是开发时间长,运行时网站可能出现问题。优点是能更好地满足企业的具体要求。事实上,网页设计和网站建设并不困难,其核心不是大规模的网络设施建设门槛,而是技术人员的技术和知识创造能力。对于那些有资源、有时间自主开发的企业,一般更喜欢采用这种方法,以获得差异化的竞争优势。然而,自建网站无论在技术方面还是在应用方面遇到问题,都需要由自己解决,因此具有挑战性。

2. 外包模式

外包模式是指企业不是自己组织团队去开发设计网站,而是拿出一笔资金委托相关专业企业来设计制作自己的网站。外包模式的优点是操作简单省力,专业化分工有利于效率的提高。这种方式需投入的财力也不一定高于自主开发方式。因此,对于那些技术力量不足的企业而言,外包模式又能解决问题又省事省力。但是,这种方法的缺点也非常明显,那就是外包过程中,企业很难控制外包企业的操作内容和方法,个性化与特定需求的实现上受到限制。

3. 外部平台的改装模式

外部平台的改装模式是指对外部的电子商务系统进行部分改装优化,使之满足企业独特的理解和具体功能需要。事实上,现在技术市场已经有较多的成形电子商务网站系统可供借用后购买使用,有些产品由专业的大公司开发设计,系统开发功能完善、技术成熟,已经进入到商业产品成熟运行阶段,有一定投入预算的大中型企业完全可以选择采购这些成熟的电子商务系统直接开展电子商务工作。

(1)如何选择应用 Microsoft 电子商务解决方案

Microsoft 电子商务解决方案是目前比较成熟的一体化解决方案,其核心子平台包括:Windows 2000、SQL Server 2000、Commerce Server 2000、BizTalk Server 2000、AppCenter Server 2000、Exchange Server 2000、Visual Studio/MSDN。

其中,使用 Commerce Server 2000 可以快速开发、部署一个稳定可靠、可伸缩的商务站点,并能实现站点商务分析管理。其特点为:

第一是标准功能。包括商务处理管道(Business Processing Pipeline)、配置系统(Profile System)、目标系统(Targeting System)、产品目录系统(Product Catalog System)、业务分析系统(Business Analytics System)。

第二是标准站点包。双击鼠标执行三个后缀为 pup 的文件会生成三个模板站点(B2C、B2B 和空白站点)。

第三是可视化的开发与管理界面(Business Desk)。包括站点的产品目录、用户管理、市场促销、业务分析系统等均可在 Business Desk(使用浏览器访问)创建、修改、管理。

BizTalk Server 2000 是以 XML 为基础的 B2B 商务文档交换自动化的建设和管理平台。它可以将任何一种数据格式转化为 XML 的标准,从而起到一种企业与网站、网站与企业之间商业数据连接的桥梁。BizTalk 的功能可以粗略的归纳为以下几点:

第一是业务伙伴的资料管理。如合同、协议、订单等业务。

第二是应用集成。如集成 EDI 的应用,各种数据格式的转换(标准、自定义)。

第三是文档的自动转换。如文档自动路由 CA 管理。

第四是管理与分析功能较强。

(2)如何选择应用 IBM 电子商务解决方案

IBM 电子商务解决方案应用较广,功能模块包括 IBM Net. Commerce 电子商城、CommercePOINT eTill 电子收款机、CommercePOINT Wallet 电子钱包、CommercePOINT GateWay 付款网关、IBM Registry for SET 认证中心等。几乎囊括了企业电子商务的各项功能。

(3)如何选择应用 HP 电子商务解决方案

HP 电子商务解决方案也较为强大,一般包括 HP Open View、Hp Open Mail、HP 企业级安全性架构、HP VirtualVaultV2.0、VGATE、VPOS、VWAL-LET 等功能模块。

第六章 选择设计适宜的传统制造企业网络产品

一般而言,传统制造企业产品大多数可归为有形实物类产品,属于无形的数字产品或平台服务产品的比例非常低。本章在深入分析现代产品理论演进基本规律和态势的基础上,提出一般的网络产品理论。由于传统制造企业产品的有形性,要使产品适宜于网上销售,其核心问题是产品设计。因此,本章将重点探讨面向网络用户的传统制造企业产品设计理念及技术实现,讨论传统制造企业网络产品的图片拍摄与文字艺术。

一、网络产品特征及电子商务运营模式

互联网具有虚拟现实、即时性、全球性等特点,不是所有的产品都适合在互联网上销售。传统制造企业要想在网络上开展电子商务工作,就必须研究网络畅销产品的基本规律和特征,分析商品的需求特征、交易特征和消费者行为。

(一)畅销网络产品特征分析

网络产品也是商品,也受价值规律和供求关系的影响,与传统线下产品相比,网络产品具有以下特征。

1. 交易成本较低

交易成本(Transaction Costs)又称交易费用,是由诺贝尔经济学奖得主科斯提出的。交易成本相对于买卖双方,是指为达成一笔交易所需花费的成本,也指买卖过程中所花费的全部时间和货币成本。一般包括传播信息、广告、与市场有关的运输以及谈判、协商、签约、合约执行的监督等活动所花费的成本。这个概念最先由新制度经济学在传统生产成本之外引入经济分析之中。

互联网的随时性和即时性使得客户可随时获得商品信息,而互联网的全球性则使客户能方便地获得全世界范围内的网上产品信息。互联网使信息的传播和复制的成本都很低,这大大降低了产品的交易成本。同时互联网的价值链整合功能对降低交易成本也有很重要的作用。在 B2C 模式下,利用互联网可大

幅度降低卖方的交易成本。例如对 Amazon 网上书店来说,不需要实际的店面和营业员,只要建设和维护网站就可以了。而在 B2B 模式下,利用互联网也可大幅度降低买方的交易成本。例如:GE 公司的电子采购每年能节省数千万美元的成本。在 C2C 模式下,往往是买卖双方的交易成本都可以大规模地减少,例如一些租房中介网站,不论对出租者还是对要租房的人来说,找到合适的房客(房子)的成本都大幅降低。由以上分析可以看出,无论是哪种电子商务模式,交易成本比传统商务交易模式都要低很多。

2.附加认识需求少

产品附加认识需求来自于现代产品学。一般而言,产品附加认识需求是指顾客从搜寻到一个产品到下决心购买的过程中,所需要进一步认识和了解产品信息的程度。

如果需要很少、甚至不需要额外信息就能决定买或不买,则该产品属于低附加认识需求,该产品很容易在网上销售。如果需要大量额外信息、大量咨询才能决定买或不买,则该产品属于高附加认识需求。一般而言,在提供尽可能详尽的介绍信息的条件下,服务类产品比实物类产品的附加认识需求要低,这也就是为什么服务比实物产品在网上好卖的原因。最典型的例子就是信息服务,其附加认识需求接近为零,因此在网上做信息服务是很容易赚钱的。其次是提供纯信息化产品,比如在网上收费下载某课程录像,顾客仅看主讲人、所讲内容的性质以及收费的高低即可决定是否购买,顾客也不关心是谁提供录像。在产品设计阶段,分析产品的附加认识需求并应用它来精心开发设计产品是企业产品网上销售制胜的关键。想要成功开展网上销售,应重点考虑以下三种情况:追求零附加认识需求的信息服务;通过互联网降低附加认识需求;提供其他补偿,比如诱惑的价格,并且这种补偿足以超过获取附加认识需求所需付出的综合成本。

3.个性化特征强

网上销售市场的无区域边际性与全球性使一些在传统商业模式下很难生存下来的个性化特殊产品获得更大的生存权。由于个性化产品网上需求市场的大规模扩张,提供个性化特征的产品对供应方而言其市场机会更多,从而推动制造企业加大个性化产品的生产。此外,互联网的交互性使得一对一营销的理念变成现实,客户可以通过网络在线进行自助式的个性化定制,而商家也可以通过对客户访问记录、交易记录数据的分析找出客户的偏好,对客户实施一对一的个性化营销。这类电子商务的典型成功例子就是 Dell 公司的网上计算机销售系统。客户通过 Dell 公司的网站很方便地定制自己所需配置的计算机,包括内存大小、硬盘大小、可选配件、售后服务种类等等。由于客户的定制是通过网络自助式完成的,这样既满足了客户的个性化要求,又不用花费过高的成本。

4.标准化程度高

随着社会经济信息化水平的提高,企业、产品正加快数字化进程。数字性使互联网传播信息更简单快捷,但也带来了互联网的虚拟性。面对看得见、摸不着的网上产品,对于一些非标准化的产品在网上无法实现当面检验鉴别,例如古董、珠宝等。反过来,对于一些有标准的,不需要当面检验鉴别的产品,就很适合在网上销售,例如书、CD、电子类产品等。目前 B2C 网上畅销的基本上都是这类产品,比如在 Amazon 销售的图书、CD,Dell 公司销售的电脑。而对于B2B 来说,目前企业间电子商务主要产品如办公用品、耗材、低值原料等等也属于不需要当面检验鉴别的标准化产品。

(二)网络产品的电子商务运营模式

国内外电子商务发展实践表明,网络畅销产品与网络滞销产品的产品特性存在很大的不同,产品特性对电子商务有重要的影响。

1.标准化与定制化网络产品的电子商务模式选择

标准化产品是指质量、规格及其检验方法等较为统一规范的产品。一般是大量生产与复制、具有一定规格的产品。标准化产品由于生产过程的标准化与规范化,可实现规模优势,并能最大限度地保证产品的质量。定制化的产品是指根据客户需要量身定制的特定产品,源自消费者的个性化需求;一般只能通过单件小批方式生产出来。定制化产品一方面可满足客户在外观设计、零部件选配等方面的多样化需求,另一方面也可实现价格的多样化,弥补标准化产品单一定价的缺陷,拓展企业的利润空间,但企业同时也面临着大量的选配工作与客户需求的频繁变更。标准化产品一般通过批量生产实现规模优势,最大限度降低单位产品成本,因此,与定制化产品相比,标准化产品的利润率相对较低。另外,标准化产品可以提供稳定但不一定高品质的产品质量,而定制化产品则一般能提供高品质的产品或服务。所以,标准化产品与定制化产品之间存在规模与不规模的竞争、同一性与个性化的竞争。

一般而言,标准化产品可以提供稳定的质量、统一的规格和型号,最大程度控制了废品率,弱化了互联网虚拟特性带来的无法在交易现场检验鉴别的问题,因而相对定制化产品而言,标准化产品更加容易开展电子商务,无论 B2C 或者 B2B,都有大量的应用。

由于多数的定制化产品都属于经验品,客户比较倾向能够实际体验或鉴赏后才愿意购买,因此在定制化产品的经营上,大多数企业都将互联网作为与顾客沟通的一个桥梁。在电子商务应用上,定制化产品主要有两种走向:第一种是以 B2C 形式经营的提供顾客各种购买前或购买后的服务的网络服务中心。另一种方式是 B2B 电子商务,侧重于定单形成与履行过程中的客户服务与管理。

总之,标准化产品比较适合 B2C 的销售,而定制化产品的电子商务更多地是客户服务。在定制化产品的经营上,企业应该要致力于在定制化产品融入一些标准化生产内容,在满足个性化需要的同时降低生产成本。而标准化产品的经营则可以考虑加入定制化元素,实施差异化战略。

2.有形产品与无形产品电子商务的区别主要在物流

按照产品的存在形式可分为有形产品和无形产品,有形产品主要是指实体产品,而无形产品指包括软件、电影、音乐、电子读物、信息服务等可以数字化的产品。除了存在形式外,有形产品与无形产品还存在成本结构的差异。有形产品的边际成本是先降后增,无形产品的边际成本随产量增加而接近于零。例如,拍摄一部电影或写一本书的固定成本可能很高,但将电影刻录成光盘或把书印刷出版的成本,与其相比却微不足道,且如果直接通过网络复制与传送的话,边际成本趋近于零,这与一般的有形产品大有不同。

无形产品由于其可数字化,可以通过网络直接传送,物流成本接近于零;而有形产品则离不开物流配送问题,产品的体积、重量越大,所要负担的物流成本越高。与无形数字产品相比,有形产品电子商务运作相对复杂,其电子商务的物流体系可以通过三种形态经营:第一种是第三方配送形态,通过第三方物流服务提供商,直接将产品送到消费者指定地点的物流形态,这种形态需要销售企业与物流企业的配合;第二种是第三方物流加自提形态,第三方物流的优点在于费用比第三方配送低,只要在指定时间内将货品送达提货点,购买者自行前往取件或付款,这种形态在人口稠密的地区相当适合,如大中型城市较为合适,另外就是部分体积大、重量大、配送费用高的产品也适合采用这种形态;第三种是自建物流网络形态,对于物流量非常大、客户区域分布非常集中、企业除产品销售外还需向客户提供上门安装、调试等服务时,往往采用这种形态。

3.网络产品时效性与生命周期对电子商务模式有不同的要求

所谓产品时效性是指产品的质量、内容、功能等对时间的要求。时效性短的产品通常不容易保存,所以在销售上往往会采取尽量缩短渠道、降低库存的做法,而时效性长的产品库存压力比较小,加上其保存比较容易,如果是低单价的产品更适合以比较长的渠道来拓展销售范围,创造规模经济。

产品的生命周期是指一种产品从投入市场到被淘汰退出市场的过程。典型的产品生命周期可分成四个阶段:导入期、成长期、成熟期和衰退期。时间敏感度很高的产品生命周期往往很短暂，如流行服饰、流行音乐等产品生命周期都不太长，一旦过了流行的有效时间，产品的价值与获利能力都会迅速下降。

一般而言，时效性短的产品，企业在物流上必须承担更高的额外支出与商业风险。企业在网上销售时效性短的产品时，通常仅能扮演协调买卖双方的中间商，企业几乎不大可能自行向生产者进货、自己建立仓储直接销售给消费者，因为这么做无疑是徒增自身的库存压力，增加产品存货成本。因此，销售时效性短的产品的电子商务中间商，要么拥有庞大客户群，要么具备渠道优势。例如时效性极短的水果产品，在网络上的销售企业要么是门户网站，要么是便利商店，前者是具有庞大客户群的销售平台，产品在此销售可以接触到广大的客户，后者则是具有实体渠道优势，遍布各地的实体店就是产品的"仓库"，可以让产品更容易送到消费者手中。此外，时效性短的产品不适合以 C2C 形式销售。C2C 交易平台虽然有较大的客户群，但是交易规模相对较小，加上交易的过程往往浪费时间并且冗长，讲求时效性的产品很难经得起长时间的等待。解决产品时效性问题的最佳方式就是以数量换取时间，通常 B2C 与 B2B 的销售模式具有交易量优势，数量庞大的产品很可能同时或一次就交易出去，这种具有规模销售的型态能够舒缓产品在时效性上的压力。

从产品生命周期理论看，生命周期短的产品被市场淘汰的速度更快，企业在销售上往往也必须注意市场对于产品的反应，才能做到实时响应与调整，因此生命周期短的产品比较适合以互联网平台进行销售。以生命周期较短的 3C 产品计算机硬件、MP3、照相机、手机等为例，随着各种测试报告、新闻稿的发布，产品往往在上市前就会在网络上引发各种讨论，对企业而言，没有任何媒体像互联网这样，能够对市场反应做出如此快速的响应。由于生命周期短的产品获利时间短，设计、研发的过程都被压缩，加上通过全球分工体系的供应链管理，新产品推出的速度早已不能同日而语，因此利用网络媒体的速度来正确掌握实时信息对企业来说尤其重要。而生命周期较长的产品，则适合长时间放在 C2C 交易平台中，等待有需求的买家主动搜寻，或是存在于综合性购物网站中的产品资料库中，使这些产品有较长的上架时间以及较多的陈列空间。甚至网络商店也可以跨季销售，让消费者买到在某一时间段一般店面可能不会销售的产品。生命周期短的产品大多不适合以 C2C 模式交易，因为 C2C 的交易等待时间通常会比较长，因此目前出现在 C2C 交易平台中的产品大多是二手或是过季商品，如 CD、流行服务、手提包等，新上市的产品大多倾向以 B2C 的模式直接销售。

总之，产品时效性和生命周期都较长的产品是最适合导入电子商务的，因为时间压力较低的产品不会对交易后端的库存与物流系统产生过大冲击，而较长的生命周期则可以依靠产品的良好品牌形象与网络客户保持信任的客户关系,例如 Amazon 会将书籍的库存与销售状况公布在网站上,并且让顾客对书籍进行五颗星的评价,Amazon 在统计后会将不同购买频率的书籍分门别类,并且附上平均顾客评价与畅销排行等资料,这些做法除了增加消费者的购买信心外,也希望通过提供详细的信息,以购买频率较高的畅销书籍带动其他冷门书籍的人气。从消费者购买的角度来说,书籍、电器等都是时间敏感度不高的产品,在没有立即购买的迫切需求之下,消费者通常可以及早对购买进行计划,这对电子商务的销售模式较为有利,消费者有充足的时间对产品进行信息搜寻与比较,并且网站所提供的信息也可以让消费者在任何时间上网查阅,没有营业时间的限制,最后在交易完成到货品交递的过程中,消费者所能忍受的等待时间往往也会比较长。

二、网络产品理论初探

随着网络技术的逐渐成熟,利用网络进行生产、生活和商务已成为现实。网上购物将成为未来生活中的主要购物形式,而实地购买将成为一种休闲方式,并逐步成为一种娱乐消遣。在现代网络力量的推动下,产品理论经过几十年的发展,已逐步由纯技术主导向基于现代美学、基于用户个性化需求、基于网络平台的产品设计转变,这一点由当前服装制造企业不断调整产品设计团队,甚至建立面向网络用户的专业产品设计团队可以看出端倪。本节以网络产品为研究对象,从传统制造企业角度进行网络产品理论探讨。

(一)产品理论变迁:从技术质量中心向产品设计中心的转变

从市场竞争看,当产品在技术、质量、功能等条件无明显差别的情况下,产品设计已成了决定胜负的关键,竞争形势正由过去的控制技术与质量者控制市场向着控制设计者控制市场的方向发展。企业的新产品开发也正由技术优先逐步转向设计优先。企业在设计上取得领先水平,是市场营销战略中的决定因素之一。

产品设计担任着将科学技术转化为符合客户需求产品的新使命,这个转化过程需将设计者抽象的概念转化为实实在在的东西;同时产品设计也需要更加人性化,以迎合用户的心理诉求,扩大企业产品吸引力,为企业增加效益。

产品设计的过程是矛盾的解决过程。要洞察客户需求并非易事,往往企业设计的产品与客户的真正需求有一定的差距,这是企业与客户之间在产品设计上的矛盾,需要企业在产品设计过程去尽力消除这类矛盾。除了企业与客户之间的矛盾外,企业还要解决企业各部门在产品设计中产生的一系列矛盾。例如产品设计师在开展设计工作时,要加强企业许多部门间的沟通,优化工作团队,使整个企业在产品设计工作中形成了一致的目标,在强化产品设计沟通过程中,逐步形成从市场营销到设计、原料采购、生产作业管理的一体化企业内部供应链管理体系,从而提高企业生产效率,并使产品生产成本得到最大限度的降低。美国国际商用机器公司的产品一直保持极大市场份额的根本原因在于其向用户提供了高品质的设计更新和开发技术服务。美国国际商用机器公司产品使用方式的设计更新和开发不仅带动了实用性能的设计更新,而且以此带动了整个公司的生产、销售和服务。由于在设计上的极大投入,美国国际商用机器公司获得了不断超越同行竞争者的技术优势和经济效益,创造出可观的和超额的综合经济效益。可见,同样的产品、同样的功能、同样的制造成本,由于设计的差异可能使售价相差几倍。

另外,早期的传统设计主要基于美术素养,但面向网络的现代产品设计则主要基于科学技术,其基本特点是高科技信息化和基于用户体验的艺术设计。一般而言,现代企业产品在那些具有高的销售潜量、能够比较早地进入、具有竞争吸引力、能产生规模经济、需要投资较少而回报较大的市场里更容易取得成功,因此,在产品设计中,不仅仅要考虑产品质量,更应该重视产品需求市场。在市场的风雨中,产品设计必须面临优胜劣汰的现实,而市场对产品设计提出如下要求:设计必须为客户服务,客户主导设计。在网络环境里,客户获得产品信息的途径增加,几乎可以得到全球范围内的产品信息,客户对产品的选择权变得空前强大,他们对产品的需求越来越多样化、个性化。因此,企业应更加了解客户,以最大的能力满足客户的选择,达到较高的网络客户满意度。此外,按马斯洛的需求理论,人类的需求分为五种,像阶梯一样从低到高,按层次逐级递升,分别为:生理上的需求,安全上的需求,情感和归属的需求,尊重的需求,自我实现的需求。随着人类物质文明的空前发展,人类对自我实现的需求也在急剧增长。他们在产品设计中愿意 DIY,这可以带给他们极大的自我满足感。因此,企业应满足客户自主设计的需求,辅助和引导客户完成所需产品的设计。总之,现代企业要在错综复杂的市场中生存发展,就必须更加贴近客户需求,提升企业内部与外部的协调能力,缩短企业与消费者时间间隔和空间间隔,实现产品设计和网络环境的融合。

(二)网络产品的界定及网络产品结构理论

1.网络产品的概念

关于网络产品,很多研究者对此有不同的理解,目前尚未形成统一权威的界定。

陈德人在《网络零售》一书中提出,网货有企业视角和商业经济视角的定义。企业的网货从狭义角度看是指在互联网上购买或通过网上信息进行实体交易的商品,从广义角度看则是指除消费品外,还包括 B2B 销售的工业品、原材料,可以称为企业间网货。商业经济学角度的网货则是指通过互联网分销的组合商品,可以通俗地解释为网络服务加商品。他所指的"网货"本质上就是网络产品。

王昆鹏在《基于文化因子的互联网产品设计》一文中提出:"随着互联网的发展和应用的扩大,技术的交叉日益密切,单纯从技术上区分产品已经很难,从广义上讲,所有基于 Web 的产品我们其实都可以称为互联网产品,即通过互联网介质为用户提供价值和服务的整套产品体系。"

万军在《互联网产品设计中绿色设计原则可行性分析》一文中认为:"基于互联网且具有鲜明的消费品属性的服务和应用也就是本文所说的互联网产品,可以大致分为提供信息的网站、网上交易的网站、Web 应用和其他基于互联网技术的应用。"

荆浩在《网络营销基础与网上创业实践》一书中则认为,网络产品的层次在传统营销产品的基础上进一步扩展,其层次包括核心层、形式产品、期望产品、附加产品和潜在产品五个方面,比传统产品多了期望产品和潜在产品两个方面。

网络产品是指所有在网络上销售的实体有形产品和无形服务产品。无形服务产品主要是指各种信息数字产品、信息及知识服务、网络平台提供服务及其他所有的基于网络平台的商务服务。实体有形产品则是指可以来互联网平台开展实体交易的实物产品。从目前我国情况看,第一种产品发展速度快,本质上是依赖网络平台的创新商业模式,是纯粹的电子商务企业行为;第二种产品的发展速度相对迟缓,理论学术界和产业界都没有给予足够的重视和关注,本书将对第二类产品的理论及实践开展初步研究。

2.网络产品结构理论初探

狭义上的产品是指工厂生产的物品,或可说批量化生产的物品;广义上的产品是用来满足人们需求和欲望的物体或无形的载体,也就是说,产品不仅仅是指有形的硬件,也包括了无形的软件和服务。有形产品是为顾客提供服务的载体;无形产品则是通过其他载体,诸如人、地、活动、组织和观念等来提供的。

在市场营销学中,产品被分为五个层次:核心利益、基础产品、期望产品、附加产品和潜在产品。产品的核心利益是指向客户提供的基本效用和利益;产品的实体称为一般产品,即产品的基本形式,只有依附于产品实体,产品的核心利益才能实现;期望产品是消费者采购产品时期望的一系列属性和条件;附加产品是产品的第四层次，即产品包含的附加服务和利益；产品的第五层次是潜在产品，潜在产品预示着该产品最终可能的所有增加和改变。从营销学角度明确产品内涵是产品设计工作的基础。

目前企业对于产品的竞争除了一小部分是期望产品层次上的竞争外，大部分的竞争主要集中在附加产品层次上。正如国外产品专家所言，"新竞争并不在于各家公司在其工厂中生产什么，而在于在工厂以外它们增加的形式，诸如包装、服务、广告、客户咨询、融资、送货安排、仓储以及人们所重视的其他价值"。各企业、商家必须时刻关注客户需求，创造并引导需求，快速并有效地满足客户的期望，创造超额利润。

产品专家 Jesse James Garrett 在其经典著作《用户体验要素》一书中系统化地诠释了设计、技术和商业融合的发展趋势，将产品的用户体验要素划分为战略层、围层、结构层、框架层、表现层五个层次，并提出了更为明确的自下而上的设计模式，这一理论体系也是当前网络产品设计的重要参考理论。根据网络产品的特征，结合有关研究成果，网络产品结构模型如下图所示：

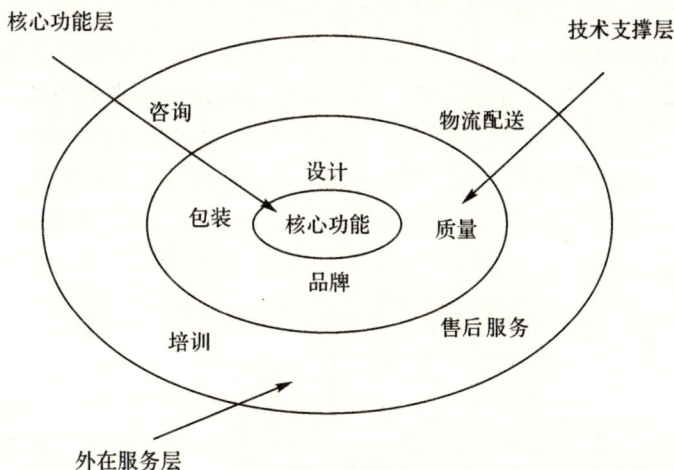

图 6-1　网络产品结构模型

网络产品结构模型包括核心功能层、技术支撑层和外在服务层。核心功能层是一种产品满足客户需求的最本质的价值，如衣服的核心功能是遮体防寒，食品的核心功能就是用来充饥果腹；技术支撑层是在满足人们的本质需求的基础上，对产品的包装、设计、质量等进行改进，从而形成特质产品，在买方市场环境下，企业间竞争日趋激烈，客户更注重产品的品牌、包装、设计、研发等技术支撑层，如高档时装的技术支撑层要能设计出具有高贵和魅力感，要能衬托出着装者的气质风度、文化水准以及身份象征等；外在服务层是指网络产品售出后，企业能为消费者提供送货、安装、质量担保等高品质售后服务。

(三)现代产品理论在网络产品设计中的应用

对于网络产品设计,设计师通过对设计形式和功能等注入网络元素,赋予产品"网络文明"的品格,使其具有基于网络文化的情感、个性、情趣和生命。当然这种品格是不可量化的,而是靠人的心灵去感受和体验的。设计网络产品的表达方式就在于以有形的"物质态"去反映和承载无形的"网络精神"。一般而言,网络文明在产品设计理论中的应用有如下几种途径。

1.人机工程学在网络产品设计中的应用

人机工程学是研究人在某种工作环境中的解剖学、生理和心理学等方面的因素,研究人和机器及环境的相互作用,研究在工作中、家庭生活中与闲暇时怎样考虑人的健康、安全、舒适和工作效率的科学。目前,人们的生活中涉及人机工程学方面的问题很多。如人体尺寸的测量,因为不同国籍、不同民族之间有着很大的差异,不同性别、不同年龄的人群都有差异,因此设计不同地区、民族、性别、年龄用户的产品应该给予人机工程的考虑。

在激烈的市场竞争中,人机工程学因素已经作为企业提高其产品竞争力的有效手段之一。网络产品设计时,人机工程是必须认真考虑的问题。对于专为特殊人群所设计的产品,则更要充分考虑、研究人机工程的因素,尤其是残疾人用品、医疗设备等更要在人机工程方面做深入研究,如残疾人轮椅、助听器、盲人电脑等等。对于网络用户,要充分研究分析用户的人机工程影响因素,积极将有关影响元素融入产品研发设计之中,在产品亲和力、人的生理关怀、功能设计等方面充分体现人机工程学的应用。

2.造型在网络产品设计中的应用

造型是指用型砂及模样等工艺装备制造铸型的工艺过程。产品造型会给人们对于产品的最直觉映象。世界上各个国家、地区、民族所处的地理位置和环境不同,政治经济条件、文化传统和宗教信仰不同,也就形成了各自特有的性格、爱好、习惯和追求。这样就给产品设计师提出了一个要求,产品设计必须符合区域文化和民俗特点,围绕造型要素来做设计,从而将个性化理念不断渗透于设计中。例如图 6-2 是一个造型独特的光碟架。设计师设计的"机器人"光碟架,整体造型好似准备行走的"机器人",给人一种机灵小巧的亲

图 6-2　造型独特的光碟架

切感,"机器人"的姿势构成了光碟架造型完美的独特性。

对于网络用户,要充分研究分析该类用户的独特群体特征,从其心理、行为偏好、文化等方面考虑影响因素,并积极将有关网络文化元素融入产品设计制作之中,在产品外观、功能、工艺、制造等方面充分体现造型设计艺术的应用水准。

3.色彩在网络产品设计中的应用

产品色彩是指产品表面所呈现出的颜色,是人们对产品的最敏感的视觉感受,能够强烈而迅速地被人感知。色彩是一种语言,又是一种情感表达的方式,创造产品独特的色彩效果十分重要。色彩作为设计的一个重要的构成要素,在产品设计中主要是用来美化产品外观,形成视觉冲击力。

产品色彩设计的目的是把产品的美感形式与设计内容有机地结合起来,从而取得完美的造型效果。色彩中包含的情感要素比较复杂,在不同时期、不同环境中同一颜色却能引起人们不同的心理感受,如红色象征着吉祥、热情、温暖;绿色象征着新鲜、和平、青春、安全;而白色象征着纯洁、朴素、神圣、明快,白色会带给人寒冷、清爽的感觉。因此,色彩在产品设计中的应用要依据实际环境而定,在塑造产品思想和风格的过程中要充分考虑色彩的精神功能。

色彩搭配是产品设计的重要内容之一,合理选择、分析、配置色彩是成功产品设计的基本要求。色彩搭配除考虑配色技巧、风格、功能以外,还要充分考虑产品的物理和生理特性及使用者的品位、身份、性格和对色彩的倾向等。色彩是运动的、立体的,有冷暖、轻重、进退、深浅之别,因此在合理搭配产品色彩的同时要充分考虑面向的对象。色彩要按照客户的年龄、职位要求而设计,老人或儿童,白领或蓝领,对于色彩的要求是不同的。好的设计能给人在视觉上产生多彩的艺术感受,使其在心理上充满着对美好生活的憧憬。好的设计师能通过色彩搭配传达设计思想,表现产品文化。因此,色彩在网络产品设计中应充分考虑网络客户群的特征,针对特定产品的特定客户群进行科学的色彩性格、色彩心理、色彩选择和色彩搭配等分析、调查,设计出目标客户群喜欢的产品。

4.材料在网络产品设计中的应用

材料是人类用于制造物品、器件、构件、机器或其他产品的物质。按物理化学属性划分,材料可分为无机物材料(金属材料、无机非金属材料)、有机物材料和不同类型材料所组成的复合材料等。材料是产品设计中的重要内容,无论是从绿色环保角度选择材料、从文化与审美层面选择材料、从安全的角度选择材料,还是从适应友好性角度选择材料,都能体现产品设计水平。

材料选取是产品设计的重要内容。选择材料要考虑所选材料是否对人体健康有影响、是否对生态环境有影响,任何产品都将经历材料的获取、设计、制造、销售、使用和用后废弃再回收的循环过程。影响材料选择的基本因素包括功能、外观、安全性、抗腐蚀性、市场等。

一般而言,购买者在选购商品的时候,在看完形与色之后最主要的是看商品的材质,所谓材质是指产品的材料以及材料的优劣给人的感觉。比如消费者在购买商品时都会不自觉地去触摸购买对象,这是通过触感对材质的好坏做直观的判断。通常人们能够根据以往的触觉经验来判断当前产品材料材质的好坏。不同的材质会给客户带来不同的情感感受,如实木材质制造的产品会使人联想起一些古典的东西,一种朴实的感觉。对于网络销售产品而言,设计师需要进一步研究和挖掘网络消费者与特定产品之间的情感关系,寻求用户材料心理的创意源泉,并将其融入产品设计之中。

三、面向网络用户的传统制造企业产品设计理念及其实现

在掌握网络产品基本理论基础上,要真正设计好的网络产品,还需要在设计理念再上升一个层次。

(一)紧扣网络时代脉搏

为了满足网络消费者的特定需求,设计师必须将把握时代脉搏作为首要产品设计理念。要想做到准确把握时代脉搏,就必须在市场调查上下足工夫,从科学的数据统计中挖掘、发现网络市场的需求。从时空角度看,把握时代脉搏不应只关注当前,还要放眼未来,紧跟潮流。尤其是时尚产品的设计,一定要把握时代脉搏,引领时尚,在市场中占据主动地位。要做到把握时代脉搏,就必须在产品设计中处理好以下几个关系。

1. 产品设计中虚拟与现实的关系

网络虚拟性要求产品设计对产品造型、功能、色彩等在网络上进行虚拟分析。虚拟制造强调在产品加工之前,通过模拟模型提高时尚产品推广的可靠性。在网络时代,一种比较直接的虚拟分析方式就是在网络世界中创造出一个虚拟形象(卡通形象),然后通过虚拟网络(如 QQ、MSN 以及虚拟社区、论坛等)的传播,让它成为网络明星,最后围绕网络明星进行相应的商业价值开发。相对于传统动漫的商业模式,这种模式可以概括为"先形象,后产品"。如"绿豆蛙"成为联想一款品牌的卡通代言人,并开始与娃哈哈合作。这些虚拟产品的成功,给我们以启示:产品设计尺度的把握可以借助于虚拟产品——概念先行,产品后成,使最终成型的产品在面市前还有正确调整的尺度可依、充分调整的余地可施。

2.产品设计中功能与形式的关系

产品的功能是产品与用户之间最基本的一个关系,每一件产品均具有不同的功能,人们在使用产品的过程中,是经由功能而获得需求之满足的,任何产品都要首先以功能为前提进行设计,既要做到功能完善,又要符合实际需要。

产品形式美的特点和规律,概括起来主要表现为:在变化和统一中求得对比和协调,在同异和均衡中求得安定和轻巧,在比例和尺度中求得节奏和韵律,在主次中求得层次和整合。现代工业设计运用这些形式美的特点和规律,促使社会化工业生产方式和高科技工业产品适应人的生理、心理、审美需要,产生效用、舒适、鉴赏三位一体的心理审美效应,以有意味的形式美激发人们自觉自由的审美创造情感和实践能力。

形式始终围绕着功能各司其职,同时又沿循自身的特点和规律,相对独立地不断演化、发展、完善、优化。但是,客观事物的外在表现形式不一定完全同人体的生理—心理结构和生理—心理运动逻辑相吻合、相一致、相协调。因此,人们在生产劳动的实践过程中,不仅要认识和改造客观事物的本质内容,满足人们生存和发展的需要,而且还要认识和改造客观事物的表现形式,适应人们感知和辨认的需要。网络时代尤其如此,产品设计理念上就要使客观事物不仅能在功能上满足人们各方面的需求,而且要在表现形式上满足近人、宜人、为人的形式美。

3.产品设计中生活方式与时代脉搏的关系

人们的活动、兴趣和意见来自某一中心目标,根据中心目标安排其生活的模式,这个中心目标就是自身缺乏的、未具有的优势或其思想中固有的某种价值观。从商品的购买过程看,消费者从市场中选择自己所需要的产品,其消费活动通常是为了从活动中获取精神上或物质上某种程度的满足。在这一过程中,产品是提供服务或带来满足的载体。购买者这种主观上的偏好以及内心的满足感,最终体现在对购买品和消费模式的辨别和选择上,购买者总是选择那些适合自己生活习惯或者能满足自己心理感受的商品。

在现实生活中,很少有消费者(特别是时尚服饰的消费者)的购买会以一种理性的、非激情的、经济的方式做出购买决策。恰恰相反,他们需要通过自身的行为,以参照群体为标准,来表达自己努力想成为哪类人或已成为那类人,这一点在女性消费者的消费行为中表现得更加明显。女性消费者更加倾向于冲动性的购买方式。消费者往往因受外界刺激或某种未满足感而采取购买行为,这种购买往往除了受购买的产品的使用价值的影响之外,还受产品的象征意义的影响。人们借助于自己日常所使用的物品向周围的人传达着诸如地位、身份、品位、兴趣等方面的信息,间接地体现出地理环境不同、文化不同、生活习惯不同所导致的生活方式的差异。因此,具有不同生活方式的人在发生消费行为的时候会选择不同的商品。通常情况下,不同的地域反映出的生活方式的差异性比较大,这和地理环境、经济状况的外在因素有关。例如,日本人和美国人的生活方式就截然不同,这种生活方式的不同在他们所使用的物品中也能得到很好的体现:美国人使用的物品通常是体积大的,有重量感的;而日本人使用的物品就小巧轻薄的居多。

购买者的经济基础和物质生活条件决定其生活方式,并在生活方式的基础上形成生活风格,这种生活风格是购买者个性的表现形式。因此,能够展现个性的产品日益受到人们的欢迎,如手机或笔记本电脑可更换的外壳、可变换的操作情景模式、更多的可扩展功能、DIY等等。

因此,网络产品设计师在开始产品设计前,需要了解网络消费人群的生活方式,甚至有必要深入网络社区体验网络用户生活方式的规律和特征。在将抽象的设计理念转换成具体产品实体的过程中,设计师扮演着沟通者的角色,在认识产品的结构、材料、制造及使用状态的基础上,赋予设计师理解的网络美学价值,并将心中的产品形象予以具体化。设计师只有把握了网民的生活方式的规律和特征,设计出的产品才可能畅销,为网络用户所接纳。

(二)体现网络社会人性关怀

人性化设计是根据人的行为习惯、人体的生理结构、人的心理情况、人的思维方式等,通过科学和艺术、技术与人性的有机结合,使产品满足人的心理、生理需求和精神追求。人性化设计体现了"以人为本"的设计理念,展现的是一种人文精神,是人与产品、人与自然完美结合的产物。网络中购买者愿意更多地接触什么样的产品,什么样的产品会更令他们满意,关键是看产品的人性化设计。

1. 人性化设计的动机

产品设计的动机是为了满足人们的各种需求。根据需求层次理论,人们的需求来自多方面,存在层次之分,一般说来在满足了较低层次的需求后会有更高的需求。与设计关系最为亲密的需求因素可以分为:生理性因素、心理性因素和智性的需求。对于网络消费者而言,心理性因素和智性的需求更为强烈。

生理性需求通常是指借助产品的功能来弥补人们无法达到或不方便完成的工作。这种产品功能是人类自身系统功能的延伸。例如,麦克风的产生是对人类声音的延伸,车辆的产生是对人体力的延伸等等。生理性需求使被满足后,其他高层次的需求便会产生,如在心理上产生了审美的需求、认知需求和自我需求等,这些高层次需求对产品的设计提出了更高的要求,它要求产品不仅在外观上做到精致美观、赏心悦目,而且能体现使用者某种身份地位,给使用者带来归属感、成就感。而智性的需求通常是人类在不满足自身智能水平的情况下产生的,它主要解决包括效率、效益、个人能力等方面的需求。

2. 人性化产品设计的表达方式

产品设计在满足人类需求,特别是高级的精神需要、协调、平衡情感方面的作用是毋庸置疑的。设计师通过对设计形式和功能等注入人性化因素,赋予产品以人性化的品格,使其具有情感、个性、情趣和生命。当然,这种品格是不可测量和量化的,而是靠人的心灵去感受和体验的,因此人性化产品的评价标准很难用语言文字来界定,他往往是一种感觉、直觉。但是这种人性化需求的表达还是有规律可循的,通常是以产品要素为基础,通过专注产品设计的各种形式要素——造型、色彩、装饰、材料等,实现产品的人性化设计。

另外,人性化产品设计表达还包括产品命名等方式。借助于语言词汇的妙用,给设计物品一个恰到好处的命名,往往也可成为设计人性化的"点睛"之笔,可谓是设计中的"以名诱人"。如同写文章时绝妙的题目能给读者以无尽的想象,给主题以无言的深化,好设计亦需要好名字来点化,诱使人去想象和体味,让人怦然心动。1992年意大利年轻的设计师马西姆·罗萨·和尼设计了一个带扶手的沙发椅,这个沙发椅虽然柔软舒适,造型却非常普遍。然而设计师对这一设计的命名却让其名声大噪,身价倍增。他把这一作品叫做"妈妈椅",意味着这一沙发能提供给人以保护感、温暖感和舒适感,就像躺在妈妈怀里一样。

3. 产品人性化设计的几个关键点

网络社会尽管工作效率高、技术先进,但是也存在着生活工作方式单一、人情"平淡"等不足。因此,增加产品的趣味性和娱乐性很有必要。产品趣味性和娱乐性要求产品不仅能满足人们的基本需求,还要满足现代人追求轻松、幽默、愉悦的心理需求。英国 Priestman Goode 设计咨询公司设计出一种电扇,该电扇和人们以往的想象完全不同,因为它的扇片是由布做成的,设计灵感来自帆和风筝。和以往的风扇一样的是,它能送来阵阵微风,不同的是,再也不用担心手被夹伤,它是完全安全的,扇片可以在洗衣机里清洗,在不用的时候扇片垂下,一点也不占地方,风扇不再是冰冷的机器,相反变成了带给人们乐趣的玩伴。网上种菜偷菜大受工薪白领的喜欢,不仅仅是其产品界面、技术等方面的优势,更重要的是其满足了很多处于忙碌、高压状态的白领人士娱乐、放松的需求。

另外,产品的形态一定要符合购买者的审美情趣。美观大方的造型、独特新颖的结构才有利于使用者高尚审美情趣的培养,符合网络消费者个性化、时尚化的需求。以北京吉普三菱欧蓝德内部设计为例,欧蓝德的内部空间充满了人性化设计,给人营造了高档舒适的环境。

(三)迎合网民个性化需求

个性化往往在大众化的基础上增加独特、另类、拥有自己特质的东西,独具一格,别开生面,以形成一种与众不同的效果。在产品市场,个性化是网络消费最明显的领域。

1.网络用户个性化需求的诉求机理

网络市场具有以消费者主导、强调个性化的环境特征。在网络环境下,用户不是被动接受厂家或商家提供的商品或服务,而往往根据自己的需要主动寻找适合的产品。如果找不到,则用户会向厂家或商家主动表达自己对某种产品的欲望和要求,比如用户会把自己对产品外型、颜色、尺寸、材料、性能等多方面的要求直接传递给生产者,而不再局限于已有产品。网络时代用户将亲自参与生产设计,所以有人将网络时代的购买者称为"产销者"。用户参与和影响企业的生产和经营过程,形成完整的个性化诉求。

2.关注个性化产品设计的定位问题

为了让自己的产品在成千上万的商品中博得网络用户的喜爱,企业正确选择市场定位,赋予产品以特色,实施差异化战略,让网络用户识别、记住、喜欢企业的产品,否则,企业连吸引网络用户眼球的机会都没有。只有关注网络消费动向,适合网络消费变化,开发设计适宜的产品,企业才能更好地开辟和占领新的网络市场。个性设计的产品给企业市场定位提供了具体而又独特的发展视觉,为企业选择制定了市场的最佳标准,也成为企业敲开市场大门的金钥匙。

3.推进产品设计的水平个性化

所谓水平个性化,是指企业内部产品的多系列化,就是企业产品与同行产品的差别化。针对不同消费者把产品分得更细,使产品之间的差别更加突出,这就是水平个性化。要做好产品的水平个性化,需要充分认识产品的多种属性,对产品属性进行不同组合。由于网络用户对产品属性组合偏好不同,因此产品个性化有广泛的方向。通过生产提供特定网络用户群偏好的产品,就可以确保这些消费者成为企业稳定的顾客。

4.处理好产品标准化与个性化的关系

标准化与个性化其实并不矛盾。个性化可以实现不同产品属性的组合,但就某产品属性而言,仍然可以实现标准化生产。例如为保证汽车性能,汽车的发动机及其他关键内部结构只能按标准化生产,但车体外观设计和车内装饰,则可以按照用户的个性要求制造,使消费者满意。传统制造业设计与制造个性化产品的最大问题是个性化生产的成本问题。个性化生产可能使企业原有的规模经济优势不复存在，需要从个性化设计中获得高额的附加利润来弥补成本的上升，而这将增加用户的使用成本，所以，在个性化生产的同时应坚持部分生产环节的标准化，以减少成本。从行业发展分工看，可把产品的生产分为两个部分：标准化部分与个性化部分。标准化部分主要是产品的基本功能，可以利用标准化流程进行规模化生产。个性化部分主要是产品的个性化功能，需要单件生产。例如装饰品、衣服、料理、食品、工艺品、趣味用品、食器、绘画、雕刻等产品，可以通过生产工艺的设计实现标准化与个性化的结合，前面的工序可以标准化生产，后面的工序个性化生产，甚至是手工生产，从而在合理的成本范围内生产出世界上"独一无二"的商品，来满足顾客的需要。

(四)崇尚网络绿色文明

伴随着全球经济的高速发展，人类在消耗自然资源、生产制造大量产品的同时，也在不断地加剧生态环境的恶化，地球日渐变暖、大气严重污染、陆地逐渐减少、水土大量流失、耕地瞬间沙化。以保护环境、保护有限资源、保护人类身体健康为目标的绿色浪潮，正在全球兴起，以倡导低碳生活的网络文明大行其道，绿色产品的开发设计也成为工业设计师们所关注的焦点。

1. 崇尚绿色设计

绿色设计(Green Design)也称为生态设计、环境设计等。绿色设计要求在产品设计中，充分考虑产品及其制造过程对资源和环境的影响，在充分考虑产品功能、质量、开发周期和成本的同时，更要优化各种相关因素(拆卸性、可回收性、可维护性、可重复利用性等)，使产品及其制造过程对环境的总体负影响减到最小，使产品的各项指标符合绿色环保的要求。绿色设计是可持续科学发展观的最好体现，也是从根本上防止环境污染、节约资源和能源的方法，其基本思想是在设计阶段就将环境因素和预防污染的措施纳入产品设计之中，将环境性能作为产品的设计目标和出发点，在满足环境目标要求的同时，保证产品应有的功能、使用寿命、质量等要求。

2. 绿色设计体系

绿色设计不只是一个环节，而是一个系统工程。将绿色设计引进面向网络用户的产品设计，不仅要考虑产品与资源、环境的关系，而且要考虑产品在使用及回收过程中的消费心理问题，并将其与产品的各方面因素(诸如功能、造型、人机、色彩等)相结合，融合到产品设计体系中去，使之成为一个整体。绿色设计要求工业设计师在进行产品设计与开发时，采用新的观念和思想方法，系统地、全面地进行整体运筹，充分考虑产品的绿色宜人性，关注产品包装设计、运输中的各个绿色问题，并能发现市场的绿色契机，引导绿色消费。

3.怎样才能做到绿色设计

绿色设计要求在原材料提取、材料加工、产品生产制造、产品回收再利用等过程中遵循绿色产品设计理念。在产品的基本属性方面,绿色设计要求产品功能、造型、色彩等方面必须考虑它的宜人性及与环境的关系问题。在用户感知方面,绿色设计要求用户在使用绿色时尚产品时,能从产品的使用过程中体会到绿色设计所带来的愉悦,能体会到产品的绿色宜人性。绿色宜人性包括绿色氛围和绿色使用方式,如在汽车内环境的绿色设计中,要考虑车内的温度、色彩、照明、气味等绿色环境因素,同时要考虑方向盘、车门把手、手刹等部件在使用时的省力、便捷、无害和安全等绿色使用因素。在产品生产周期方面,绿色设计贯穿从设计、制造、装配、运输、使用到报废为止所经历的全部时间,而且还包括产品报废或停止使用以后,回收利用的环保、可循环利用问题。在绿色营销方面,绿色设计要求产品在营销策划时,企业能将绿色观念灌输给消费者,以培养消费者的绿色消费意识。

(五)满足网络时尚心理

时尚是由英文单词"fashion"翻译而来,其通用翻译是"流行"。因此所谓时尚也叫流行,是在一定的时期内大众标准化的社会规范在社会上或一个群体中普遍流行并被多数人仿效的行为模式。内容涉及人们生活的各个领域,包括文化态度、装饰、风度、礼仪、生活行为、语言、生活习惯。此外,在一定的社会条件下,"时尚"还需要服从"奢侈原则"。

1.在产品设计中紧跟时尚潮流

时尚的重要特征是引领潮流。消费群体分为"领潮者"和"赶潮者"。时尚的潮流总是为少数人所引领,而大多数人只不过是在追赶潮流。对于"领潮者"而言,他们希望达到的目的是树异于人,而"赶潮者"希望的是求同于人。"领潮者"的"趋异"和"赶潮者"的"求同",是时尚界同时存在的两种元素,也是时尚在社会历史发展中对人们既分化又同化的复杂作用的内因。社会中的每一个人都会寻求一种群体的归属感,而时尚产品往往扮演着划分社会阶层的角色。随着时代的发展,网络用户的群体归属感愈加明显,人们在对时尚的追逐中寻找同类,回归同类,个体因追随时尚而被同化,又因追逐不同的时尚而被分化。所以,为了不使自己过于"锋芒毕露"而被群体排斥,就会在行为上与群体中的他人靠拢,以求得自我保护,融入到时尚群体。因此,企业在产品设计中应该考虑用户的"求同"时尚心理,不断紧跟时尚潮流,挖掘市场里的最新时尚元素,使企业在时尚的潮流中永远不被淘汰。并且,由于网络社会的技术优势,企业设计者完全可以充分利用最新的数据挖掘技术、知识挖掘技术,最大限度地掌控时尚潮流。

2.在产品设计之中不能盲目追求时尚新奇

感性是指人对外界刺激所产生的感觉、知觉与器官反应。心理学家认为，人类天生具有对新鲜事物怀有好奇、渴求的心理。事实上，无论在生理层面还是心理层面，人们总是乐于通过追求新奇、刺激来获得感官或精神享受。而时尚产品则在一定程度上满足了人们的这种心理，因为它是一种能够超越现行规则却又为社会允许的新奇形式。不过，既然人们总是"喜新厌旧"，那么在一个人长久不变地接触同一对象后，就会产生"审美疲劳"，开始时的愉快感会随时间推移而逐渐消失。消费者喜新厌旧、从不满足于已有的商品，总是在丰富多彩的商品中挑选和购买新产品，这是一种非常正常的时尚心理活动。但是，企业不能盲从新奇，相反应该通过过程控制引导时尚理念。具体而言，企业在产品开发设计阶段，就应科学布局产品的生命周期，控制好消费者喜新厌旧的消费习惯，在产品开发的各个环节留下变化、升级的空间。在产品制造过程中，利用价值工程原理，对产品的性能、可靠性、安全性等诸多方面进行全面优化，寻求既保证设计产品使用寿命与产品质量，又能够降低产品的生产成本与资源消耗的生产方式，打造经典。如果在产品设计中盲目追求感官刺激，盲目迎合消费者的"猎奇"心理，对产品的"形象"和生命力都是一种伤害。

3.把握好时尚产品设计的分寸

时尚具有差异性、周期性、突发性等特征，存在着很大的不确定性。因此，有人说时尚是上帝，时尚也是魔鬼。在产品时尚设计过程中，更应该注意以下几个问题：第一，用户也是时尚的重要创造者。用户对时尚的接受并不是完全被动的，正如不同的人对美的理解不一样，人们对特定时尚也会有不一样的态度和心理动机，不一样的解读，用户利用流行文本的模糊性和多义性，通过流行文化消费的对抗性和创造性阅读，可以成为流行文化生产和消费的主角。第二，时尚产品是一把双刃剑。正如哲人所说："物极必反"，时尚及时尚产品就像一把双刃剑，如果处理不当或操之过急，反而会被世人所厌恶和唾弃。第三，时尚的目标是经典。时尚要向经典靠拢，时尚往往都是短暂的，而经典却能铸就永恒，时尚产品设计需继承传统文化，将发展中的某些要素凝练成精华，经历时间的锤炼，积淀成文化。人们对美的追求是无止境的，也是不断发展的，把握时代脉搏，传承传统文化，以产品设计促时尚发展，以产品设计创新创造时尚、引领时尚，从某种意义上说，是企业设计者的重要使命。

四、传统制造企业网络产品图片及文字艺术

实践证明，网络产品仅做好产品开发和生产还是远远不够的，在产品网上

销售前,网络产品销售团队必须将产品以美丽、大方的拍摄图片展示给客户,以恰当的文字描述产品的特点,从而获得市场机会。

(一)传统制造企业网络产品图片拍摄技术

网络产品图片拍摄流程中,最重要的是拍摄场所的选择及设计、产品拍摄工具的选择及使用技巧、产品拍摄整体布置设计等三个方面。

1. 产品拍摄场所选择及设计

(1)棚拍的要领

除了特殊的大件产品,大部分产品都可以采取棚拍方式高效地完成拍摄工作。

在室内搭棚进行拍摄,比较容易控制照片的整体风格,同时,棚拍不会受到天气、环境的影响,在调整好灯光后,只需要流水作业就可以了。所以目前国内大部分企业拍摄网络产品时采取这种方式。棚拍的关键是要做好影棚的选择及设计工作,尤其是以下几个方面的工作:第一,在影棚装修的时候注意留有工作布置区域、拍摄区域、化妆间与更衣室,包括卫生间;第二,场地的选择视企业实际而定,可以设在企业的厂区、仓库、产品展区、商场等;第三,如果拍摄的只是小件商品,对棚高是没有太多要求的,但是如果是需要模特或产品高度较高,则需要更高要求的影棚层高(因为如果层高不够的话,拍摄产品的上方会出现无法布光的情况,且如景深不够会直接影响拍摄效果);第四,修图区域如果设在棚内,必须密闭隔出,不然棚内光线复杂,无法修出正确的颜色。

(2)户外拍摄的要领

户外产品拍摄时,摄影师的摄影视线和角度加大,有更大的发挥空间。同时户外拍摄还有一个好处就是,户外空气新鲜,拍摄者可能怀着更好的心情开展工作。当然,户外拍摄也存在着场景不易控制,产品、设备及人员管理困难等问题。总体看,户外拍摄要注意以下几点:

第一,要选一个与产品相称的场景。大胆而又强烈的场景风格对摄影作品而言没有问题,但作为网络产品图片场景可能就不太合适。其实,户外场景选择大可不必绞尽脑汁追寻,场景只要与产品设计感相配就可以了。

第二,户外光线的把握原则。可以采取逆光拍摄的方法,追求光影效果。阴天的时候,光线比较柔和,如果把场景环境和产品结合起来效果则更佳。

第三,掌握好产品拍摄角度。可以把产品放在花丛中,采取俯拍或者低角度拍摄的方法,突出产品与花丛或者植物的关系;也可以利用中焦镜头远距离拍摄产品,由远而近走来,突出产品与环境的互动关系。

第四,注意构图技巧。透过镜头在取景框中观察被摄的景物及周围的环境,选择最佳的拍摄点,以得到最为满意的构图。在取景、构图时,需要注意突出主体,在拍摄之前,心里要像绘画前那样首先"立意",考虑照片画面中,主要表现什么,被摄主体应安排在什么地方。然后通过光线、色彩、线条等造型手段,来达到突出主体的目的。

第五,视觉平衡方法。一幅构图达到视觉平衡的照片能给人以稳定、协调的感觉。平衡有对称平衡及非对称平衡两种。非对称平衡的构图,往往比对称平衡的构图更富有动感。景物的大小、形状、重量和方向以及色彩等都对视觉平衡有重要影响。

第六,虚实结合问题。虚实是指被摄主体与空间前、后景的清晰、模糊的程度。可运用藏虚露实、虚实相间、以虚托实等方法,目的是为了突出主体,渲染气氛,增强空间的纵深感。

第七,光线运用艺术。摄影的成功与否,很大程度上取决于对光线的运用。不同的光线会产生不同的构图意境和不同气氛的照片。其中,顺光是指光线来自景物的前方,景物不会有阴影,反差小,其色彩、线条、形态、气氛都能得到真实的表现;侧光是指光线来自被摄景物的一侧,景物会产生阴影,形成反差,使景物的形态、线条、质感得以突出,从而产生多变的构图。这种光是摄影时经常采用的;逆光是指光线来自被摄景物的背面,景物大部分处在阴影之中,而强烈的轮廓光可勾勒出物体的清晰形状,从而拍摄出鲜明而简洁的画面;漫射光则是指在这种光线下,景物没有明显的反差,色调平淡且变化少,因而景物的形态、线条和质感都不太明显。

第八,线条运用原理。线条是构图的骨架。任何形象化的作品,都离不开线条。通常画面中起线条作用的景物有树、草、电线杆、河流、波浪等。不同的线条能给人不同的视觉感觉,如水平线能表示稳定和宁静,垂直线能表示庄重和力量,斜行线则具有生气、活力和动感,曲线和波浪线显得柔弱、悠闲,富有吸引力。另外,浓线重,淡线轻,粗线强,细线弱,实线静,虚线动,构图时可灵活地加以运用。

2.产品拍摄工具选择及使用技巧

(1)相机使用技巧

相机是产品照片拍摄的基本工具。其功能结构较为复杂,一般有镜头、光圈、快门、测距、取景、测光、输片、计数、自拍等系统,是一种结合光学、精密机械、电子技术和化学等技术的复杂电子产品。以下是一些相机使用常见问题及解决方法。

第一,拍摄图像不清晰现象及处理技术。拍摄图像不清晰是常见现象,弄清楚原因并采取适当处理方法非常必要。例如在使用了最高分辨率、光线好的条件下,但拍摄出来的照片仍模糊不清,这种情况通常是由于在按快门释放键时照相机抖动造成的。由于数码相机的感光度低,所以,使用数码相机拍照时,需要握住相机的时间更长。要拍摄最清晰的照片,拍照时必须握稳相机,即便是最轻微的抖动都也会造成图像模糊不清。其次,是镜头出现了脏污。镜头脏污会造成相机取景困难而使拍出的图像模糊,应使用专用的清洁镜头用纸来清洁镜头。再次,是模式选择不合适,选择标准模式时,可能拍摄物距离短于镜头的最小有效距离,或者在选择近拍模式时,拍摄物距离大于最小有效距离。另外,在自拍模式下应站在照相机的正面按快门释放键,应看着取景器按快门释放键,不要站在照相机前按快门释放键或在不正确的聚焦范围内使用快速聚焦机能,应视距离使用正确的快速聚焦键等。

第二,图像太暗现象及处理技术。图像太暗是照片拍摄时的常见现象,以下是可能的原因及处理技巧:可能是闪光灯被手指挡住,应正确握住照相机,不让手指挡住闪光灯;可能在闪光灯充电之前按了快门释放键,应在橙色指示灯停止闪烁后再按快门释放键;可能被拍摄物置于闪光灯的有效范围之外,应将被拍摄物置于闪光灯有效范围之内;可能拍摄物太小而且逆光,应将闪光灯设定为辅助闪光模式或使用定点测光模式。

第三,图像太亮现象及处理技术。图像太亮也是照片拍摄时的常见现象,以下是可能的原因及处理技巧:可能是闪光灯设定为辅助闪光模式,应将闪光模式设定为辅助闪光以外的模式;可能拍摄物极亮,应调弱曝光度。

第四,闪光灯不发光现象及处理技术。可能的原因及处理技巧如下:可能未设定闪光灯,应按闪光灯弹起杆,设定闪光灯;可能闪光灯正在充电,应等到橙色指示灯停止闪烁;可能拍摄物明亮,应使用辅助闪光模式;在已设定闪光灯的情况下,如指示灯在控制面板上点亮,则闪光灯工作异常,应予以修理。

第五,照片颜色不正常现象及处理技术。有时数码照片里面的景物和原来眼睛看到的实际景物的颜色发生偏差,有的时候偏红,有的时候偏黄。这主要是由于白平衡没有调节好造成的。大多数数码相机中,白平衡调节有自测模式,一般通过上面一个矩形的小方块,下面两个小三角形的符号来表示。这种模式的白平衡调节是让你将相机对准拍摄现场白色的物体,然后按下快门,这个时候,相机会自动记录这种光线下白色的状态,依据这个数值,就可以在接下来的拍摄中正确地对色彩进行还原了。建议在拍摄的时候一定要养成先观察周围的环境,拍照之前就把白平衡调节好的习惯。

(2)三脚架的使用技巧

三脚架是相机拍摄时重要的配套设备。将物体安置在合适的位置和角度,并调整反光效果可能会耗费你大量的时间,如果将相机固定在三角架上将会让这些工作变得更轻松。而其他可能起到帮助作用的工具则是橡皮泥和大头针，它们可以用来固定或支撑被摄物，帮助你拍摄出更生动的照片或者同时拍摄多样物品。

（3）扫描仪的使用技巧

其实，有些产品的拍摄不一定非要用相机，扫描仪也可以达到很好的效果。书籍是很适合扫描的物品，珠宝、硬币、奖牌、手机以及一些小型电子产品都可以通过扫描获得不错的图片。几乎所有大小不超过扫描仪玻璃板面积、厚度不超过一英寸的物品都可以利用这种方式。扫描仪具有令人惊奇的景深效果，这样即使在玻璃面板上方几毫米位置处你依然可以看到清晰的细节表现。并且，扫描仪自带白色背板，但是在扫描一些具有特殊光泽或者反光的物体时，你可能需要将一张黑纸垫在背板前方。

3. 产品拍摄整体布置设计

选择好拍摄场地和摄影器材后，还需要做好拍摄现场的总体布景，选择并用好光线，用好各种辅助拍摄的道具，才能完成全程拍摄工作。

（1）产品拍摄用光技巧

光线在产品拍照的过程中也很重要，以下是应该关注的几点。

第一，自然光是摄影师最基本的光源。它时而明亮强烈，时而暗淡柔和；色调有时温暖，有时冷峻；有时笔直照射，能制造出长长的影子，也有时被云层遮挡发生漫射，不会留下任何阴影。随着太阳东升西落，自然光能够做主光、侧光、背光和轮廓光。自然光看起来非常自然，而且永远免费。

第二，可用阴影创造立体感。阴影是摄影师描述物体三维性的手段，它能使物体在照片中呈现出空间感，而不仅仅是物体在平面上的投影。同样，侧光、顶光和底光能够在物体上投射出深而长的影子，从而制造出立体感。

第三，光线是有色彩的。尽管光线看来是"无色"的，但它实际上是有色彩的，我们称其为色温。只是我们的眼睛和大脑组成的"计算机"能够调整感知、适应变化，我们很难注意到罢了。但是数码传感器和胶片则会记录下我们看不到的色彩。对于数码相机而言，可以使用白平衡功能来消除或强调光线的颜色。例如可以增加产品照片中的暖色调。对于胶片电影的拍摄则必须根据拍摄环境选择适当的胶片，或者采用滤镜补偿。

第四，可以利用光线衰减改变摄影产品和背景间的关系。如果灯光距离拍摄产品近，产品和背景间的光照度差别会比较明显；如果灯光距离产品较远，则背景也会相应地变亮。因此，如果被摄产品的正面光是从窗户射入的光线，那么让产品靠近窗户可以使室内的背景变暗。如果你想让室内背景更明亮，则应让产品远离窗户、靠近背景。

第五,正面光会减弱产品的纹理,而侧光、顶光和底光则可以强化产品纹理。摄影师通常会将光源保持在镜头的轴线附近来弱化被摄产品的皱纹。一般来说,光线方向和被摄产品角度越大,产品的纹理就越明显。

(2)产品拍摄布景技巧

布景是指摄影棚内搭置的场景,亦称内景。它根据美术设计的意图,运用木构、泥塑、绘制等工艺手段,制成各种景物,加上绘景、灯光的配合,为产品形象创造特定的环境。布景在产品拍摄中是比较复杂的一个环节,目前用得最多的是服装领域的布景。服装布景比较成熟,一般通过寻找合适服饰的模特来完成。

(3)道具的使用技巧

道具泛指场景中任何装饰、布置用的可移动物件。例如背景布,这个是一个室内影棚必备的东西,有单色背景布,也有题材背景布。在背景布的选择上,对室内摄影并不熟悉的人应尽量使用灰色、黑色、白色这三种颜色作为背景,这样对于曝光有更好的把握,对于人造光源也有更好的控制力。另外,装饰品、手电筒、风扇等也是常用的道具。

(二)传统制造企业网络产品文字润色

产品文字描述是指将产品细节特点、优势、功能、用途等进行文字描述。好的文字描述也是影响购买者产品评价的重要因素。

1.产品文字描述的风格类型及选择思量

典型的产品文字描述风格类型主要有以下几种:

第一,技术导向型。该类文字描述较为客观,一般描述产品的自然属性,如:色彩、尺寸、型号、面料、质地、产地等。

第二,贴心服务型。该类文字描述不仅描述产品的自然属性,还包含产品的外延属性。如:产品附件(与该产品配套的附件产品)、产品的特点和细节、适用人群和适用场合、洗涤或保养方法、商品货号说明、物流配送方式和到货时间、售后服务说明(包括退换修的具体期限,退换修的范围,退换修的基本原则,不予退换修的情况说明,保修的来回邮费说明等等)。

第三,情感型。该类文字描述运用想象和夸张的修辞方法对产品的外观和质地进行描述,情感式的描述可以让消费者产生精神上的刺激,并带来购物的欲望。

第四,体验型。该类文字描述方法首先要有试用模型,将试用模型(如模特)的体验效果放入产品描述中,可以弥补消费者的现场缺失效果,降低用户的网络购物感知风险。

2.产品文字的润色与策划

关于网络产品文字描述的内容问题,目前还没有较为统一的说法。根据国内外专家的研究成果,一般可以总结为以下几个方面:第一,产品的一般属性特点,如颜色、板型、尺寸大小、面料等;第二,产品附件,一般包括描述与该产品配套的附件商品,让消费者更清楚具体地了解该产品;第三,产品特点和细节,产品的外观部分经常有独特设计的细节或者独特的面料组成等,在产品描述中涉及具体的设计细节会让消费者能更放心地在网络环境下购买该产品;第四,适用人群和使用场合;第五,洗涤或一般性的维修保养问题解答;第六,产品货号说明或专用系列分类编号;第七,物流配送方式和到货时间,这是消费者在网购时考虑的重要问题;第八,售后服务说明,包括退换修的具体期限,退换修的范围,退换修的基本原则,不予退换修的情况说明,保修的来回邮费说明等等。

好的产品文字说明可能一字千金,不好的产品文字说明可能惹来官司或不必要的麻烦。因此,应对产品文字描述工作做好策划。文字内容的策划通常可以在经典个案、产品联想、品牌内涵、流行资讯、技术特点、社会热点、事件透视、企业文化等方面入手,通过一些有震撼性的语言文字引起用户的关注、理解、共鸣,直至喜爱,是一个高智力的商务活动。

3.产品文字描述的要领

提高产品文字描述能力要从多个方面入手,可以从以下几个方面提升描述技巧。

第一,要有好的产品名称。产品名称会出现在搜索结果的核心位置,是搜索引擎的第一匹配要素,用于买家准确定位你的产品。不合适的产品名称会降低产品与买家搜索词匹配的精度,从而影响搜索结果。所以,好的产品名称应与买家的搜索词相匹配,如希望产品在什么搜索词下曝光,则在产品名称中应用该词。除此之外,还应有更精细的产品定位,产品名称除了体现上面提到的与买家搜索词匹配的词外,还应有更多的对产品特征、产品卖点进行描述的修饰词。在产品取名时,还应慎用特殊符号,因为容易引起搜索引擎的识别错误,特别是"&"、"/"、"—"等符号,但可以使用英文标准语法中的介词,如 with、for 等连接词连接各种特征描述词。

第二,优选关键字。产品关键词是对产品名称的校正,便于搜索引擎快速识别准确抓取匹配,如果与产品名称相冲突则会降低相关性,对搜索结果不利。所以,建议主关键字必填,另两个关键字可以在精度和广度上做一些扩展,不是非得填满,是否填满并不影响排序。不要与产品名称相冲突,如 tractor 和 tractor parts,chair 和 office furniture。不要罗列关键字,这样,会让搜索引擎辨别不出主关键词,对搜索结果不利。

第三，精确产品类目。产品类目的选择影响产品的归类，类目放错会降低信息相关性，从而影响搜索结果。我们建议不一定非要选择系统推荐靠前的类目，推荐类目是系统提供的参考，并不影响搜索结果，而应迎合买家类目浏览习惯，根据产品情况作正确选择。避免放在 others 下，放在 others 下虽不会影响相关性，但会失去买家在类目浏览时的曝光机会。

第四，多视角描述产品属性。产品属性是对产品特征及参数的标准化提炼，便于买家在属性筛选时快速找到您的产品，多填写一个属性，就等于多一个展示机会。建议：尽量完整填写系统给出的属性，不填属性会影响信息的完整度，从而影响搜索结果与后续的点击转化等。属性中是否出现关键词并不影响，无意义地在属性中罗列关键词会降低产品的专业度。

第五，简练简要描述。简要描述会出现在搜索结果页面，相当于产品的广告语，用于展现产品与其他供应商产品的不同特点与优势。建议产品描述应提炼产品核心优势和特点，如尺寸、型号、性能、材质等。在结构化表达方面，可以从详细描述或属性、交易条件中抽提核心点，并对核心词标号并分行，要便于买家快速阅读。

第六，有层次的详细描述。详细描述是多维度介绍产品、全面展示产品专业度的重要途径。产品表述应详实具体，将买家比较关注的产品的细节特征、参数、质量标准、服务、现货/库存情况等展示出来。在结构化表达方面，描述内容层次分明、条理清晰，提炼参数进行表格化显示，重点突出，吸引更多的买家关注。不能用图片代替文字描述，因为搜索系统是无法阅读图片的。应合理使用表格对各参数进行分隔，而不是将大段文字简单罗列在表格中。不要在详细描述中填写公司介绍。

第七，客观列出交易条件。交易条件和供货能力（产品价格、最小起订量等），是买家对卖家能力评价的重要参考。交易条件的内容是买家评价卖家是否专业的重要评判标准，建议完整填写系统给出的交易条件。另外，应真实填写交易条件，切忌盲目夸大，从而影响买家的判断。

第八，合理搭配产品图片，做到图文并茂。使用图片直观展示产品，让买家在浏览产品时获得更多的产品细节特征。使用的图片应清晰、产品主体突出、背景干净。图片应与产品描述相符，且加水印或企业 LOGO，以保护图片拍摄的知识产权。

(三)传统制造企业网络产品图片及文字艺术实现技巧

网络产品照片的拍摄和文字描述是网上销售前基本的工作，为提高产品描述效果，还需要注意以下几点。

1.产品色彩配置艺术及应用

产品色彩配置应首先考虑产品的使用对象、使用时间、使用地点、用途、使用方法等基本特征,结合产品的使用特征科学配置适宜色彩,且注意产品与周围环境色彩的协调性。

通常产品的色彩以明色、中性色为主,较少用艳色,但体积小的产品色彩限制较小,用艳色的机会相对较多。一般整体色用淡雅色、中性色、暗色(黑色)时配以艳色、明色作小部件色较佳。对于放在厨房或客厅内使用的电冰箱,为了与室内色彩协调,并显示整洁和凉爽等,可采用白色等明色,但如果市场上出现浅粉色(浅绿、粉蓝甚至粉红色)电冰箱,也未必没有消费者购买,粉色可以增加甜蜜感,并有食欲感。而牙刷、肥皂盒、电吹风等小型工业产品,用艳色可以增加周围环境的活泼感,引发使用者兴趣,且容易被发现。旅游用品色彩应突出轻松活泼的格调。文教用品色彩以高雅、稳重、明朗、大方为设计宗旨。总之,尽管色彩的搭配方式千变万化,但基本原则是必须实现产品整体效果的和谐统一。

2.巧妙利用景深突出拍摄主体

景深是指在摄影机镜头或其他成像器前沿着能够取得清晰图像的成像景深相机器轴线所测定的物体距离范围。

景深的基本影响因素有三类:光圈、焦距和拍摄距离。光圈孔径是影响景深的基本要素,光圈的大小调节与景深的大小成反比,即"大光圈小景深,小光圈大景深"。当使用小孔径光圈时,可以得到较大的景深,也就是较大的清晰范围;反之,当使用大孔径光圈时,则可以得到较小景深。运用小景深能虚化背景,突出主体,从而产生比较强的立体感,运用小景深拍摄人像通常都能得到不错的效果。通过对图 6-3 与图 6-4 的对比,可见大景深与小景深拍摄效果的差异。

图 6-3　大景深　　　　　　　　　图 6-4　小景深

另外,焦距对景深的影响也较大,镜头的焦距越长,得到的景深越小。反之，镜头的焦距越短，得到的景深越大，这就得出"长焦距小景深，短焦距大景深"的另一条规律。除了光圈和焦距对景深的影响外，拍摄距离对景深的影响则表现为：微距拍摄时的景深小，而被摄物在较远的位置时景深大。

一般来说，利用光圈、焦距来控制景深是非常实用的。大的光圈和焦距都能创造出小的景深，使背景虚化，突出主体。这个方法比较适用于人像以及对于产品的特写。如果进行大场景的描写，比如拍摄比较开阔的风光片，我们就需要使用足够大的景深，这样才能详尽地表现出每个细节。实际拍摄中，利用光圈控制景深时就需要结合快门速度的调节了，以保证正确的曝光。这时，我们可以用光圈优先这一相机功能来实现。当相机处于光圈优先时，可以根据需要调节光圈的大小来控制景深，这时相机的自动测光系统会根据所选光圈大小自动调节快门速度，从而得到正确曝光。

3. 不同材质产品的拍摄技巧

如果按物体对光线的作用性质来分类，那么所有的物体可分成三大类：吸光物体、反光物体和透明物体，不同材质的产品、拍摄技术区别较大。

(1)吸光物体拍摄技巧

吸光物体是指表面可以吸光的物体，也是最常见的物体。比如木制品、纺织品、纤维制品及大部分塑料制品等都属于吸光物体。吸光物体的最大特点是在光线投射下会形成完整的明暗层次。其中，最亮的高光部分显示光源的颜色；明亮部分显示物体本身的颜色和光源颜色对其的影响；亮部和暗部的交界部分，最能显示物体的表面纹理和质感；暗部则几乎没什么显示。网络产品拍摄过程中，对吸光物体的布光较为灵活多样。表面粗糙的物体，如粗陶制品等，一般采用侧光照明来显示其表面质感。表面光滑的物体，如表面上过油漆的物体，一般都有光泽，宜用大面积光源来照明。

(2)反光物体拍摄技巧

反光物体是指表面比较光滑，有较强的光的反射能力的物体。反光物体主要包括银器、电镀制品和搪瓷制品等，它的最大特点是对光线有强烈的反射作用，它一般不会出现柔和的明暗过渡现象。反光物体布光一般采用经过散射的大面积光源。布光的关键是把握好光源的外形和照明位置，反光物体的高光部分会像镜子一样反映出光源的形状。由于反光物体容易缺少丰富的明暗层次变化，所以，可将一些灰色或深黑色的反光板或吸光板放置在这类物体旁，让物体反射出这些色块，以增添物体的厚实感，改善表现效果。对形状和体积特别复杂的反光物体，布光时需要采取复杂的措施，如"包围法布光"，是指除了相机镜头开孔之外，用一个亮棚将被摄物体包围起来，然后再在亮棚的外边进行布光。

（3）透明物体拍摄技巧

透明物体是指光线能透射通过的物体，一般既有反光特性，又有透光特性。透明物体主要包括各种玻璃制品和部分塑料器皿等，它的最大特点是能让光线穿透其内部。透明产品拍摄时，如果按常规给透明物体照明，如用45°侧光照明，拍摄的效果并不好，此时，大部分光线会透过物体，只有一小部分被反射，不管使用什么背景和色彩，透明物体只能隐约可见。通用的做法是在明亮的背景前，物体以黑色线条显现出来；或在深暗背景前，物体以浅色线条显现出来。常用的透明产品拍摄方法有"明亮背景黑线条"和"暗背景亮线条"两种。其中，"明亮背景黑线条"的布光主要是利用照亮物体背景光线的折射效果。"暗背景亮线条"的布光方法主要是利用光线在透明物体表面的反射现象。透明商品拍摄，还应注意曝光控制，使用"明亮背景黑线条"方法时，用测光表对明亮的背景测光，然后按测得的测光数值增加一级曝光。使用"暗背景亮线条"方法时，曝光量的确定较为复杂，此时，可测量18％标准灰板，以这个测光数值曝光，亮部会曝光过度形成白线条，而暗部也能保留适当的层次。

第七章 分析设计科学的传统制造企业电子商务营销渠道

销售渠道是企业价值实现的生命线,传统制造企业生产的产品必须经过营销渠道才能到达消费者手中。对于传统制造企业而言,分析设计科学的电子商务渠道不仅可以拓展延伸企业价值链,而且可以强化其对上下游的控制能力,提升企业竞争力。本章将探讨网络环境下,传统制造企业电子商务营销渠道的可能类别,并针对渠道建设中的渠道冲突类别、解决策略及整合措施进行深入分析。

一、传统制造企业电子商务营销渠道类别

电子商务营销是随着互联网的发展并依托互联网建立起来的新的营销模式,也称之为网络营销。电子商务营销是市场激烈竞争的必然结果,是相对于传统营销而提出的一个新的营销概念,也是电子商务中的一个重要环节。它已经成为信息时代企业生存和发展的必不可少的条件。

(一)营销渠道的内涵及功能

1.营销渠道的内涵

美国市场营销学权威菲利普·科特勒提出,"营销渠道是指某种货物或劳务从生产者向消费者移动时,取得这种货物或劳务所有权或帮助转移其所有权的所有企业或个人"。简单地说,营销渠道就是商品和服务从生产者向消费者转移的具体通道或路径。

营销渠道是企业业务的重要内容,也是企业实现利润的重要手段。在电子商务模式环境下,营销理论和方法正在发生着变化,市场营销的效率和效能正稳步提高,电子商务营销正在成为现代市场营销的主流。

与传统营销渠道一样,以互联网作为支撑的网络营销也需要建立起自己的渠道,这就是电子商务营销渠道。所谓电子商务营销渠道,就是指借助互联网

的销售平台,向消费者提供商品的信息和服务,以促成商品的价值转移和信息的双向沟通,以及辅助企业实现营销目标的一整套互相依存的中间环节。它一方面要为消费者提供产品的价格、性能、使用方法等信息,方便消费者进行选择;另一方面,消费者也可以通过互联网直接了解产品的信息,做出合理的购买决策。同时,生产者还可以迅速获得消费者的反馈信息;消费者在选择产品后,要能顺利地通过电子商务销售渠道,完成货物发送和货款回收的一系列交易手续。

随着电子商务的不断发展,互联网的商业应用不断开展,传统中间商凭借地理原因获取的优势,被互联网的虚拟技术所取代,同时互联网高效率的信息交换,改变了传统营销渠道的诸多环节,将错综复杂的渠道关系简化为较为单一的网络关系。

2.营销渠道的功能

渠道是一种资源,产品必须要借助于渠道,才能顺利分销,从而实现它的价值。具体说来,营销渠道拥有商品的整理分类、商品的运输、提高交易效率等功能。其中,整理分类一般包括挑选、积聚、分配等,其目标是努力保持制造商所提供的商品、劳务的类别和数量与消费者所需要的种类和数量一致。商品的运输是指营销渠道需要实现商品在空间上的转移,其本质是物流配送活动的开展。提高交易效率是指,产品生产时间与消费者需求时间并不一致,营销渠道需要将产品储存起来,并在特定的时间将产品送到消费者手中。

(二)网络营销与传统营销的关系

网络营销与传统营销两者既相互区别,又相互联系。

1.网络营销与传统营销的区别

(1)营销理念不同

网络营销已从传统的大规模目标市场,向集中型、个性化营销的理念转变。互联网飞速发展的今天,网络营销的出现,使企业可以通过网络收集大量的信息,以了解消费者的不同需求,从而使企业的产品更能满足顾客的个性化需求。

(2)支撑工具不同

网络营销的核心是以 IT 技术为基础,通过互联网实现企业营销活动的信息化、自动化与全球化。企业营销活动从信息搜集、产品开发、生产、销售、推广,直至售后服务与评价等一系列过程,均需以 IT 技术为支撑。

(3)供求平衡不同

网络营销缩短了生产者与消费者之间的距离,节省了商品在流通中的诸多环节,有利于降低流通费用和交易费用,减少了中间各环节的库存成本。

（4）市场环境不同

网络营销面对的是完全开放的市场环境，互联网的出现和广泛应用，已经将企业营销引导至一个全新的信息经济环境。网络营销所面对的市场环境是开放的，并因其丰富多彩的内容和灵活便利的交流方式，吸引了越来越多的网络客户。

（5）沟通方式不同

传统营销在沟通方式上和促销手段上，只能单向传递信息。而网络营销，能在很大程度上弥补传统营销在沟通方式上的不足，使传统的单向信息沟通模式转变为交互式营销信息沟通模式，可以实现双向式、直接针对性地与消费者沟通。

（6）营销策略不同

网络营销具有双向互动性，所以可以真正地实现全程营销，即由产品的设计阶段就开始充分考虑消费者的需求。这种策略的改变，提高了消费者的参与积极性。更重要的是它能使企业决策有的放矢，从根本上提高消费者的满意度。

（7）时空界限不同

网络营销消除了传统营销中的时空限制，使参与交易各方的时差几乎不再存在。由于网络能够提供 7×24 小时的服务，消费者可随时查询所需要的商品和企业的信息，并在网上购物，查询和购物的程序也变得简便、快捷。

2. 网络营销与传统营销的联系

网络营销与传统营销虽然各有特点，但它们之间的联系是很密切的。主要表现在：

（1）网络营销与传统营销都是企业的一种经营活动

两者所涉及的范围不仅限于商业性内容，还要扩展到产品制造之前的开发活动。无论用什么手段开展营销，首先要了解顾客的需求，然后采取一定的措施满足用户的需求。互联网实际上是一种信息中介，互联网最能获得利润的就是信息服务，网络营销相对更容易了解客户的需求。但是，网络营销不可能完全取代传统的营销行为模式，大量的交易还是要通过离线方式来进行。

（2）网络营销与传统营销都需要通过组合发挥功能

现代企业的市场营销目标已不仅仅是某个目标，更重要的是要追求某种价值的实现，这不是单靠某一种手段就能实现的，而是要开展各种具体营销活动，需要启动多种关系，更要制定出各种策略，并且组合运用，最终才能实现所要达到的目的。搞好营销都需要发挥组合功能作用，网络营销和传统营销均如此。

（3）网络营销与传统营销都把满足消费者的需求作为一切活动的出发点

随着工业化进程的加快,商品不断由卖方市场向买方市场转变,买方的需求对传统销售商有着绝对重要的意义。网络销售更是如此,买方与卖方在网络条件下"距离"更近,消费者更容易表达自己的消费诉求甚至个性化需求,卖方不得不紧追客户需求。

(三)电子商务背景下传统制造企业营销渠道类别及模式

在电子商务时代,营销渠道会发生很大的变化,并直接导致网络营销渠道的出现,从而对传统的营销渠道产生了深远影响。其直接体现是传统制造商可以从事网络直销,而零售商却要面对网络直销渠道的威胁,被迫进行渠道改革,以增加自己的渠道竞争优势。网络销售商提供的新服务,以及制造商对各类型销售商的取舍决定了电子商务环境下营销渠道的类别及模式。

1. 传统的单一营销渠道模式

传统的单一营销渠道是指在电子商务背景下传统制造企业仍只保留单一的线下营销渠道,不进入网络销售渠道。对部分企业来说,传统分销渠道在当前价值更大,它能够帮助企业获取和传播产品信息、影响消费者的购买决策、降低风险、为客户提供长期稳定的售后服务及增值服务,更能适应目前大多数消费者的购买习惯,也没有货款结算和产品配送方面的麻烦。其营销渠道如图 7-1 所示:

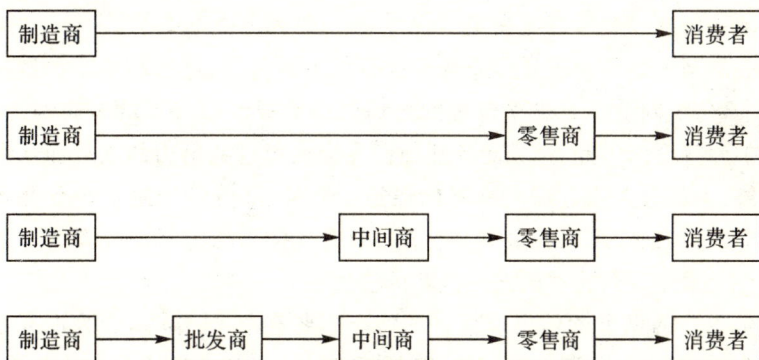

图 7-1　传统的单一营销渠道模式

尽管电子商务渠道有许多优势,但毕竟其发展时间较短,有许多不足之处,如部分客户网络购物缺乏真实感、网络购物管理不够规范、网络市场对企业有一定的进入壁垒(如技术、安全等)等,并且由于社会经济、文化、技术等各方面因素,以及企业自身能力或目标市场需求等限制,传统渠道在今后相当长的时间内还具备很大的存在价值,它能够弥补电子商务渠道的能力空白,与之实现优势互补。可见,企业在进行渠道选择时,不能也不应完全放弃传统渠道。

2.线上线下双轨营销渠道模式

线上线下双轨营销渠道是指传统制造商的双重渠道模式,即传统制造企业既使用传统线下营销渠道又使用网络营销渠道从事商品销售活动。对制造商而言,网络销售渠道最大的吸引力莫过于可直接向消费者销售商品,从而使交易成本大幅度降低。其渠道模式如图7-2所示。

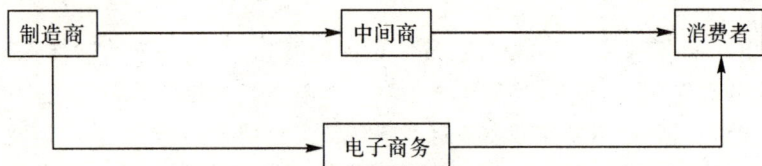

图 7-2　制造商的线上线下双轨营销渠道模式

这种渠道模式下,传统制造企业面临着两难的选择。一方面,网络平台给制造企业提供了很多好处,除了可以缩减成本、领导时尚潮流、促销产品、及时的产品定购和订单处理外,特别是在原有渠道受阻的时候,它还可以作为产品线较宽及生产能力较强的企业新的产品流出通道。网络直销会在与竞争对手的竞争中争取更多的市场资源。另一方面,一般制造企业可能担心网络直销会影响现有的分销网络关系,使渠道协调成本增加,特别是可能出现渠道冲突,或中间商退出等问题,这使得部分传统制造企业格外谨慎。

3.单一的网上营销渠道模式

单一的网上营销渠道是指企业不进行线下销售,只进行网络渠道销售。通常情况下,传统制造企业建立传统的分销网络需要经过多年的辛苦努力,并须精心维护和管理。因此,很难想象让他们完全放弃这些努力的成果而从事完全在线销售,大部分企业会保留原来的渠道。但是,部分传统制造企业并不一定有这样的顾虑,他们可以在公司成立时起,就直接采用电子商务渠道。如早期的戴尔公司就是运营这种模式最成功的公司之一。

戴尔单一的网上营销渠道模式的特点主要有两个:第一,因为没有零售商这一环节,产品可以从制造商直接送到消费者手中,从而取消了二级价格差,使得制造商可以更低的价格向他的最终消费者提供产品。(如图7-3所示)第二,没有成品库存。戴尔公司的生产方式属于定制式,即只有消费者通过电话或戴尔的网站定制产品后,公司才开始根据顾客的要求进行生产。这样就节省了许多库存及管理费用,同时也给顾客提供了高度个性化的服务。物流支持可靠性以及顾客服务质量趋于多样化,都可能成为决定这种运营模式成败的关键。

4.几种变化的营销渠道模式

图7-4的中间商鼠标加砖块渠道模式实质上是指传统的中间商建立的一种

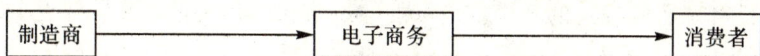

图 7-3　制造商的纯网络在线渠道模式

线上线下双轨营销渠道模式。

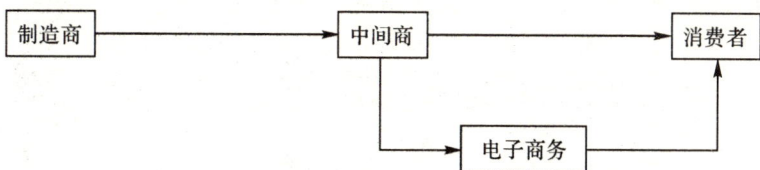

图 7-4　中间商的鼠标加砖块渠道模式

图 7-5 的中间商网络直销模式实质上是指传统中间商采取的一种网络直销模式,该模式的最大特点是中间商有很强的渠道控制能力,它能够主宰整个渠道的结构和功能设计,在国外一些新兴领域已经出现了这种模式雏形。

图 7-5　中间商网络直销模式

总之,通过对以上几种电子商务环境下营销渠道模式的描述和分析可以看出,每种模式虽都有不足之处,但并不能成为否定其存在的理由,因为每种模式都有不同的公司在成功地使用并不断地完善。

随着电子商务及营销理论与实践的发展,将会不断涌现出新的渠道结构以适应顾客日趋新异的消费需求和社会经济的发展。渠道成员只有不断地识别和研究这些渠道模式,才能更清楚地认识电子商务带给他们的影响并采取最有效的应对策略,才能不断适应经济环境的变化,在激烈的市场竞争中立于不败之地。

二、传统制造企业电子商务营销渠道冲突

渠道冲突是指某渠道成员发现其他渠道成员正在从事会损害、威胁其利益的活动,从而引发在他们之间的争执、敌对和报复等行为。

随着电子商务的不断发展,由于网上交易量的剧增而形成的诱惑和市场份额的压力,迫使传统销售型企业不得不纷纷开展渠道创新,旨在利用网络营销渠道赢得更多的客户。然后,与纯网络企业不同,传统销售型企业,尤其是制造型企业现有的完善的分销网络仍然是支撑其销售份额的主力,以新兴的网络渠

道完全代替现有的稳定的分销网络可能会造成得不偿失的后果。于是,新旧两种渠道的并行运作便成为大多数传统企业的选择。

(一)营销渠道冲突案例

什么是营销渠道冲突?

如果说在 2005 年 4 月 8 日,当雅芳全球首席执行官钟彬娴宣布雅芳获得中国唯一的直销试点资格时,众多媒体就已经把焦点聚集于"雅芳直销法"等内容上,那么几天后雅芳内部经销商发动的"逼宫门"事件,更是再一次毫无疑问地把雅芳推到了舆论的风口浪尖上。事实上,为了"浴火重生",即使强大如雅芳这样的直销企业也不得不直面经营模式转变所带来的渠道冲突"阵痛"!

事件起于 2005 年 4 月 11 日上午,几十名雅芳内部经销商聚集于广州天河时代广场的雅芳总部。但是,这次他们不是如往常一样来提货的,而是因为他们觉得公司开展直销损害到专卖店销售利益,从而要向雅芳高层为直销"开闸"后专卖店的生存讨个"说法"。专卖店经销商"围攻"雅芳广州总部的事件意味着,首获直销试点的雅芳,开始面临一场新的转型"阵痛"。

从当时情况看,尽管雅芳拥有 6000 多家专卖店以及 1700 多个商店专柜。但是,它们大部分是由经销商投资。事实上,雅芳事前通过 34%～40% 利润空间来说服经销商们进行前期的投资,但是自从雅芳方面透露将开展直销以来,经销商们生意明显下降,甚至在广州、上海等一些地方的旺铺生意也是一落千丈,从而出现了经销商集体"逼宫",到雅芳总部"讨说法"的局面。

这是一种典型的供应商与经销商之间的渠道冲突!事实上,渠道冲突就是指相互依赖的一个渠道成员察觉到另一渠道成员正在阻止或妨碍其完成目标,从而引起压力和矛盾的过程。可以看出,渠道冲突已经成为雅芳在直销转型过程中难以回避的一道坎,是雅芳适应新的直销游戏规则所必须经历的痛苦过程。

自从 1998 年转型发展以来,雅芳的经销商为雅芳在中国的发展做出了不可磨灭的贡献,因为正是这些授权专卖店,给雅芳中国公司带来了每年 40% 的销售增长率。2004 年雅芳在中国取得的 20 多个亿的销售额中,来自专卖店的贡献达到了 70%。雅芳当然对经销商们是心存感激的,给予了他们丰厚的回报。正如一位也参加"逼宫"的经销商所说,她非常感谢多年来雅芳给予了她赚钱的机会。然而,现在的情况已经完全变了!直销试点将使传统店铺的业绩受到致命打击,甚至已经出现一些专卖店的销售员利用专卖店来直接销售产品的现象。直销员现在可以直接向雅芳公司提货,这导致专卖店的销售额急剧缩水。人员推销与传统的经销商形成的多渠道冲突是雅芳在经营模式转型中的一种阵痛,然而却是很难回避的。

同时,随着雅芳直销试点的纵深发展,相信作为直销主要方式之一的网上直销,将会成为雅芳直销帝国蓝图中的重要内容之一。并且,日新月异的 Internet 技术、现代物流技术、现代营销技术也为网上直销提供了坚强的物质保证。然而,正是网上直销的引入,在筑固雅芳直销帝国的同时,也对现有的渠道(包括人员推销和店铺销售)形成激烈的冲击。前几年雅芳在导入网上商店后,引起众多经销商的强烈抵制就是很好的一个例证!

由于雅芳在未来几年仍将处于经营模式的转型阶段,而且中国的直销进程也是一个循序渐进的过程。因此,专卖店、人员推销、网上直销等在一定时期内都将共存于雅芳的销售网络中,不同的渠道有不同的利益诉求。因此多渠道冲突将很难避免,这是对雅芳的营销技术与管理能力的重大考验。

雅芳直销,路在何方? 雅芳如何妥善处理目前渠道冲突局面,如何充分利用直销试点"牌照"来取得最大的竞争优势。相信这是雅芳高层和业界共同关注的话题。直销试点资格是雅芳领先于竞争对手进行直销经营活动的"尚方宝剑",但它也不总是给雅芳带来鲜花和掌声,经销商在广州总部的"逼宫"事件使雅芳直销模式面临巨大的考验。

鉴于目前的渠道冲突现状,业界一般认为,雅芳可能采取两种解决方案。一是实行"商场专柜,专卖店产品区分销售",如商场专柜走高端路线,专卖店实行"收费美容"的方式,来达到安抚经销商的目的。二是将直销员划拨到一定的经销店铺管辖范围内,从而实现对直销员的二级管理,可能也不失为雅芳协调直销员与经销商利益冲突的最佳办法。

问题在于,这些"解决之道"有仅对问题"头痛医头,脚痛医脚"之嫌。这是因为:一是渠道冲突的目标差异与领域冲突仍然存在。雅芳仍然存在如何平衡直销员与加盟经销商两者利益的重大问题。二是如果对直销员实行二级管理,那么雅芳是否将不具有直销企业的竞争优势,而沦落为一个与传统批零店铺经营无异的企业呢? 三是引入网上直销是不可逆挡的态势,那么,网上直销会对其他的渠道形成怎样的冲击呢? 况且,随着技术的不断创新,相信更多的渠道形式将为雅芳等直销企业所用,到时渠道冲突将会是另一种不同的局面。因此,从长远来看,这些解决的对策并不能对雅芳的渠道冲突起到"标本兼治"的功效。

(二)传统制造企业电子商务营销渠道冲突的类型

渠道冲突有不同的分类方法,可按照企业价值链上不同主体角色划分,也可以按照不同渠道主体之间的关系划分。在电子商务背景下,网络营销渠道与传统分销渠道产生冲突是非常常见的。网络分销渠道之所以与传统分销渠道发生冲突，原因在于网络渠道的跨地域性。传统分销渠道成员在各自的地域内独自经营，而网络渠道成员可以利用网络渠道很轻易地抢夺实体渠道成员的客户。因为通常企业提供给两种渠道的产品基本一致，并且他们的销售区域和目标客户群体存在着很多重叠。因此，网络营销渠道的建立极易招致传统分销商的强烈抵制。为了捍卫自身的利益，分销商们往往不惜采取各种措施，轻者采取不支持、不合作的态度，严重的甚至背离原企业，带着众多的客户资源转成竞争对手的渠道成员，影响到企业的发展。

网络渠道与传统分销渠道之间发生冲突的例子已经有多种。例如李宁、耐克等公司都面临传统分销商与网络分销商的冲突问题。原因是李宁、耐克等公司的一部分传统分销商纷纷在淘宝网等平台建立了自己的在线商店，这一部分率先触网的分销商（网络分销商）对那些没有上网的传统分销商的原有市场范围造成了直接的侵犯，这是一种情况。另外还有一种情况是耐克等公司官网销售渠道直接对传统分销渠道构成了威胁，比如很多消费者在实体店铺试穿服装，然后上官网购买，实体店铺提供的一系列服务得不到任何补偿，这直接加剧了渠道成员间的矛盾。

1.零售商和制造商的冲突

零售商最初直接面对消费者，以"低成本、低毛利、低价格"的政策进行经营，由于制造商开展网络销售，一般制造商会在网络渠道上以低于市场价的价格和消费者进行交易。于是，零售商和制造商的价格冲突就会产生。

从理论上解释这种冲突需要应用零售轮转假说。零售轮转假说是由美国学者威麦克奈尔教授首先提出的。他认为新兴的零售商业机构的变革有着一个周期性的像一个旋转的车轮一样的发展趋势。新的零售机构最初都采用"低成本、低毛利、低价格"的经营政策。当这些机构取得成功后，必然会引起很多机构的仿效，结果引起这种新兴的零售机构之间的竞争，这样就会促使这些零售机构改善设施，美化外观，提供更多更好的服务，由此就会增加费用支出，则必然要提高销售价格，最后就会和它所代替的旧式零售机构一样，成为"高费用、高毛利、高价格"的零售机构。与此同时，又有新的创新者开始组织新的以"低成本、低毛利、低价格"为特色的零售机构，于是轮子又重新转动起来。按照上述假说，零售轮转假说是讨论零售商之间的竞争，若把制造商也看成是一个零售商并且只限于经营销售固定的产品，则用同样的零售轮转假说理论，可推导出制造商与零售商的轮转竞争就会持续运转起来。因此，传统制造企业若推进电子商务业务，势必会形成零售商与制造商的渠道冲突。

2.中间商和制造商的冲突

在电子商务环境下，由于互联网使制造商与消费者之间的沟通更加方便，传统的中间商就显得多余了,不仅在信息沟通方面显得多余,在商品流通方面也显得多余。中间商认识到制造商正在减弱他们和客户之间的联系,挤压他们的生存空间。因此,中间商会对制造商所进行的电子商务活动非常关注。

在传统销售模式下,由于制造商不直接面对消费者,因此制造商和中间商之间的冲突只是营销渠道权力方面的冲突,在价格上并没有冲突。只是因为在传统销售渠道中,由于产品由制造商控制,中间商并没有发展壮大,因此制造商控制着渠道权力;随着中间商的发展壮大,中间商形成了自己的品牌,这时,零售商或消费者与其进行交易,可能就是因其品牌强大,这样,中间商的发展到一定阶段控制了渠道权力。随着电子商务的引入,制造商有机会绕开中间商,与消费者进行在线交易,这样制造商无形中在完成交易的同时,增加了自己的品牌知名度,因此电子商务的引入,使得制造商重新控制了渠道权力。

在电子商务背景下,由于网络销售渠道具有相对低廉的成本,而且为了吸引买方,通常网络销售渠道上的产品价格会低于传统渠道上的产品价格,或者会给予较多的折扣,因此这种定价势必会引起传统中间商的不满,他们会严密监视网络上的产品价格,采取各种方式抑制网络销售渠道的价格优势。同时,在电子商务背景下,网络销售渠道与传统销售渠道的渠道控制权力之矛盾依然存在。因此,现阶段制造商和中间商的冲突不仅包括价格冲突,而且包括渠道权力之间的冲突。

3. 网络渠道和传统渠道的冲突

在电子商务背景下,出现了网络中间商,使得传统中间商和网络中间商之间产生了渠道冲突。如实体新华书店和网上图书经销商亚马逊、当当网、博库书城之间的渠道矛盾。这是因为网络中间商能够覆盖更大范围的潜在客户,这样就会抢夺原本属于传统中间商的客户资源,而且互联网的低成本特点使得网络中间商的运行成本低于传统中间商,从而在价格上具有极大的竞争优势。

传统渠道所覆盖的线下客户,在互联网上也有一个身份存在,当网络中间商试图把它发展为网络客户,成为互联网渠道的客户资源时,就和传统渠道中的中间商发生了资源争夺矛盾,除非网络渠道和传统渠道的客户群没有重叠。因此网络中间商和传统中间商这种对客户的争夺,实质是网络渠道和传统渠道两个渠道之间的冲突。

网上销售渠道与传统线下销售渠道之间的冲突从本质上来说是客户资源的争夺。传统的销售商拥有消费者这一稀缺资源,掌握了强大的渠道控制权力,由于利益的对立关系,制造商和中间商的利益矛盾始终难以调和。为了能够获得自己期望的利益,制造商发展了包括网络直销在内的多种新兴销售渠道模式。对制造商而言,网络销售渠道最大的吸引力莫过于可直接向消费者销售商品,从而使交易成本大幅度降低。同时,传统制造商进行网络直销也是实现由生产领域向消费领域跨越的最好手段,以推进自己的商业领域,并与传统的中间商和零售商进行销售利益的竞争,从而取代功能逐步弱化的中间商,并且努力逾越功能日益强大的零售终端,这自然会引起日益激烈的销售渠道冲突,销售渠道的利益难以均衡,引起销售渠道成员的不满,导致销售政策难以执行。一方面会导致市场和价格的混乱;另一方面,中间商的忠诚度会大幅度下降,并且会想尽办法,阻碍网络直销的发展,这就会增加制造商改善销售渠道的成本。虽然网络销售渠道与传统的销售渠道可能各自占据不同的细分市场,但不可避免地会出现争夺客户资源的情况。结果就导致了市场的冲突和供应商内部的冲突,也令客户迷惑不解,可能会导致客户对品牌的不信任感。可以看出,网络渠道与传统渠道之间的冲突从本质上来说是客户资源的争夺。

(三)传统制造企业电子商务营销渠道冲突的解决策略

面对上述的渠道冲突,如何来平衡各方利益,如何巧妙化解矛盾、化冲突为合作共赢成为研究的热点。以下将从不同渠道冲突视角探讨传统制造企业电子商务渠道冲突的解决策略。

1. 应对制造商与传统分销商之间冲突的策略

(1)产品差异化策略

产品差异化,顾名思义,就是制造商的网络销售产品与传统分销商所销售的产品有所差异。

产品差异化策略的一个功能是内容互补。《花花公子》的在线网站与离线杂志的内容就完全差异化,这使得从传统分销商那里购买了离线杂志的读者也愿意再去购买在线网站的内容,两者不会产生很大的矛盾。宝洁也是一个典型的例子,宝洁的网上渠道 Reflect. com 不销售其传统的美容产品,只是销售全新产品,而且这些全新产品又不会通过传统的商店销售。这种销售策略使得消费者不能在两种不同类型的渠道中购买到相同的产品,同时给网上销售的产品以截然不同的命名,以避免消费者进行价格、特性、品牌等方面的比较。

除了产品互补策略外,还可以采用内容延伸策略。例如《电脑报》的在线产品就是对离线产品的延伸,一些在离线产品只是简要提及或没有能够深入探讨的内容借助于在线网络出版发行,取得了较好的效果,在线产品的直销并未损害传统分销商的利益,相反还有互补作用。

(2)职能差异化策略

职能差异化是指制造商和传统分销商在分销过程中承担不同的职能活动。事实上,以往的分工是制造商独立建立直销网站、完成销售配送等职能活动,传统分销商也是独立完成销售配送等职能活动。职能差异化则考虑让制造商建立直销网站进行促销和销售,然后由传统分销商来承担物流职能,即消费者在制造商的直销网站上付款之后,由消费者附近的传统分销商来完成配送任务,制造商再对分销商的这种努力进行补偿。例如,巴恩斯·诺布尔的传统图书连锁店在开辟了在线直销网站之后就采用这种方式来经营,它的传统加盟店主要职能是帮助直销网站完成物流配送的职能活动。同时,有的制造商建立网站后只负责在线促销职能,销售和物流等职能均交给传统分销商来完成。

(3)价格差异化策略

价格差异化就是指线下线上两个渠道采用不同的定价策略和档次。一般做法是,为了保护传统分销商的利益,制造商虽然建立了直销网站,但是直销站点上的商品价格并没有折扣,价格要比传统分销商的销售价格高出一些。制造商这样做的实质是让直销网站承担促销工作,而让传统分销渠道承担其他的更重要的职能,通过职能和服务的差别形成定价的差别。

这类管理渠道冲突的典型例子是耐克。耐克承诺其网站所销售产品的价格就是价格表上所列的价格,不打折扣,还通过网站帮助购买者找到他们附近的零售商店以便于购买耐克的产品。耐克还向其最大的但却一直没有好好发挥自有网站作用的零售商提供特殊的优惠,如 Foot Locker 和 Champs Sports 的 Venator 集团获得了可以在其所属商店及网上渠道销售耐克的 Air2 Max 运动鞋的独家经销权,通过这些行动,耐克与其经销商形成了不同的价格体系,并在认知方面达成了共识,将经营领域的冲突最小化。

(4)激励差异化与协作共赢策略

激励差异化是指根据分销商承担职能的多少给予不同的激励措施。激励差异化中的制造商需要根据传统分销商所履行职能活动的多少给予不同激励,鼓励传统分销商更积极地与制造商协作以更好地服务于消费者。激励差异化与职能差异化比较相似,其共同点是制造商和传统分销商分别承担不同渠道职能,不同之处在于职能差异化中渠道成员承担的职能活动较为固定,而在激励差异化中渠道成员承担的职能活动则较为灵活。职能差异化则只强调不同主体承担不同的职能,在激励措施方面则并不一定与职能直接区分。

例如,美国一家制造高档家具的企业 Ethan Allen,在建立了网络营销渠道后,仍然与传统实体商店合作,让这些商店继续执行服务职能。网站向所有希望网上购买的顾客提供所有产品。如果 Ethan Allen 自己送货,则顾客所在区域的商店可以分得销售额的 10% 的佣金;如果商店提供了帮助,如送货、维修、组装和退货等,则该商店可以得到 25% 的佣金。这些佣金维持了公平原则,零售商在渠道流中所做的努力越多,其得到的补偿也越多。另外,网站还询问顾客是否需要装修方面的帮助,并将需要帮助的顾客推荐到离他们最近的商店。总之结果是,零售商不把制造商的网站看成是替代他们的竞争对手,而是对他们销售努力的一种补充。

2.应对网络分销商与传统分销商之间冲突的策略

(1)无为而治策略

无为而治策略是指在面对网络分销商与传统分销商渠道冲突的过程中,制造商对现有的情况不闻不问,听之任之,不采取任何行动。实际上,许多制造企业现在都是采用这种态度来对待网络分销商与传统分销商之间的冲突,比如李宁公司的许多代理商纷纷在淘宝网建立网店,用极低的价格相互竞争,同时侵犯了许多未上网的传统分销商的利益;许多消费者在实体店铺试穿,然后上网在另一家网上代理那里购买服装,实体店铺的努力得不到补偿。导致制造商采取"无为而治"的主要原因,一是传统分销商还没有意识到网络分销商入侵了自己的市场或者认为网络销售对自己的影响不大;二是制造商主观上认为这种冲突的程度很弱,也没有太多分销商抱怨。随着网络购物越来越流行,大量的制造企业会开始重新审视自己的这一做法及态度。

(2)独家经营策略

独家经营的意思是指制造商禁止其他分销商在线销售自己的产品,只有制造商自己或者其特定指定商家可以在线销售,从而避免了传统分销商与网络分销商之间产生的冲突,当然这样也有可能带来制造或代理商与传统分销商之间的冲突。佐丹奴就是采用这一战略的制造商,它建立了自己的直销网站,还在淘宝商城里建立了官方店铺,但其严格限制普通分销商在线销售。这种策略需要特别处理好独家经营者与传统分销商的矛盾。

(3)职能差异化策略

网络分销商与传统分销商之间职能差异化策略主要想体现一种网上网下相互协作的思想。一般的安排可以是这样,网下的传统实体店铺除了可以照旧进行线下销售之外,还可以对网络分销商的客户提供体验、维修、保养等服务,从而鼓励更多消费者在线购买,而网络分销商则主要承担促销、销售、配送等职能,当然网络分销商要对传统分销商履行的职能进行补偿。

3.应对其他各种渠道冲突的综合解决策略

以上策略分别从制造商与分销商、分销商与分销商之间视角探讨渠道冲突的解决方法,下面再从综合应用方面进行探讨。

(1)品牌区分策略

采取在线销售的产品与传统渠道销售的产品不同的策略,比如一些美容产品企业在其网上渠道销售的品牌不同于其传统渠道销售的产品品牌,其网上销售品牌往往是传统品牌的一个子品牌、兼并品牌、关联品牌、微小变化品牌或新创品牌等。

采取措施使得在电子商务渠道与传统渠道中销售的产品存在人为差异是一件比较容易做到的事情。比如予以截然不同的命名、不同型号、不同颜色、不同规格、不同系列等，以避免消费者进行价格、特性、品牌等方面的比较。一些供应商利用了一些很有创造性的方法来区别网络销售产品与零售商产品，从而降低冲突。比如给网络销售产品赋予不同的品牌或者名称（或自品牌），即使它和在零售商销售的产品没有本质区别。策略制定者一般认为这样可以降低网络销售产品与零售商产品的对比度，从而降低渠道冲突。

（2）价格同步策略

价格上的差别是产生渠道冲突的一个重要因素，零售商往往会对价格有着很强的敏感性，因而最容易做出过激的行动。而且，对大多数消费者来说，价格仍是影响购买决策的一个重要因素。因此，当制造商采用电子商务分销渠道时，就需特别注意其价格策略，如在线销售的产品与传统渠道销售的产品极其相似时，在线销售的产品价格应不低于传统渠道销售的产品价格。

（3）交叉促销策略

鼓励和推动两类渠道间的交叉促销可以促进电子商务渠道与传统渠道的合作，减少新型渠道冲突的产生。

为了促进渠道间的合作和共同进步，网络销售企业在利用网络的优势，为自身产品做好宣传的同时，可以向消费者介绍并推荐更适合的传统渠道中的合作伙伴，或是在网站上辟出专栏让传统分销商进行广告宣传，甚至在某些目标市场不接受网上直接订购，而是提供给消费者当地可供选择的分销商信息。

同样，通过传统渠道来扩大企业网站知名度或宣传企业经由第三方网站提供的网上业务是一种很好的方式，一方面传统分销商能够利用与消费者的接触机会及其对消费者购买习惯的了解，适时地向理想的目标顾客进行宣传；另一方面还能促进渠道间的合作与交流，避免冲突的产生。

（4）渠道分工策略

采取这种策略的企业只在自己的网站上介绍企业以及产品的信息以及履行促销职能，不接受在线订单或者只在线接受订单，而将其配送交给其分销伙伴来完成。

例如，Cisco 公司在 1999 年的销售收入 80% 来自在线业务，但是实际上只有 10% 的产品是通过直接渠道到达客户手中的。因为 Cisco 虽然接受在线订单，但大多数产品是通过管理其库存的零售商才到达客户手中的。所以可以说 Cisco 是利用网络来帮助其传统销售渠道，避免在企业自己的网站上进行销售。

例如经历渠道阵痛后的雅芳公司首先向直销员保证公司关注他们的利益，并投入5000万美元的巨资用于重建雅芳网，而且这个网站主要围绕方便直销员介绍雅芳产品系列。雅芳在网站上给客户以这样的选择：他们可以从雅芳公司直接订货，也可以在网上寻找离他们社区最近的雅芳销售代表。雅芳规定，直销员只要每月缴纳一定押金，便可以成为"电子直销员"，他们可以在网上销售雅芳产品，同时赚取不菲的回扣；如果是客户网上下订单，公司送货，他们将获得20%～25%的提成；如果是他们自己上门送货，将获得30%～50%的提成。

对网络营销渠道与传统营销渠道进行有效分工，充分发挥新旧渠道互补的特征将是未来的发展趋势。对于网络销售渠道，信息和资金的传送都可在网上进行，而物流配送绝大部分仍需通过专业的物流配送公司进行。这就意味着，制造企业可把传统渠道成员发展成为提供货物运输配送服务的专业配送公司或演变成自己的子公司，实现渠道和谐共存。比如企业可以只在自己的网站上介绍企业以及产品的信息以及履行促销职能，不接受在线订单，或者只在线接受订单，而将其配送交给传统分销商来完成。

电子商务渠道最大的优点是能够快速地提供资金流、信息流的转移，其致命的缺点就是不能提供快速的物流转移来与资金流、信息流配套。因此可以将信息流的职能安排在电子商务渠道上，比如订货、信息交流、反馈等。而传统渠道的物流能力相对较强，所以可将实物链放置在传统渠道上，比如送货上门、维修等工作。

(5)区域市场细分策略

通过市场细分，解决新旧渠道冲突。企业主动进行市场划分，从本质上讲就是把一部分市场留给一种渠道，另一部分市场划归给另一种渠道，使两种渠道进一步互相规避礼让，和谐共存。这是根据市场的需求特点和环境的变化进行调整的行为。比如传统制造企业可以将某个地区的销售权委托给网络分销商，而除这个地区以外的地区销售权则仍交给传统分销商。

(6)顾客群细分策略

顾客群细分策略是指将客户根据年龄、收入、地区等特征进行细分，并根据这些细分结果进行销售权的二次分配。如传统制造企业可以将年轻人适用产品委托给网络销售商，而将中老年人适用产品委托给传统线下销售商。针对在线顾客的需求设计新的产品线，如雅诗兰黛在其网站(cliique.com)提供化妆品的定期填充、耐久性产品的维修保养、日常用品的会员福利俱乐部等。又比如吉普森吉他(Gibson Guitars)考虑到在网络上销售吉他会与经销商产生冲突，所以仅出售吉他弦和零件等附属配件给消费者。

（7）强化渠道沟通策略

沟通是渠道冲突解决中重要的一环，有时候它可以达到意想不到的效果。企业应在不同的渠道之间建立良好的通信，让他们互相了解对方所做的工作，并讨论某些措施可能产生的影响，从而在不同渠道之间进行协调，以避免冲突。通过沟通、协商鼓励不同的渠道互相为对方做广告，企业可以在自己的网站上推荐他们的渠道伙伴，实现双赢，避免促销冲突。

三、传统制造企业电子商务营销渠道整合

从根本上解决渠道冲突问题必须在以上渠道冲突解决策略基础上推进营销渠道的整合，促进网上销售渠道与线下销售渠道的有机融合。

(一)整合原则

传统制造企业电子商务渠道整合一般应遵循前瞻性、动态性、公平性、可持续性、发展性等基本原则。

1.前瞻性原则

传统渠道商一般认为电子商务渠道会侵占他们的利润，对传统制造企业引入电子商务渠道表现出更多的是戒心和怀疑。在引入电子商务渠道并对渠道进行整合时，要充分认识到整合后会面临的冲突，在整合前把主要的冲突尽可能都考虑到，并运用上节渠道冲突解决策略知识进行应对，尽可能提前消化冲突。实践表明，事后的协调可选择的方案更少，成本会更大。

2.动态性原则

市场和市场环境是变化的，因此渠道整合过程应该体现外部动态适应性。任何渠道整合都不可能一步到位或一劳永逸，整合渠道必须随市场变化而逐步调整。整合渠道是需要具有"4C"特征的电子商务功能，还是需要那种充满人情氛围的传统渠道功能，都取决于市场的需要；这种动态性还体现在渠道成员的角色转换上，体现在传统渠道商在渠道系统中的角色重新定位上。

3.公平性原则

整合的方案应体现渠道每个渠道成员的利益，力图做到公平公正。电子商务与传统渠道的整合不应只从企业自身一个角度看问题，而应多角度看问题。因此，应正确评价不同渠道角色的成本与收益，让渠道成员取得的业绩与其利润相称，同时又保持成员之间的适度竞争。

4.可持续性原则

整合过程不应打断目前企业的正常发展，而是应未雨绸缪，为企业的长期

发展提前做好打算,应对将来的威胁,以保证企业的可持续发展。整合渠道应具有相对的稳定性,整合过程应尽可能维持这种相对稳定性,在整合时要兼顾各方利益,多方调节以平息传统渠道商的不安;另一方面,要在对市场变化趋势做出正确判断的基础上,提前做好准备,并和传统渠道成员进行充分的沟通。

5.发展性原则

整合的出发点一般是着眼于企业的长期发展,并为了更好地抓住市场机遇,为了把企业做大做强。电子商务渠道与传统渠道的冲突应该是发展中的冲突,可以在发展中得到稀释和解决。因此,在整合的初期,不要过多地抱怨传统渠道商的低效率和不合作,而应更多地理解他们的想法,要让他们确信,在增大的蛋糕中,他们的那一份会比不引入电子商务渠道增长得更快。

(二)基于阶段的整合策略及实现方法

根据传统制造企业电子商务渠道建设发展的阶段,可将渠道整合分为导入期、酝酿期、发展期和成熟期四个阶段,其每个阶段的整合策略及实现方法可设计如下。

1.导入期的整合策略及实现方法

在电子商务渠道建设的导入期,由于电子商务网站刚刚建立,知名度不高,此时整合策略应该定位于为传统渠道提供支持和服务。如用于与中间商和终端商的产品信息交流,政策发布与咨询,提供技术支持,提供新的产品目录等。

这一阶段对传统渠道没有很大的影响,可以提高传统渠道的运作效率。在后期,企业与渠道商越来越多地通过网上完成订货,电子商务仅仅限于 B2B。这时传统渠道也可以为电子商务网站提供宣传的机会。如把网址附在产品或产品说明书上,在产品促销的时候用各种手段宣传网站等。

2.酝酿期的整合策略及实现方法

在酝酿期,传统渠道正处于优化和扁平化阶段,这时应重点考虑建立电子商务直销渠道,并开展网上市场调研。从整合任务看,这一阶段应大力应用电子商务这个平台和工具,进一步优化传统渠道的运作流程。

由于传统渠道在运作多年以后,一般会造成渠道层次过多,机构臃肿,效率下降的问题。因此,应尽量减少渠道过多的中间层次。如取消区域总代理和代理制,其中的部分功能由网站承接,节约下来的人力和物力用于加强传统的终端的建设,加大销售终端的市场覆盖面和铺货率。

同时,这一阶段可以试着引入网络直销,开始只直销零配件,不销售成品。这是因为这个时候物流量也很小,无需大量的物流配送工作。这一阶段也是重在完善和宣传网站工作的时机,因此应努力在客户中树立企业网站形象;同时,积极开展网上调研和尝试。

3. 发展期的整合策略及实现方法

在发展期阶段,传统制造企业应加大电子商务直销的力度,由于部分渠道成员角色转换会随着市场和产品的成熟和网站知名度提高而循序推进,因此企业应加大网上直销的力度。同时,这一阶段还要注意网络渠道销售产品与传统渠道产品的差别化问题。

一般而言,随着网络直销的物流量逐步加大,原有的通过邮寄的途径效率明显不高,也越来越不适应物流配送的要求,这时需要传统渠道商来承担部分物流的功能,并逐步把一些渠道中间成员从原有渠道中剥离出来,形成专业的物流配送实体。这样,一方面可提高物流配送的效率;另一方面也可以通过提供优厚的回报来平抑由于渠道分工变化而导致的传统渠道商对传统制造企业产生的不满。

4. 成熟期的整合策略及实现方法

这一阶段应是电子商务与传统渠道形成完美组合期,建立强大高效的供应链体系成为可能。由于市场需求的变化,为了扩大市场覆盖率和营销深度,电子商务和传统渠道的目标市场不可避免地会出现重叠,这时直销渠道与传统渠道可能会形成三大目标市场板块:电子商务独有的目标市场、电子商务与传统渠道共有的目标市场、传统渠道独有的目标市场。渠道组合充分发挥其作用,整合渠道产品组合将进入良性动态循环。产品组合与整合渠道进行着有效互动。随着产品生命周期的到来,渠道组合与原有产品组合不匹配,渠道整体效率下降,需要为新的产品组合做准备,渠道需要再调整,使之重新适应新的产品组合。这个过程可能会形成多次循环,直至完全成熟。

第八章 传统制造企业电子商务物流与支付运作

　　物流是实物产品类电子商务必不可少的一环,但是,传统制造企业开展电子商务并非一定要建立自己独立完整的物流配送体系,分析判断自身的物流环境和发展战略,选择合适的物流模式并进行科学管理是企业电子商务的现实课题。对传统制造企业而言,完全重新开发建设一个电子商务支付平台既不现实也没有必要,基于资源禀赋条件,其最优选择无疑是租借选用外部专用的支付平台或工具。所谓物流,是指物质资料从供给者到需求者的物理性运动,简而言之,物流就是物的流动。物流有广义和狭义之分,广义的物流既包含流通领域,又包含生产领域,指的是物质资料在生产环节之间和产成品从生产场所到消费场所之间的物理运动;狭义的物流,只包含流通领域,即作为商品的物质资料在生产者与消费者之间发生的空间位移。物流劳动是创造时间价值、空间价值和一定加工价值的人类活动。物流这一概念,是由"物"和"流"两部分组成,要理解物流,也就必须从这两方面分析。

　　其中,物流中的"物"是指一切可以被人进行物理位移的物质资料。其重要特征是必须可以发生物理位移。因此,部分固定的物体如建筑物、桥梁、公路等,不是物流的对象。物流中的"流"与"商品流通"概念是既有联系又有区别的。其联系在于,流通过程中,商品的物理位移常伴随交换而发生,这种物的物理位移是最终完成流通不可缺少的物的转移工程。物流中的"流"的重点领域是流通领域,不少人只研究流通领域,因此将物流中的"流"与"流通"等同起来。其实,物流的"流"不但涵盖流通领域,也涵盖生产、生活领域;"流通"并非全部作为物流的"流"的一部分,流通领域的商业活动中的交易洽谈、签约、结算、现金流动等所谓的"商流"活动以及贯穿于期间的信息流等都不能纳入物流的"流"中。物流中的"流"与"流程"也有区别。"流程"通常是指生产领域中物料按照工艺步骤和环节进行运动,或指业务或者工作的流转程序,不同的业务特点和生产规模要求不同的生产业务流程与之对应。而物流中的"流"虽然也考虑流程设计,但不仅仅局限于"流程"。我国 2001 年 7 月开始实行的《物流术语国家标准》作了如下规定:物流是物品从供应地向接收地的实物流动过程,一般包括运输、存储、装卸、搬运、包装、流通加工、配送、信息处理等基本功能。

一、传统制造企业电子商务物流运作

电子商务下的物流管理,包括电子商务物流系统、电子商务物流过程、电子商务物流技术以及电子商务物流成本管理等内容。由于传统制造企业产品一般是实物产品,这使得其物流成为企业电子商务活动中不可或缺的一个重要环节。其物流运作一般首先要考虑企业所面临的物流环境和企业的物流战略,一个是外在因素,一个是内在的因素;在考察完内外影响因素后,企业要进入下一步,即选择何种具体的物流模式,这一步关键是要切合实际,而不是盲目求大求全;最后企业要对其选择的物流模式进行具体的运作和监管,使之按照企业既定的物流配送要求推进,实现企业的目标。

(一)传统制造企业电子商务物流模式选择需要考虑的因素

选择设计何种物流模式和实施路径是个复杂的决策过程,需要考虑各个方面的影响因素。因此,在企业物流模式选择设计前需要对企业物流战略及外在环境进行客观分析。

1. 物流成本

物流成本是指物流活动中所消耗的物化劳动和活劳动的货币表现形式,具体包括物流采购、生产、仓储、配送四个环节的物流成本总和。物流成本一般可用公式表示如下:

$$C = Cm + Cn + Cp + Cq$$

其中,C 表示物流成本,Cm 表示采购成本,Cn 表示生产成本,Cp 表示仓储成本,Cq 表示配送成本。由于企业电子商务一般有意追求较高的顾客满意度,这使得物流配送服务在其他几个物流环节中尤为重要,采购、生产、仓储三个环节在电子商务背景下一般视为物流配送服务。

从选用企业的视角看,某种模式的物流成本高低是企业采纳电子商务重点需要考虑的因素之一。从长远来讲,完全自营物流、物流联盟有利于降低物流成本,但前期大量的资本投入往往又不是所有企业都能承担的,因此对于规模较大、资本实力雄厚、融资能力强的传统制造企业采纳电子商务适于选择完全自营或物流联盟模式。中小企业尽管也想追求自建物流,但由于一般无力进行大规模的资金投入,所以较适合采用完全外包或部分外包物流运营模式。

2. 物流服务能力

企业电子商务的物流服务能力一般直接通过顾客对其物流配送服务的满

意度来体现。顾客对物流服务的满意度越高说明配送服务能力越强,反之则说明配送服务能力越弱。其主要指标一般包括物流配送服务的时效性、物流配送服务的安全性、物流配送服务的柔性以及服务广度等方面。时效性是指配送服务的速度和准确性,安全性是指物流配送过程中商品的破损率情况,服务柔性是指在面对配送过程中的突发事件时的临时应变能力,比如货物破损时、顾客对商品不满意请求退货等等,广度是指物流服务的地理覆盖区域。

从选用企业视角看,物流服务能力是企业电子商务衡量物流运营模式好坏的重要指标。企业电子商务要产生规模效益就必须具有相当稳定的顾客群体,物流服务质量好,能够及时准确、安全地提供高品质的配送服务,充分满足顾客的即购即得心理体验,将有利于企业电子商务的成功,从而获取更强的竞争力。对于物流服务企业来讲,提高物流服务的竞争力已成为生存发展的关键点。因此,如果企业电子商务体系自身能够提供较好的物流服务质量,则完全自营就是可行的,而当其不具备相应的物流服务能力时,就应采用完全外包或者寻找合适的合作伙伴组成物流联盟。

3.物流管理能力

物流管理能力是企业电子商务活动中选择物流运营模式的又一重要因素,其内容一般包括物流管理人员的素质、物流管理的协调沟通能力、物流管理流程的高效性、物流信息保密水平、物流经营管理理念等。

从选用企业角度看,企业物流管理能力的强弱体现了企业业务处理能力的高低。其中物流信息保密水平、物流经营管理理念或者两者的一致性是电子商务企业选择物流代理企业或选择物流联盟要重点考察的因素。企业的物流管理服务能力较强,横向对比如果具有比较优势,在其他条件也比较完备的情况下,适宜选择完全自营物流运营模式。当然,如果其他条件欠缺则可以根据具体情况选择物流联盟、完全外包物流运营模式。

4.物流子系统在整个电子商务系统中的地位

物流子系统在企业中的战略地位定位是企业选择物流运营模式的又一影响因素,每一个完整的供应链均由供应商、生产厂家和批发商、零售商及其相应业务环节共同组成。他们之间既互惠互利又不断讨价还价,甚至争夺供应链控制权。

对于不同的企业来说,物流处于不同的战略地位。在进行物流运营模式决策时,首先需要考虑物流子系统的战略重要性,一般从物流对企业成功的关键程度、企业对物流的控制力要求、企业发展物流子系统的外部机遇等角度考虑。

从选用企业视角看,物流对企业成功的关键程度一般通过物流影响企业业务流程的重要程度来判断,对企业业务流程影响越大,说明越关键。企业对物流的控制力要求一般从企业自身产品特点、交易对象以及企业自身发展目标决定的,企业不想受制于人,想要摆脱物流外包带来的不利因素,则必然对物流的控制力要求高。企业发展物流子系统的外部机遇是指外部环境对企业发展物流子系统是否有优势,是否有条件。当物流对企业成功的影响力十分关键、企业对物流的控制力要求很高,同时外部机遇又较大,那么从企业战略决策的角度来看,采取完全自营物流营运模式是最佳选择。事实上,完全外包和物流联盟物流运营模式本身对物流的控制力要求较弱,物流子系统的战略地位是完全自营物流运营模式选择的最重要影响因素。

5. 选用企业的综合实力和特点

企业自身的实力和特点是开展电子商务物流运营模式选择必须要考虑的影响因素。从指标构成看,企业实力一般包括物流设施完善水平、物流信息技术水平、资金投入规模、企业融资能力、对物流外包代理企业的控制力、对物流联盟的控制力、合作伙伴的广泛性;企业特点则主要有交易区域的特点、产品特点等。

从选用企业规模和实力的角度看,一般规模较大、实力雄厚的企业,通常物流基础设施完善,物流信息技术水平较高,而且有能力通过多方渠道获得资金推进物流系统建设;同时由于规模优势,企业也比较易于寻找到合适的合作伙伴组成优势互补的物流联盟。而对于中小企业来说,依靠企业自身投入来建设完全自营电子商务物流和组建物流联盟几乎是不可能的事情,因此选择服务优质的第三方企业进行物流外包应是首选。

从企业服务的主要区域来讲,服务区域的大小也需要有对应的外部物流保障。对于服务业务比较集中、交易额度大的区域,企业可考虑完全自营物流,当然如果企业同时具有广泛而紧密的合作伙伴,也适宜组建物流联盟;对于地理位置较偏远、交易量较小的地区,企业为降低成本,无法投入过多资金营建物流设施,或者有一定的物流设施但又无法独挡一面,这时可以考虑完全外包。

另外,从产品自身特点的角度来讲,规格比较统一且销售数量较大的产品,采用完全自营模式比较好;对于交易额度小、市场或地域跨度大的产品采用物流外包比较好;对于食品、鲜花类产品适于选择服务较好的第三方物流企业。

6. 物流联盟的实力和特点

对于那些准备或者正在考察物流联盟模式的企业而言,物流联盟的实力和特点是企业选择该运营模式必须考虑的因素。这些因素一般包括联盟主体的资金状况、物流设施完善水平、物流信息技术水平、联盟的稳定性、联盟资源与技术的共享机制等。

从选用企业视角看,联盟相关主体的资金状况、物流设施完善水平、物流信息技术水平是物流联盟综合实力的体现；联盟的稳定性、联盟资源与技术的共享机制是衡量企业是否适合组建物流联盟的重要影响因素，是物流联盟的特点的体现。对于规模较大、拥有较为广泛的合作关系、企业间的协调控制能力较强的企业而言，可以寻找联盟企业组成稳定性能较好的物流联盟，促进企业电子商务发展。规模较小的企业在自身满足组建物流联盟的条件时同样也可以组建物流联盟，这样将有利于中小企业学到先进的管理经验和提升自身的技术水平，但是这种运营模式，中小企业通常对联盟的控制力较弱，这制约了中小企业物流战略的实施。

(二)企业电子商务物流模式分析

电子商务物流模式是指企业开展电子商务工作选择什么样的成熟套路，即选择设计什么样的物流路径、技术、手段及方法，以使物流功能正好适应本企业客观实际。以下是常见的几种物流模式及其选择实现中应该注意的问题。

1.基于企业原有物流资源充分整合的共用物流模式

对于已经开展了一般生产制造的传统企业，可新建基于互联网的电子商务销售系统，利用原有的物流资源，承担企业电子商务的物流业务。一般而言，拥有较完善的流通渠道的传统制造企业，比其他的经营者更容易实现电子商务物流的运作开展。传统制造企业建立销售网络的倾向在20世纪90年代就表现得比较明显，从专业分工的角度来看，传统制造企业的核心业务是产品开发、设计和制造。但是，随着企业的不断发展进步，越来越多的制造企业具有了不断发展壮大的销售网络，而且还具有了覆盖整个销售区域的物流网络；同时，其营销人员与生产人员的比例也越来越高。比较而言，传统制造业企业的物流设施要比其他流通企业的物流设施先进，这些传统制造企业完全可以利用原有的物流网络和设施支持电子商务业务。并且，其电子商务系统可以和以前传统的业务共用一套物流系统。开展电子商务不需要新增物流、配送投资。对于这些企业来说，更重要的是在物流系统的设计，物流资源的合理规划等方面的投资。如浙江杭州佑康集团的电子商务，其物流业务与传统销售网络的物流业务共享资源、同步推进。

2.自营电子商务物流模式及其实现

自营电子商务物流模式是指由企业设计实施整个的物流运作过程。采取这种方式的投资需要十分谨慎，因为企业电子商务的业务与传统业务的物流是截然不同的两种形式，企业必须对电子商务自营物流所产生的风险进行严格的评估。在企业电子商务发展初期和物流、配送体系还不是很完善的情况下，不能把电子商务物流服务水平定位太高。

自营电子商务物流模式的实现比较适合于以下两种情况：

第一类是资金实力雄厚且电子商务业务规模较大的传统企业。电子商务在国内兴起的时候，国内的物流服务水平还远远不能满足电子商务发展的要求，但是疯狂的电子商务业务预期加上雄厚的资金，往往使这些企业产生自建物流体系的愿望，在一定的范围乃至全国范围内建立了自己的物流配送系统。例如早期的"E 国网络"，其 2001 年推出的"E 国 1 小时"配送服务让不少百姓体验了网上购物的好处，"E 国网络"因此也在购物网站一举成名。如何在提高物流配送时效和配送成本之间寻找平衡点，是困扰所有此类企业的难题。

第二类是建立了流通环节的传统制造企业。由于这些企业自身在长期的生产经营中已经建立起了初具规模的营销网络和物流配送体系，因此在进入电子商务时，希望通过改进和完善物流网络，来满足电子商务环境对物流配送的功能需求。例如上海的梅林正广和有限责任公司，自 2001 年起，公司管理层的思路开始往互联网方面推进，企业原有的物流资源已经发展到一定的地步，发展电子商务具有较好的条件。于是，企业积极依托其早期流通网络延伸建立物流配送子系统，和外部企业合作建立起了 B2C 电子商务平台，并实现了上海全市 24 小时全天候的无盲区物流配送。

总体情况看，自营电子商务物流模式的优点在于可以使企业的供应链更好地保持协调、简洁和稳定，其劣势在于投资巨大，而且需要较好的物流外部环境和电子商务物流管理能力。

3. 基于业务外包的第三方物流模式选择及其实现

第三方物流模式也叫物流外包，一般通过签订合同的方式，在一定期限内将部分或者全部物流业务委托给专业物流企业，其物流活动和配送工作由专业的第三方物流公司来提供。第三方物流公司一般不参与商品的买卖，而是提供从生产到销售整个流通全过程的物流服务，是建立在现代信息技术基础之上的新兴物流组织形式。

第三方物流最早产生于 20 世纪 70 年代的美国，由于市场竞争的白热化，物流作为联系客户和消费者的最后环节，其质量和水平直接影响到企业与客户的关系以及企业的市场地位。而传统制造企业很大一部分精力则都要花在技术研发和产品创新上，在物流系统的投资上，有可能不会花费很大的人力、物力和财力。因此，第三方物流就在这样的条件下产生了，并因其适应现代市场经济而得到迅速推广，目前已成为国内一种主流的物流模式。第三方物流的具体服务内容可分为两个部分：一是常规服务；二是增值服务。

第三方物流的常规服务是指提供物流的几大基本功能要素，如包装、仓储、搬运、装卸、运输、配送等服务。这些服务大都是完成与货物交割有关的服务，主要依靠现代化物流设备设施来完成,是劳动密集型的服务,具有标准化的特征。第三方物流的增值服务是指根据客户的需要,为客户提供的超出常规的服务,或是采用超出常规服务方法提供的服务。创新、超常规、满足客户特定需求是增值性物流服务的本质特征。增值服务主要依托完善的信息系统和网络,并通过发挥专业物流管理人才的经验和技能来实现。其中,由于增值服务主要依靠第三方物流企业的"软件",因此是技术和知识密集型的服务,可以提供信息效用和风险效用。此类服务融入了更多的精神劳动,能创造出新的价值。

第三方物流作为一个提高物流速度,节省物流费用和提高物流服务质量的有效手段,将提供更多定制化、个性化的增值服务,从而对传统制造型企业发挥越来越大的支持作用。与传统物流的运作方式相比较,第三方物流整合了多项物流功能,使得被服务的对象集中精力专注于自己的核心业务。第三方物流主要有以下特点:电子信息化、专业化、合同化、个性化等。

当然,基于以上的这些特点,第三方物流和自营电子商务物流相比,也有其不足之处。首先是第三方物流的成熟度问题。部分第三方物流公司规模较小,发展尚未成熟,缺乏合格的专业人才支撑。一旦这些物流公司获得客户,尽快完成合同的动力就会逐渐降低,考虑到市场扩张的问题,就会争取其他客户以获得更多利益,因此可能会导致服务质量的降低。另外,由于第三方物流是基于合同来履约的,缺少明确的服务规范标准已经成为导致传统制造企业采用第三方物流失败的重要因素。往往在第三方物流模式中,合同的规范性和双方如何来规定合同条款中的服务要求容易出现问题。其次,是传统制造企业使用第三方物流模式,容易受制于人。另外,企业不能直接控制物流职能;不能保证供货的准确和及时;不能保证顾客服务的质量,不能维护与顾客的长期友好关系;被服务企业的一些商业秘密也可能被第三方物流公司泄露等也成为第三方物流发展的重要制约因素。

4.基于内外资源整合的物流联盟模式设计及实施

电子商务物流联盟是一种介于自营和第三方外包之间的物流模式,可以降低和规避前两种模式的风险。物流联通是为了达到比独立从事物流活动更高的效率,使得企业间形成互相信任、共同承担风险、共同享受收益的伙伴关系。

传统制造企业与专业物流公司合作形成物流联盟,一方面,有助于传统制造业降低经营费用和风险,提高竞争力,还可以从物流伙伴处获得物流技术和物流管理技巧;另一方面,也使得物流企业有了固定的货源。例如厦华集团在国内某些地区已经全部取消原有的物流设计,而将这些地区所有的物流环节委托给有联盟性质的三联家电集团来解决。物流联盟模式运行后,厦华集团的网上销售不仅可以快速了解消费者的需求,还可以借助三联家电集团的销售网络进行市场拓展,降低企业交易和流通成本,提高市场运作率。

传统制造企业在进行电子商务物流联盟模式的设计实施时,要注意物流服务供应商的种类以及其经营策略,另外,要注意保持对物流联盟的合理控制能力,避免物流伙伴掌握客户资源后,占据支配地位。这一点和第三方物流模式所需要注意的问题大体类似。

(三)基于 B2B 和 B2C 的传统制造企业物流模式选择及实施

对于传统制造企业而言,其电子商务一般存在着 B2B 和 B2C 两种类别,其对应的物流模式选择实施存在不同的机理。

1.基于 B2B 的传统制造企业物流模式选择及实施

作为企业与企业之间的电子商务模式,从交易规模上看,B2B 电子商务交易始终居于主导地位。由于交易规模大,履约期限较长,个性化需求不特别明显,B2B 电子商务的物流模式选择相对要简单一些,但是在一些特殊行业,B2B 电子商务交易对物流服务也有特殊要求,对进出口企业,还有通关等要求。对于传统制造企业的 B2B,在选择物流模式时需要重点考虑两个因素:

第一,是企业电子商务物流服务辐射的主要区域。国内买家和国外买家的物流需求会有不同,不同服务区域可能会面临不一样的交通、储运等硬件条件。此外,服务区域的大小也需要有对应的物流保障。对服务于特定区域的企业,可考虑自建物流,因为 B2B 电子商务一般交易额度大,具有一定规模优势,有利于自建物流系统,为客户提供一对一的专业服务。

第二,是企业原有物流基础设备设施问题。不少老企业本身有较完善的物流网络,开展电子商务可以共用原物流资源。一些企业有部分物流设施,如仓库、配送中心等,条件合适同样可以自行组建物流系统。对规模较大、营销流通渠道发达的企业,可以利用原有流通渠道完成物流服务,不足部分可委托第三方物流代办处理,采用混合物流的形式。

2.基于 B2C 的传统制造企业物流模式选择及实施

B2C 电子商务是企业对广大消费者的商务模式,又称为电子零售,具有十分庞大的用户群。这种电子商务模式的特征是用户需求多种多样,个性化特征十分突出。B2C 电子商务的物流环节同传统商务大致相同,也包括装卸、检验、储存、分拣、包装、配送和物流信息管理等。由于网络中"零距离"特点,使网上虚拟物流与现实世界实际物流状况的反差增大,终端客户对产品可得性的心理预期加大,导致企业实际交货速度的压力变大,因而与传统商务不同的是,企业 B2C 电子商务能取得多大的成功很大程度上依赖于物流功能的强弱,即企业能否按照客户的要求以较低的成本在正确的时间将正确数量的正确物品送到正确地点。

从我国物流发展的大环境来看,我国物流技术落后、现代物流管理理念不强、社会化物流体系不健全、物流系统效率较低等,这些都制约了我国 B2C 电子商务模式的发展。近年来,随着物流产业的发展以及政府对物流产业的调整和投资,这一大环境将逐步得以改善,传统制造企业电子商务物流将面临更多的选择。

从企业来看,特别是传统制造型企业,由于历史原因而形成的物流网络建设滞后及物流服务水平较低,势必会对电子商务物流带来较大的影响。物流对 B2C 电子商务提出了全新的挑战。单从物流配送的角度来看,商品定购的随机性和分散性往往会导致配送的批量小、配送的频率高,这给配送路线规划、配送日程的调度、配送车辆的合理利用带来更大的难题,容易造成物流成本的加大和物流服务水平的降低;而且商品的在途损坏、丢失等一般难以避免;对于传统制造企业来说,售后服务尤其是退货问题以及由此带来的额外费用往往阻碍了其自身的发展。总的说来,随着物流外延的不断扩展,B2C 电子商务将不断面临新的问题。而能否低成本、高效率、快响应、少错发地实现物流的配送是企业 B2C 在新一轮网络经济大潮中发展成败的关键。

二、传统制造企业电子商务支付运作

电子商务支付也称为网络支付,是指以金融电子化网络为基础,以商用电子工具和各类交易卡为媒介,采用现代计算机技术和通信技术手段,通过计算机和计算机网络,以电子信息传递形式来实现资金的流通。

网络支付作为一种全新的支付结算模式,对传统支付结算方式的冲击很大。传统的支付结算是以手工操作为主,以银行的金融专业网络为核心,通过传统的通信方式例如邮政、电报、传真等来进行凭证的传递,针对现实货币的支付与结算。使用的支付工具,一般为支票、传单、现金等,都是有限的,虽然在安全性、认证性、完整性和不可否认性上都有较高的保障,但还是存在一些不足,例如效率低下、成本较高、技术落后等。作为电子商务的关键环节的网络支付,在电子商务的快速发展中越来越显示出其重要性。随着技术的进步和日益迫切的电子商务需求以及人们传统观念的革新,越来越多的安全、可靠的网络支付手段正不断地被研发和投入使用,网络支付相对于传统的支付更加便捷、成本更加低廉,而且对网络交易者来说更加方便。

(一)企业网络支付模式分析

网络支付由传统支付演变而来,借鉴了很多传统支付方式的应用机制与过程,只不过流动的媒介不同。传统支付使用的是纸质货币、支票等票据,大多数手工作业;而网络支付使用的是电子货币,一般是在网上作业。基于互联网平台的网上支付结算流程与传统的支付结算过程是类似的。熟悉传统的支付结算方式,比如纸质现金、支票、信用卡等方式的支付结算过程,将有助于对网上支付流程的理解。

以互联网为主要运作平台的网络支付方式有多种分类标准,随着电子商务的发展与技术上的进步,更多更新的网络支付工具被不断研发出来并投入使用,也会产生更多的分类:网络支付主要可按照以下几种方式进行分类。

1.按支付数据流的内容性质分类

进行网络支付时,用电子支票与用电子现金支付时在网络平台上传输的数据流的性质是有区别的。这跟用纸质现金支付和用纸质支票支付传递的信息性质不同一样,收到10万元现金给人的感觉是真的收到10万元,而收到10万元的纸质支票,给人的感觉是收到可以获得10万元的指令。同样,按照电子商务流程中用于网络支付的支付数据流内容性质不同,即传递的是指令还是具有一般等价物性质的电子货币,可将网络支付分为以下两类:

(1)指令传递型网络支付方式

支付指令是指启动支付的口令或书面命令。网络支付的支付指令是指启动支付的电子化命令,即一串指令数据流。支付指令的用户并不真正拥有货币,而是指令银行等金融机构替他转拨货币,完成转账业务。当然,支付指令的用户在银行等机构需要有转拨货币的权限。指令传递型的网络支付系统需要有电子支付基础设施作为基础,否则将不能实现。指令传递型网络支付方式又可分为银行网络转拨指令方式、信用卡支付方式等。

(2)电子现金传递型网络支付方式

电子现金传递型网络支付是指客户在网络支付时,在网络平台上传递的是具有等价物性质的电子货币本身,其本质是电子现金的支付结算机制。其原理是:用户可从银行账户中提取一定数量的电子现金,且把电子现金保存到一张卡(例如智能卡)或者用户计算机的某个软件中,这时,消费者就拥有了真正的"电子货币",他能在互联网上直接把这些电子货币按照相应的支付数额"电子货币"转拨给另一方。例如在互联网上使用智能卡支付、电子钱包支付、手机支付等,都属于这种网络支付方式。

2.按网络支付金额的规模分类

由于电子商务基于互联网平台进行,运作成本低,对于大中型企业、个人消费者等均比较适用。不同规模的企业及个体消费者的消费能力、网络上商品与服务的价格也是不同的,大到几十万元的汽车,小到一毛钱一条的短消息服务。

因此同一个商务实体针对这些不同规模的资金支付,也可采用不同的支付结算方式。按照电子商务中网络支付金额的大小来分,可将网络支付分为如下三类:

(1)微支付

商务的日益繁荣与互联网的广泛应用也使人们在生活或工作中经常发生一些微额的资金支付,例如从网上下载音乐,在网上发送短信,在线下载一篇学术论文等,由于成本、便利性的原因,为适应这些微小金额支付结算的要求,就需要有效的微支付方式。

微支付是指在互联网上进行的一些小额的资金支付,一般国内的标准是5元人民币以下。在我国,微支付已经逐渐流行,网上订阅、网上游戏等应用较多,这充分体现了网上支付的便捷与高效。当然,这种支付机制有着特殊的系统要求,在满足一定安全的前提下,要求有尽量少的信息传输、较低的管理和存储需求,对速度和效率要求则比较高。由于小额资金支付发生的频繁性,企业与银行建立一个良好的微支付服务体系将非常必要,也特别有利于电子商务业务的大众化。微支付应用模式目前存在着三种类型,即分别以商业银行、移动运营商和第三方支付商为主的微支付产业链。

①商业银行

虽然我国各类商业银行更注重大中额度资金的支付,但是大多数商业银行也已经开通了基于便利服务的个人网上银行业务,支付者可以通过申请在线转账功能的银行卡转移资金到同城或异地账户,来进行微支付交易。

其优点是效率高、安全可靠。直接利用网上银行支付,支付指令立即生效,收款人立即能得到收款确认;并且,经过加密数字签名处理的支付指令一般无法被未授权的第三方破解。其缺点是步骤繁琐,买方交易利益保障力度不足。付款人需要向银行申请个人认证,安装证书,并使用智能卡进行验证;银行不提供中介认证服务,买方无法确定卖方是否在收款后履行交易承诺。并且小额交易手续费相对来说也不便宜。

因此,总体上来说,目前通过商业银行的支付模式,在微支付领域里的使用是受限制的,它一般更适合于中等额度资金的支付,且付款人事先能够明确收款人身份,并能确立信任关系的情况,主要用于公用事业费用、房贷、学费等费用缴纳方面。

②移动运营商

是指移动运营商应用自己的支付平台,支持微数量金额的资金交易。其流程是移动用户通过手机发出交易指令,然后开始商务交易,交易资金包含在手机费用中,商家则直接从移动运营商处提现(通常移动运营商与商家有合作协议）。例如手机电子钱包卡支付彩信服务费就是这种方式的典型应用。

其优点是目前手机用户规模已经非常大，可以开通的微支付主体非常多。其缺点是移动运营商需要承担恶意欠费用户可能的坏账风险；商家若从事违法服务将影响到双方的品牌；同时，移动运营商一般要收取较高的渠道费（一般为10%～15%），商家难以接受。因此，移动支付模式的特点决定了其较适合几元到数百元资金的微支付。

③第三方支付商

第三方支付方式的微支付模式已经比较成熟，特别是以 eBay 业务为支撑的 PayPal，以阿里巴巴业务为支撑的支付宝，都已经发展到了相当的规模化程度。这种支付方式本质上是指交易双方均在第三方支付商提供的平台上开通账户，买方通过向自己银行账户充值后，就可购买任意商家产品并通过第三方的支付平台向卖方支付费用。整个支付链中，第三方支付起到了连接银行和买卖交易双方的作用，并为交易双方提供了资金结算中间公正人作用。

其优点是公正性相对更强。由于第三方支付平台扮演着中间人的作用，从直接利益看既不会偏袒卖方，也不会偏袒买方，这使得公正的交易支付成为可能。同时，服务费用较低，这对交易双方都有很大的吸引力。很多第三方支付都以免费的策略来占领市场，兑换一定数额的电子现金后，可避免每次交易都要支付银行网络交付手续费。另外，这种支付服务较为便捷，与传统现金以及储值卡使用方法相类似，易于国内消费者接受。其缺点是第三方支付商之间存在着流通壁垒。由于拥有众多的第三方支付商，这些第三方支付商之间的电子现金彼此不能互相流通，限制了交易的广泛开展；同时，作为中间资金转拨承担人，其资金是否截留或挪用也是个现实问题。

（2）消费者级网络支付

消费者级网络支付是指为满足个体消费者、商业机构、政府部门在经济往来中的一般性支付需求而建立起来的基于网络的小额零售支付系统。这种方式按照美国标准的支付金额是 5—2000 美元之间，中国标准的支付金额是 5—2000 元人民币。由于支付金额不大的一般性网络支付业务在日常商业事务中比重很高，故这类支付方式需求较大。同时，这类支付系统的后台必须具有极大的信息技术处理能力，才能满足批量支付的交易需要。支持这类消费的网络支付工具已经较为普及，常见的工具有信用卡、电子现金、个人网银账号等。

（3）商业级网络支付

商业级网络支付一般适用于大中额度资金转账结算使用，是指为满足一般商业、企业部门之间的电子商务支付需求的网络支付系统。这种网络支付的资金额度一般在 2000 元人民币以上。由于额度较大，从数量上看这种支付方式占据了整个网络支付金额总和的 80％以上,因此在国家网络支付体系中占据非常重要的地位。

综上所述,由于传统制造型企业开展的电子商务模式一般是 B2B 和 B2C,面对的网络支付主体一般是企业或普通消费者,因此其支付模式一般选择后两者,使用微支付的比例相对较小,这种特征决定了企业电子商务支付模式的选择策略。

(二)传统制造企业网络支付工具选择及技术实现

随着现代信息技术的广泛应用和推广,网络支付已经具有了较为安全可靠的技术,有力地促进了电子商务的快速发展。在网络支付工具的实现方式上,根据各国目前的使用情况,主要包括以下几种:银行卡、电子现金、电子钱包、网上银行、电子支票、智能卡等。

1.银行卡网络支付模式的选择及技术实现

银行卡是指由商业银行向社会公开发行,具有消费信用、转账结算、存取现金等全部或部分功能,作为支付结算工具的各类卡的统称,是商业银行签发的允许信用良好者据之赊购商品或劳务的身份证明卡。银行卡上一般印有持卡人姓名、卡号、有效日期等信息。为了加强保密性以及利用电子技术,银行卡的磁条上通常也记录了持卡人的账号等有关资料,这些资料可供 ATM、POS 机等终端鉴别银行卡真伪时使用。持卡人在约定的商店、消费机构购买或者享受服务进行消费时,只需要刷卡,然后经持卡人签字,商店、消费机构就可向发卡机构办理收款,持卡人与商店或者服务部门的资金结算由发卡机构完成。

银行卡根据性质不同可分为信用卡和借记卡。一般来说,信用卡可以进行透支,而借记卡不具备透支的功能。目前常用的银行卡网络支付,使用的是加密银行卡支付模式。简单加密的支付是现在常用的一种支付模式,在使用这个支付时,当银行卡信息被客户输入浏览器或者其他电子商务设备时,客户银行卡信息,例如账号密码等,就会被加密,作为加密信息通过网络安全地从买方向卖方和银行网络传递,这有利于网络支付过程的安全管理。

2.电子现金网络支付模式的选择及技术实现

电子现金是一种以数字形式流通的货币,它把现金数值转化为一系列的加密序列数字,通过这些序列数字来表示现实中各种金额的币值。用户在开展电子现金业务的银行开设账户并在账户内存钱后,就可以在接受电子现金的商店购物。当用户登录互联网网上银行,使用个人识别码和口令验证身份,就可以从银行账户中下载电子"硬币",这个时候电子现金就发挥作用了。这些电子现金被存放在用户的硬盘中,直到用户在网上商家进行购买支付为止。电子现金是电子货币的一种,而且是最近几年才研发出来的新型电子货币,是一种新的网络支付工具。在中国,仅有为数不多的银行提供电子现金服务,但是在国外,电子现金业务的发展已经比较常见。

目前电子现金的表现形式主要有两种,即预付卡式电子现金和纯电子形式电子现金。预付卡式电子现金与电话卡有些类似,但流动性更大。电话卡只能用于支付电话费,流动性相对小,而预付卡在许多商家的 POS 机上都可受理,常用于小额资金的支付。例如手机的充值卡,就类似于这种预付卡式的电子现金。第二种是纯电子形式电子现金,这种电子现金没有明确的物理形式,以特殊的电子数据形式存在,一般用于买卖双方在物理位置上处于不同地点、通过网络进行支付的情况。支付行为表现为把电子现金从买方扣除并传输给卖方,卖方可以继续应用或者去银行兑现。在传输过程中,通过加密保证只有真正的卖方才可以使用这笔电子现金。通常所提及的电子现金,一般是指纯电子形式的电子现金。

3. 网上银行网络支付模式的选择及技术实现

网上银行又称为网络银行(又称为 E-Bank),是指银行利用互联网技术,通过互联网向客户提供开户、销户、支付、转账、查询、汇款、信贷、网上证券交易、投资理财等服务。可以说,网上银行是互联网上的虚拟银行柜台。

网上银行按照服务对象可分为个人网上银行和企业网上银行。个人网上银行主要面向个人以及家庭服务,客户可以通过个人网银服务,实时完成查询、转账、汇款、缴费、网络支付、自助贷款、个人理财等功能。企业网上银行主要适用于企业和政府部门等企事业单位客户。企事业单位可以通过网上银行实时了解企业财务运作情况,及时在组织内部调配资金,轻松处理大批量的网络支付和工资发放等业务。对于电子商务的网络支付而言,一般企业的网银支付,涉及的是金额较大的支付结算业务,因此对安全性的要求很高。

个人网上银行的资金账号和客户的银行卡资金账号在技术和应用的本质上是一样的,都代表了一个用户的 ID。为了节省运作成本,方便银行管理与客户应用,目前国际上个人网上银行支付常常结合客户银行账号进行,即把个人网上银行的账号与个人银行卡的账号绑定集成在一起。我国目前个人网上银行用于网络支付结算时基本都如此。企业网上银行的网络支付与个人网上银行的支付类似,只是企业的网上支付通常涉及大中金额的资金转移等,采用的安全防护手段更多,更加安全。从技术角度看,企业网上银行的网上支付模式在客户前台是基于互联网平台,采用数字签名、数字证书等相关技术,以保证支付表单的真实性和有效性。该模式在银行后台则是基于金融专用网络来传递的,也是支付指令的处理方式。

4.电子支票网络支付模式的选择及技术实现

电子支票是纸质支票的电子替代物。电子支票通过将纸质支票改变为带有数字签名的电子报文,或利用其他数字电文代替纸质支票的全部信息来完成网络支付。电子支票与纸质支票一样通过数字签名技术和自动验证技术来确定其合法性、有效性。一般而言,电子支票上除了必须的收款人姓名、账号、金额和日期等信息外,还隐含了加密信息。电子支票通过网络直接发送给收款方,收款人从电子函件中取出电子支票,并用电子签名签署收到的证实信息,再通过电子函件将电子支票送到银行,把款项存入自己的账户。电子支票是网络支付中常用的一种电子支付工具。利用电子支票可以使传统支票的支付业务和支付过程电子化,提高工作效率。

同时,电子支票拥有借鉴纸张支票转移支付的优点。通过数字传递形式将钱款从一个账户转移到另一个账户。这种电子支票的支付是在与商户及银行相连的网络上以密码方式传递的,大多使用公用关键字加密签名或个人身份证号码代替手写签名。用电子支票支付,交易处理事务费用较低,而且银行也能为参与电子商务的商户提供标准化的资金信息,故而是最有效率的支付手段之一。

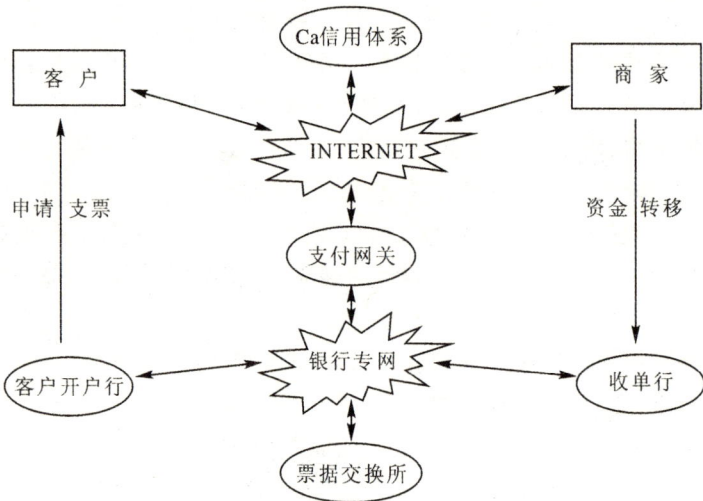

图 8-1 电子支票网络支付的基本流程

(三)传统制造企业网络支付安全管理

传统制造企业开展电子商务面临着复杂的网络支付安全环境,企业应在准确把握外部安全环境的基础上科学制定本企业的电子商务支付安全策略,并采取有效措施规避风险。

1. 传统制造企业网络支付所面临的安全风险

目前来说,传统制造企业电子商务网络支付面临的安全风险主要包括以下几个方面:

(1)互联网开放环境对网络支付所造成的安全风险

网络支付的技术环境是互联网,这是一个开放的系统平台,而不是像传统支付环境那样在一个较为封闭的系统中运行,这为支付安全留下了隐患。目前国内外从事互联网恶意攻击的黑客的发展趋势已经由早期简单的黑网页发展到现在的黑系统、黑平台的程度。黑客攻击的主要形式有传播病毒、木马攻击、网站恶意攻击、盗取机密信息、网络主机控制、资金盗窃转移、使系统瘫痪等。黑客通过技术手段窃取其中所保存的信息,如银行账号密码,就可以随意"取用"里面的资金。

(2)黑客攻击对网络支付所造成的安全风险

下面重点介绍几种常见的黑客攻击形式。第一是钓鱼网站。所谓"钓鱼",指黑客首先建立一个酷似支付官方网站的假网页,同时诱骗用户输入账号和密码。一般情况下,黑客在互联网上发布虚假信息和虚假连接,或者注册一个与官方网站地址相似的网址,或者通过群发"钓鱼"邮件,来引诱网络支付者上当。一旦用户上当受骗,在这些假网页上输入的账号以及密码信息就会直接被发送到黑客那里。第二是服务器攻击。是指黑客直接对金融网站服务器进行攻击,虽然这些攻击成功概率不会很大,但是一旦成功,其损失将不可估量。一般黑客会选择在入侵后,直接盗取资料,并留下后门或者挂载木马。例如 2006 年8 月中旬,光大证券网上交易系统就遭遇了"网银木马"。该木马一旦发现用户使用浏览器访问网上银行,就会弹出假冒的对话框,让用户输入网上银行的账号和密码。第三是屏幕录像和鼠标键盘动作记录木马。即通过后台运行的木马监视用户操作的计算机窗口,将用户访问网络的账号和密码记录下来,发送给黑客。第四是窗口伪装、线程注入攻击。国内曾经有一种网银木马,被称之为 Trojan. Banker. Win32. Banker. yy,这种木马能和病毒一样感染传播,并且产生多个变种。这种木马首先在常用的程序中注入一个 DLL(动态连接库),在表面上看不出任何破绽,在用户使用一般程序,例如计算机系统开机要执行的一些启动程序时,木马就开始运作,实施对用户信息的盗取。

其实,当前黑客攻击的手段远不止这些,还有弱口令破解、暴力破解、人工心理学等。网络支付的技术风险问题,是一个牵涉到很多方面的问题。网络支付环节非常多,包括客户端、电子商务网站、电子支付平台、通信运营商、银行金融机构等,环节众多,支付手段也是举不胜举,不断涌现。电子商务的实施,需要和金融、互联网、通信等领域主体互相配合,随着计算机安全技术的发展进步,人们总能找到对付黑客攻击的方法。

2.传统制造企业网络支付的安全管理手段及措施

实现网络支付对网络系统的性能要求很高,网络支付的支撑环境需要有较高的安全防护能力,但是仅有技术上的防范手段还远远不够,还需要人们从技术、管理等多视角开展工作。面对网络支付的安全风险威胁,除了不断完善网络支付系统的安全技术外,还必须花很大的精力加强网络支付的安全监管。光有技术手段还不够,还需要建立良好的管理机制。

(1)网络支付安全管理的一般手段分析

网络支付安全可以从以下两个方面着手:一是技术手段。通常由发卡组织、银行金融服务商、支付网络平台等提供,如访问控制技术,对称/非对称加密技术,数字签名技术,身份验证技术,SSL、SET 协议机制等。二是管理手段。其实,诸多不安全的网络支付影响因素,往往来自组织管理和人员管理等方面的失误。因此,网络支付工具的提供者必须为技术方案的实施建立完整的处理流程、操作规则和管理制度;针对可能出现的支付欺诈、争议、差错,网络支付工具的提供者必须提供行之有效的解决流程与处理方法;需要建立合理的责任分配,技术方案的安全性与消费者的信任可通过消费者、商家、支付服务商之间的合理分配得到加强;需要对消费者进行充分的培训和教育,增加其对潜在风险的认知能力,加强客户端的防范措施。

(2)传统制造企业加强网络支付安全管理的措施

网络支付面临着各种风险,用户、商家、金融机构等都需要抱着预防为主的心态,并采取针对性的安全防范措施,提高风险控制能力,尽可能避免网络支付安全事故的发生。安全管理措施主要应从支付服务商、银行金融机构以及客户两个方面考虑。

支付服务商、银行金融机构采取适当的安全管理措施非常必要。目前网络支付安全的问题已经得到了政府和金融界的高度重视,支付服务商、银行金融机构在提供网络支付平台时,应从以下几方面努力防范和化解网络交易系统的风险。

①加强网络支付系统的基础设施建设

从技术实施方角度看,提升网络支付安全水平首先需要制定正确的网络技术风险管理策略,对建设网络支付平台的技术方案进行科学论证并确保其信息技术安全可靠。其次,应该加大网上支付平台的技术投入,提高网络通信带宽和响应速度,建立灾备与恢复系统,增强抵御意外事故的能力。再次,应加快发展信息加密技术。最后,应采取有效措施防范病毒和黑客的恶意攻击,及时更新、升级防病毒软件和防火墙,提高计算机系统抵御病毒和外部网络攻击的能力,增强网络支付平台的保密性和完整性。

②强化客户安全意识

提高客户安全意识是防范网络支付系统风险的有效途径。首先,需要增加对客户的安全教育,在客户办理网络支付业务时,要重点介绍安全使用网络支付系统的知识。其次,要利用企业、行业媒体对网络支付系统的安全风险专题进行宣传报道,向公众介绍犯罪分子利用网络支付系统盗取客户资金的各种常见手段,提高客户防范意识和能力。

③加强内部管理

首先,要制定全面的网络支付系统的业务规程和安全操作规范,并根据业务和技术发展状况及时完善有关规范,确保及时发现并处理系统运行中出现的各种问题。其次,要建立完善的内部控制机制,合理分配各环节的权限,架构网络支付系统业务流程与权限互相制约的体系,加强对信息系统人员的监控。再次,要建立健全的激励约束机制,加强思想政治工作的开展,充分调动系统内部员工的积极性,减少和避免内部违规事件发生。

综上所述,网络支付的安全性除了要求银行、第三方支付服务商保证系统运营安全之外,用户也需要掌握正确的使用方法和注意事项。在当今电子商务飞速发展的时代,树立安全意识,正确使用网络支付工具,防患于未然,就可尽享网络交易的廉价与便利。当然,网络支付安全还是一项系统工程,不能仅仅靠客户和行业来解决,也需要依靠政府的支持和管理调控来解决。

第九章 高效开发传统制造企业网络客户资源

　　客户资源作为制造企业的一种重要外部资源,过去很少也很难得到有效的利用。随着现代信息技术的发展,特别是电子商务的广泛应用,制造企业不仅可以有效利用外部客户资源,而且利用外部客户资源将成为一种必需。从重要性角度看,客户是传统制造企业电子商务的核心资源。对于传统制造企业开展电子商务而言,将同时面临两种客户类别:原有的线下客户与网上新客户,需要重点解决五个问题:原有的线下客户的维持、线下客户的开发、线下客户向网络客户的转变、网络客户的开发、网络客户的维持。同时,传统制造企业电子商务客户资源开发与传统线下客户资源开发方法有明显的差异,为提高客户资源利用深度,数据挖掘、知识挖掘等现代技术已在传统制造企业电子商务客户资源开发中广泛应用。并且,为保持长久的良好关系,使客户对传统制造企业电子商务的情感、认识、行动等体验不断深化,企业需要进一步实施客户维持战略。

一、传统制造企业网络客户资源

　　传统经营模式下,企业更多关心的是内部的运作效率和产品质量,并以此来提高自身竞争力。但是,随着互联网的深入发展,电子商务正在改变各个行业的经营范式,企业之间的竞争也更加激烈,企业获得客户、保持客户、与客户建立良好的关系变得尤为重要。在电子商务背景下,以产品为中心的商业模式加快向以客户为中心的商业模式转变,客户资源对传统制造企业的核心作用不言而喻。

(一)客户是传统制造企业电子商务的核心资源

　　企业资源是指企业在向社会提供产品或服务的过程中所拥有、控制或可以利用的、能够帮助实现企业经营目标的各种生产要素的集合。从广义上来说,凡是能转化为支持、帮助和优势的一切物质和非物质都是企业资源。

　　企业资源一般包括内部资源和外部资源两个方面。内部资源由人力资源、物力资源和信息资源等构成;外部资源由企业环境、客户资源等构成。在传统制造企业电子商务应用中,客户资源是所有资源,如人力、资金、技术等资源中最重要的一种,因为其他一切资源的组织和利用,都是为了能满足客户的需要。

客户资源既可以理解为企业经济活动的主体,又可以看作一项独立的资源开发客体。因为在网络经济背景下,企业完全可以将客户作为企业产品开发设计甚至销售渠道建设的一个组成部分,同时也可以将客户作为一种外部资源进行深度开发。企业的客户和企业自身一样,是独立的经济主体,同样受经济环境的影响,其变化将同步地影响着企业的发展。客户资源有着自身的复杂性和不稳定性,对不同的影响因素都会产生不确定的反应。因此,客户资源的变化将对企业发展产生重要而又深远的影响。

电子商务的发展是推动客户资源成为企业核心资源的重要原因,而客户资源对于企业发展的重要意义也同样促进着其自身核心地位的形成。可以说,从企业的营销理念由"以产品为中心"转变为"以客户为中心"开始,客户资源在企业整体资源中的核心地位就逐步确立。

在电子商务背景下,传统制造企业通过先进的通信设施和管理方法,可以更好地接触终端用户,直接与客户打交道,了解第一手的客户信息;同时,企业可以更深入地开发利用客户资源,在资源挖掘基础上调整企业生产经营理念和模式,创造更多的客户价值,促进企业发展进步。

(二)电子商务背景下传统制造企业客户资源类别及其特征

在电子商务背景下,企业一般不会只满足于原有的销售模式和渠道,通常都会奉行"两条腿走路"的理念,实行传统营销和电子商务双管齐下,在稳固原有模式的同时,积极尝试和开展电子商务。这样,企业将开始拥有更广泛的客户资源:传统线下客户与网络客户。原有的线下客户依然是重点开发维护对象,网络新客户作为企业新的发展动力同样不容忽视。于是,原有的线下客户的维持、新的线下客户的开发、线下客户向网络客户的转变、网络客户的开发、网络客户的维持这五个方面就成为客户工作的主要内容。这就要求企业能够准确把握线下客户与网络客户的特点,采取更为全面、灵活的客户管理方法。下面分别从这两种客户的特征出发,深入分析电子商务背景下的传统制造企业客户资源。

1.传统线下客户的特征

与网络客户相比,线下客户作为企业的传统客户资源,在非网络背景下开发难度相对较大。其特征可从客户开发成本、客户转移成本、客户价值构成等角度开展分析。

客户开发成本指的是企业为寻求产品购买者或分销商而进行的一系列活动所需的投入。传统形式的客户开发需要业务人员经过反复地搜集整理信息，并且与客户进行深入沟通交流。这其中不乏宣传、差旅、通信等方面的费用，需要花费相当的人力、物力、财力等。

转移成本是客户为更换产品与服务供应商所需付出的各种代价的总和。转移成本不仅包括客户经济上的支出，也包括时间和精力上的花费。转移成本包括直接成本、机会成本和沉没成本三个方面。其中直接成本是指从客户的立场出发，寻找新的产品或服务供应商、建立新的企业客户关系以及购买必要的新产品、洽谈和协商等所需要的投入。机会成本是指由于选择一种方案而放弃另一种方案的机会损失，是客户在转移供应商的情况下，所损失的当前关系中的潜在利益。沉没成本是客户在使用产品、接受服务以及建立和保持客户关系的过程中，所付出的不可取消的各种投入。转移成本是针对客户而言的，选择更换供应商所支付的代价越高，即客户的转移成本越高，客户对当前产品的忠诚度也相对要高。在传统制造企业电子商务应用中，客户如果选择更换供应商，那么就必须寻求新的产品和服务，这其中还要经过筛选信息，尝试新产品以及为建立新的合作关系而做的一系列复杂工作，耗费的资源也比较多。很明显，由于传统模式的信息弱势，线下客户如果选择转移供应商，就必须有较多的转移投入。

客户价值是客户对产品属性效能以及使用结果的感知和评价。客户价值的构成一般包括价值和成本两个方面。价值的构成要素则包括产品价值、服务价值、人员价值、形象价值。成本的构成要素包括货币成本、时间成本、精力成本。在顾客价值的构成因素中，产品价值的差异越来越小。因此，增加客户价值的核心方法更多地集中在改善服务上，通过优化服务来提高客户价值。企业若真正重视客户价值，就必须真正站在顾客的角度来看待产品和服务。同时，客户价值在衡量产品对客户的效用度的同时，也体现着企业的社会认可程度。传统的线下客户由于沟通渠道较为单一，客户服务多样化和个性化程度也相对较低，因此客户价值往往还处于较低的层次。

2. 网络客户的特征

传统制造企业网络客户资源开发成本要远远低于线下。无论是从客户开发渠道，还是后期的客户关系维系均如此。这是由于传统制造企业可以借助于互联网的优势，通过电子邮件、论坛、虚拟社区等渠道开发客户资源，这大大降低了客户开发成本，进而降低了企业的交易成本。传统制造企业可以通过互联网进行广告宣传及市场调查，构筑遍及全球的营销网络，这大大改变了市场准入、品牌建设等规则，建立起无中间环节或少中间环节的销售渠道。这种基于互联网的销售渠道可以避开传统销售渠道中批发、零售等中间环节，使生产商与消费者直接接触，既减少了中间商的利润环节，又与客户进行直接接触，为进一步的客户维系和开发打下了基础。

在传统商务模式下，由于受到地域的限制，制造企业所面对的市场是有限的，而利用互联网进行商务活动则使企业可直接面向更大的市场，有时甚至面对的就是全球市场，并能够针对全世界每一个用户服务，可为企业赢得更多的潜在客户。在电子商务背景下，传统制造企业的网络新客户将为其发展带来新的契机。借助多种网络媒介，企业可拓宽客户开发渠道，并打破原有的地域限制，加快信息传递速度。同时，网络客户的开发过程比线下客户开发要简化许多，从而大大降低客户开发成本。

在客户转移成本方面，传统制造企业的网络客户的转移成本更低，也就是说网络客户更难维系。网上的客户在购买时更理性，因为不受时间和空间的限制，客户有更多的精力可以随意在网上浏览他所需要的产品，货比多家，如果发现一直打交道的商家在产品质量或价格上不合适，就可以立即更换合作伙伴。这与网络销售可以通过网络展示商品的质量、性能、价格及付款条件等不无关系，有助于消费者较全面地认识商品及服务，增加商品的信息透明度。

对于传统制造企业来说，老客户是一种可再利用的资源，电子商务的发展为顾客提供了方便的购买渠道，顾客选择网络购物一定程度上是因为交易过程简单快捷，足不出户便能浏览大量的商品信息，因此节省了大量的时间成本。但是，这种便捷也同样降低了客户转移成本，线下客户由于信息不对称使得顾客需要花费较大的成本才能转向其他商家，而网络客户只要鼠标一点就能轻易地转向其他商家。当一个客户突然舍弃你的产品或服务而转向你的竞争对手时，必然有其内在的原因。一方面可能是在网络环境下客户转移成本降低了，这给了顾客更多的选择余地；另一方面则可能是企业在客户维系方面尚有欠缺，需要改进。

在客户价值构成方面，同等的商品质量和企业形象，通过网络媒介，客户可以有更便捷的购买方式。在电子商务背景下，一方面，用户可以根据个人偏好，通过互联网在线描述自己对产品的要求，向生产企业订制产品；另一方面，企业通过互联网开展网络商务的同时，也为网民了解企业信息提供了新的机会。因此，电子商务能更多地满足顾客的需求，服务客户的程度相对提高，客户的满意度也就相应提高了，从而使产品获得更高的客户价值。

综上所述，传统的线下客户与网络新客户有着明显的不同（见表9-1）。所以，在我国传统制造企业电子商务应用过程中，应充分了解不同客户的特点，努力把握内在联系和规律，这样才能合理并充分发挥电子商务的作用。

表 9-1　传统的线下客户与网络客户对比

分析角度 客户类型	客户开发成本	客户转移成本	客户价值
线下客户	高	高	低
网络客户	低	低	高

二、传统制造企业网络客户资源的开发

传统制造企业网络客户资源开发与传统线下客户资源开发在方式、内容和技术方面有明显的差异，前者的关键是找到符合网络文明的开发方法和手段。其中，数据挖掘是传统制造企业网络客户资源开发的热门开发技术，客户粘连是传统制造企业网络客户资源开发追求的方向。

(一)传统制造企业网络客户资源开发与传统线下客户资源开发方法比较

客户资源开发，即了解客户的深度需求，具体如他们喜欢什么，喜欢到什么程度，为什么喜欢，愿意用什么方式、什么时间、什么代价得到，并根据企业的能力考虑怎么满足他们的需求。

传统制造企业客户资源的开发主要通过传统媒介的广告宣传扩大客户群、用户试用让客户对产品放心、价格优惠使客户得利这些方法去获得新的客户。

一般而言，传统线下客户的来源主要有以下五种：一是通过老客户介绍新客户，在已有的客户中挖掘新客户。客户如果对本企业信任并认可企业产品，那么他们可能会向他的同行好友谈及甚至是推荐该企业及其产品。这是因为，客户长期处于某一地区某一行业，那他对自己的同行很清楚，甚至比业务员更有效判断自己同行好友是否需要这类产品。当然，在拓展渠道时，这个方法更有效。二是地毯式拜访开发法。对准客户比较集中的地区采取逐个拜访的方式获得客户资源。基于网络和影像技术的普及，可以收集准客户的名称并记下地址，回来利用网络初步查询相关信息，挑出匹配度高的准客户陌生拜访。三是工作生活日积月累法。工作生活日积月累法，也叫缘故法。工作中，碰到的每一个人都可以试图询问并得到准客户信息。各种类型的企业在展会和沙龙等活动中，都可以获得客户。企业圈子、同行业圈子都可以从有效的交流中挖掘潜在客户。四是中心开花法。中心开花就是先将行业中有影响力的人物或企业变成自己的客户，从而使得整个行业开始关注并接纳你。如果攻克了行业中有影响力的客户，新客户可能会更容易接纳你。新客户开发过程中，企业往往被问及公司与哪些客户合作过，这就是客户希望通过你已拥有的客户判断你

的公司作为一个供应商的素质和能力。五是亲朋好友介绍法。这种方法主要通过自己身边的亲朋好友介绍去认识特定的客户人群,是一种通用的方法,也是一种非常管用的方法。这种方法的特定要求是亲情、友情,只有在特定的社会文明情况下这种方法才比较管用。

总体上看,传统制造企业与客户沟通的时候无外乎当面交流、电话、传真、信件等传统方式,这些方式不仅耗费大量的时间和人力财力,而且所需的时间比较长,实时交互的效果也不好。

随着电子商务的不断发展,新的基于 B2C 和 B2B 的商务活动给企业带来新的竞争优势,为吸引、保留现有客户,要求提供更快捷、成本更低的商务运作模式,并保持发展与客户的密切关系。传统制造企业创造性地开展电子商务业务,可以为企业提供新的业务增值,提升客户的满意度与忠诚度,保留现有客户。

在电子商务活动开展之后,企业客户资源的开发有了新的方法。企业有许多新的客户资源开发方法,如电子邮件、搜索引擎、网站导航、超链接、网络广告论坛 BBS、博客、微博等,并且还可以应用数据模型、知识挖掘等工具和现代信息技术方法进行深度开发。

传统制造企业在运用网络方式开发新客户时必须要注意沟通方式。由于网络的特定背景,企业与网上客户沟通初期双方往往处于完全陌生的状态,一般仅靠邮件和网络交流工具来进行,这使得双方的信任程度大大降低。而传统的客户沟通往往是面对面的,很多的传统客户还是较熟悉的人,相互之间的信任关系已经建立起来了,即便是陌生的客户,掌握了好的营销技巧的人也可以很快与客户建立起信任关系。但是,网上客户资源开发就缺乏这样的优势,所以在与网上客户交流的时候,就更需要注意诚信问题,要通过大量数字、文字、图片、案例等辅助信息展示企业信用,让诚信的"品牌"逐步建立起来。同时,网络不仅改变了信息的传递方式、加快了信息的传递速度,而且还简化了企业的客户服务过程,使企业向客户提交与处理客户服务的过程变得更加方便快捷。

企业实施电子商务,不仅有利于信息发布,增加企业知名度,保留现有客户,而且随着企业电子商务业务的深入展开,还可以提供更多有价值的增值服务,这必然会吸引更多的客户加入企业电子商务服务系统,带来新的客户。从本质上讲,通过开展电子商务,无论新客户还是老客户都能从企业建立的电子商务服务活动中得到特定的价值,产生新的业务增值,降低成本,企业与客户间形成买方、卖方及服务提供商的电子商务生态系统。

表 9-2　传统制造企业网络客户资源开发与传统线下客户资源开发方法比较

分析角度 客户类型	新客户开发 的途径	客户沟通 方式方法	新技术应用	效　率
传统线下客户	客户介绍 地毯式访问 工作和生活中积累 中心开花 亲朋好友介绍法	当面交流 电话 传真 信件	通信技术 电话、传真等	低
网络客户	电子邮件 搜索引擎 网站导航 超链接 网络广告论坛 BBS 博客、微博	传统方式 电话 电子邮件 互联网	通信技术 网络技术 虚拟社区 信息技术	高

(二)基于数据挖掘的传统制造企业网络客户资源开发

在电子商务背景下,企业可以建立数据挖掘系统,并通过它收集和研究市场、销售、服务和各类信息资源,对客户进行全方位分析,从而理顺企业资源与客户需求之间的内在联系,提高客户满意度并减少客户流失率。同时,通过获取并分析与客户交流数据,从整体角度认识客户,达到精准销售目的,从而增加获利能力。如传统制造企业客户服务人员对待同一客户时可能是不同的工作人员,但通过网络客户服务系统,服务人员在接听电话之前可自动迅速调用客户服务记录作为参考,充分掌握客户信息,尽量用同一工作人员面对客户,从而实现对客户的关怀和个性化服务,提高客户的满意度。

数据挖掘(Data Mining,简称 DM),简单地讲就是从大量数据中挖掘或抽取出知识。数据挖掘在学术界有不同的界定方法。一般认为数据挖掘就是指从大量的、不完全的、有噪声的、模糊的、随机的实际应用数据中提取人们感兴趣的知识,这些知识一般是隐讳的、事先未知的、潜在有用的信息。数据挖掘是企业电子商务客户资源开发的重要方法之一。

常用的数据挖掘方法有五种。第一种是关联分析法。即从给定的数据集中发现频繁出现的项集模式知识。例如,某商场通过关联分析,可以找出若干个客户在本商场购买商品时,哪些商品销售率较高,进而可以发现数据库中不同商品的联系,进而反映客户的购买习惯。第二种是序列模式分析法。它与关联分析相似,其目的也是为了控制挖掘出的数据间的联系。但序列模式分析的侧重点在于分析数据间的前后(因果)关系。例如,可以通过分析客户在购买 A 商品后,必定(或大部分情况下)随着购买 B 商品,可用来发现客户潜在的购买倾向。第三种是分类分析法。即找出一组能够描述数据集合典型特征的模型,以便能够分类识别未知数据的归属或类别。例如,银行可以根据客户的债务水平、收入水平和工作情况,对给定用户进行准确的信用风险分析。第四种是聚类分析法。即从给定的数据集中搜索数据对象之间所存在的有价值联系。在商业上,聚类可以通过顾客数据将顾客信息分组,并对顾客的购买模式进行描述,找出他们的特征,制定针对性的营销方案。第五种是孤立点分析法。孤立点是数据库中与数据的一般模式不一致的数据对象,它可能是收集数据的设备出现故障、人为输入时的输入错误等。孤立点分析就是专门挖掘这些特殊信息的方法。例如,银行可以利用孤立点分析发现信用卡诈骗,电信部门可以利用孤立点分析发现电话盗用等。

1. 基于数据挖掘的传统制造企业网络客户资源挖掘步骤

传统制造企业电子商务客户资源挖掘通常包括以下几个步骤。

（1）需求分析

只有确定需求,才有分析和预测的目标,然后才能提取数据、选择方法。因此,需求分析是数据挖掘的首要步骤。数据挖掘的实施过程也是围绕着这个目标进行的。在确定网络客户的需求后,应该明确所要解决的问题属于哪种应用类型,是属于关联分析、分类、聚类及预测,还是其他应用。应对现有网络客户资源如已有的历史数据进行评估,确定是否能够通过数据挖掘技术来解决网络客户的需求,然后进一步确定数据挖掘的目标和制定数据挖掘的计划。

（2）建立数据库

这是数据挖掘中非常重要也非常复杂的一步。首先,要进行数据收集和集成;其次,要对数据进行描述和整合。一般的数据主要有四个方面的来源:网络客户信息、网络客户行为、生产系统和其他相关数据。这些数据通过抽取、转换和装载,形成数据仓库,并通过 OLAP 和报表,将网络客户的整体行为结果分析等数据传递给数据库用户。

（3）选择合适的数据挖掘工具

如果从上一步的分析中发现,所要解决的问题能用数据挖掘比较好地完成,那么需要做的第三步就是选择合适的数据挖掘技术与方法。将所要解决的问题转化成一系列数据挖掘的任务。数据挖掘主要有五种技术:分类、估值预测、关联规则、聚集、描述。前三种属于直接的数据挖掘。在直接的数据挖掘中,目标是应用可得到的数据建立模型,用其他可得到的数据来描述感兴趣的变量。后两种属于间接的数据挖掘。在间接的数据挖掘中,没有单一的目标变量,目标是在所有变量中发现某些联系。

（4）建立模型

建立模型阶段的主要任务是选择合适的方法和算法对数据进行分析，得到一个数据挖掘模型的过程。一个好的模型没必要与已有数据完全相符，但模型对未来的数据应有较好的预测。需要仔细考察不同的模型以判断哪个模型对所需解决的问题最有用。如决策树模型、聚类模型都是分类模型，它们将一个事件或对象归类。回归是通过具有已知值的变量来预测其他变量的值。时间序列是用变量过去的值来预测未来的值。这一步是数据挖掘的核心环节。建立模型是一个反复进行的过程，它需要不断地改进或更换算法以寻找对目标分析作用最明显的模型，最后得到一个最合理、最适用的模型。

（5）模型评估

在模型评估阶段，为了验证模型的有效性、可信性和可用性，需要选择最优的模型，以便对模型进行评估。可以将数据中的一部分用于模型评估，来测试模型的准确性、模型是否容易被理解、模型的运行速度、输出结果的速度、实现代价、复杂度等。模型的建立和检验是一个反复的过程，通过这个阶段的工作，能使数据以用户能理解的方式出现，直至找到最优或较优的模型。

（6）部署和应用

这个阶段的任务是将数据挖掘的知识归档和报告给需要的群体，根据数据挖掘发现的知识采取必要的行动，以及消除与先前知识可能存在的冲突，并将挖掘的知识应用于应用系统。在模型的应用过程中，也需要不断地对模型进行评估和检验，并做出适当的调整，以使模型适应不断变化的环境。

2. 基于数据挖掘的传统制造企业网络客户资源开发方法及实现

应用数据挖掘技术，可以对传统制造企业网络客户资源进行有效开发。

（1）网络客户数据搜集与存储

网络客户资源开发的第一步工作是搜集网络潜在客户数据。实现潜在客户数据的有效挖掘的基本条件是将搜集到的客户数据以一致的模式存储，建立网络客户数据仓库。重点做好两个方面的工作：一是网络客户数据搜集。所搜集的网络客户数据按类型可以分为客户信息数据、客户需求数据、客户行为数据和客户反馈数据。通过电子商务的注册和服务过程不断积累。二是构建数据仓库。数据挖掘在集成、一致、经过清理的数据上才能更好的实现，因此要进行数据清理、变换、集成、装入等处理，以建立一个整合的、结构化的数据仓库。

（2）客户特征和群体分类

在网络客户数据收集与存储基础上，积极进行网络客户特征分析。其中心是针对数据仓库中的网络客户数据，采用多种数据分析和挖掘方法，如关联分析、序列分析等，对传统制造企业电子商务客户特征进行分析，挖掘网络客户的隐形信息需求,获得对网络客户与电子商务交互活动所必需的关键性特征,并预测网络客户的未来行为。网络客户的特征主要包括客户的身份特征、客户的需求特征、客户的行为特征等。通过网络客户特征的分析和提取,传统制造企业可以与网络客户建立一种一对一的、差异化的、个性化的学习型关系。即根据网络客户行为不断加深对其的了解,针对其特殊需求相应调整网站的访问模式和结构,以及自己的经营策略和行为。

然后,对网络客户群体进行精细分类。对网络客户的特征进行分析的主要目标还在于对具有相似特征的网络客户建立模型,进行网络客户的有效分类和聚类,建立层次结构,为不同类型的网络客户提供不同的服务方案。网络客户的分类还便于分类识别或预测未知客户的归属。

(3)面向网络客户生命周期的数据挖掘

客户的生命周期一般包括三个阶段:客户的获取、客户的保持和客户的流失。由于网络的虚拟特殊性,网络客户的保持、流失和注册的数量有很大差异,网络客户放弃该网站并不一定注销客户,所以更应该注重网站的访问信息。网络客户资源管理的主要目标是要最大限度地延长网络客户的生命周期,防止客户的流失。

如何做好网络客户的获取工作呢?电子商务网站要在竞争日益激烈的环境中生存发展就要不断获得新客户,维持老客户,而当客户数量不断增加,客户数据信息不断增多时,就要依靠数据挖掘。利用数据挖掘揭示新客户的行为习惯,生成预测模型,预测发现一些在不同情况下有相似行为的网络客户,进行分析,筛选出可能的潜在网络客户,并据此有效增加服务推广效应,把潜在网络客户和这些客户感兴趣的资源和服务系统地结合起来,为每一个网络客户提供主动化、个性化的服务,把潜在网络客户转化为正式客户。

如何做好网络客户保持并防止流失呢?网络客户流失的主要原因是服务不到位,包括自身的缺陷和其他网站提供新服务的影响。一般来说,网络客户的保持涉及三个过程:首先,利用数据仓库中的信息和数据挖掘技术识别、分析和评价网络客户为什么流失?哪些因素导致网络客户流失?网络客户流失的风险在何处?从而明确潜在的流失客户群体。其次,识别其中有价值的网络客户,如消费频率较高的客户。最后,分析网络客户的行为模式,如付费历史等,有针对性地采取相应的服务措施,如奖励等,提高网络客户的忠诚度,保持网络客户。

(三)基于客户粘连的传统制造企业网络客户资源开发

客户粘连通常通过粘连度来衡量。粘连度是一个网络的概念,是指用户在一个网址停留的时间。客户粘连度本质上是指让客户对某项事物产生依赖感，在该项事物没有消失的情况下，希望能更好地使用下去。一般情况下，这些事物对客户都触发过很好的效益，包括精神上和物质上的。现在很多网站或者一些购物商场等时常会推出一些促销或者活动，让客户获得优惠的同时，增加回头率，使自己的用户群加大。

深入地看，客户粘连度是客户对产品及企业的联系程度，即客户由于对企业的产品或服务的满意而产生的忠诚。具体表现为客户重复购买某个指定品牌产品，并向他人介绍该品牌的倾向。著名营销大师菲利普·科特勒认为，客户满意是指"一个人通过对一个产品的可感知效果（或结果）与他的期望值相比较后，所形成的愉悦或失望的感觉状态"。客户满意的程度越高，则对商家的忠诚度也越高。客户忠诚度可细分为行为忠诚、意识忠诚和情感忠诚。行为忠诚是指客户实际表现出来的重复购买行为；意识忠诚是指客户在未来可能购买的意向；情感忠诚则是指客户对企业及其产品的态度，其中包括客户会积极地对其周围人士宣传企业的产品。

对于传统制造企业来说，提高客户粘连度已经成为维护和发展客户资源，争取市场的重要策略。首先，提高客户粘连度能够降低企业成本支出。Rosenberg 和 Czepiel 的研究表明，吸引一个新顾客所耗费的成本，相当于维持一个老顾客的 6 倍。由此可见，提高客户粘连度能为企业带来明显的市场竞争优势，能大幅降低企业的经营成本。其次，提高客户粘连度可以保持企业的老顾客，提高企业利润率。哈佛大学教授赛萨研究结果表明，企业客户粘连度增加 5%，企业利润则可相应增加 55%。由此可见，提高客户粘连度对企业的利润有着巨大的影响。再次，提高客户粘连度还是公司开拓新市场，赢得新顾客的重要力量。一项对欧洲 7000 名消费者的调查报告表明，60% 的被调查者认为，他们购买新产品或新品牌是受到家庭成员或朋友的影响。对企业服务满意的老顾客经常会接受企业的服务并对企业保持较高的忠诚度，他们不仅自己总是购买企业的产品和服务，而且还会将企业的服务推荐给他周围的相关群体，为企业建立起良好的口碑。

在网络环境下，企业可以借助互联网加强与顾客的沟通，了解顾客的需要，尽量减少顾客的交易成本，为顾客提供更好的服务，从而达到提高客户粘连度和忠诚度的目的。研究表明，影响客户粘连度的主要因素有：顾客满意、服务质量、转换成本、社会规范、情景因素、顾客价值、传统文化及其他因素等方面。结合这些因素，可以考虑从以下几个方面提高传统制造企业网络客户粘连度。

1. 精心设计，提升网络客户的购物体验

所谓的体验就是企业以服务为舞台、以商品为道具进行的令消费者难忘的愉快活动。产品、服务对网络客户来说是外在的,体验是内在的、存于个体心中,是网络个体在形体、情绪、知识上参与的所得。网络客户购物体验是网络客户根据自己与企业的互动产生的印象和感觉。网络客户对企业的印象和感觉是从他开始接触其广告、宣传品,或是第一次访问该公司就产生的,此后,从接触到企业的销售、产品,到使用企业的产品,接受其服务,这种体验得到了延续。因此,网络客户购物体验是一个整体的过程,一个理想的网络购物体验必是由一系列舒适、欣赏、赞叹、回味等心理过程组成,它带给网络客户以获得价值的强烈心理感受;它由一系列附加于产品或服务之上的事件所组成,鲜明地突出了产品或服务的全新价值;它强化了企业的专业化形象,促使网络客户重复购买或提高网络客户对企业的认可。因此,传统制造企业应精心设计网络购物流程和购物服务,以提高网络客户整体体验为出发点,注重与网络客户的每一次接触,通过协调整合售前、售中和售后等各个阶段,各种网络客户接触点,或接触渠道,有目的地,无缝隙地为网络客户传递目标信息,创造匹配品牌承诺的正面感觉,以实现良性互动,进而创造差异化的网络客户购物体验,以最终提升企业价值。

2.精准定位,提供个性化的网络客户服务

在电子商务环境中,只有上网主动搜索商品信息的人才是真正意义上的网络消费者。所以企业应该识别自己的目标顾客,针对他们的需求制定相应的宣传广告和营销策略。为网络客户提供个性化的服务,一方面改善了服务质量,有助于提高网络客户的满意度,同时也间接地提高了网络客户更换商家的转化成本,因为各个商家提供的服务不尽相同,这使得网络客户即使通过便利的网络去寻找另一家一模一样的商家也变得相当困难。

3.提供便捷服务,减少网络客户的时间交易成本

客户上网购物图的就是方便,所以电子商务网站一定要从如何方便客户购买为出发点进行设计和规划,让客户更容易完成交易。同时企业的业务流程也要进行适当的调整,建立以客户为导向的新业务流程,并且完善物流方面的建设,让客户定购的商品尽快到达他们手中。除此之外,企业要对网络客户的网上购买行为尽快作出答复。根据 Genesys Telecommunications Laboratories 发布于 2003 年 6 月初的一项对发送过电子邮件的被调查者所作的调查报告,61%的顾客期望在 24 小时内得到回复,期望在 4 小时及 1 小时内回复的分别为 16%和 6%。由此可见,如果网络客户未能在 24 小时内得到答复,很可能要转向其他商家。

4.消除顾虑,提高网络客户对商家的信任程度

许多客户在选择在线商家的时候,最看重的是该商家是否值得信赖。网络客户的信任来自多个方面,从产品的角度来讲,如产品的质量、价格等;从交易的过程来看,如网上支付安全、个人隐私安全等。所以商家不仅要保证产品和服务质量,还要加强对网络客户的责任心,投入足够的人力和物力,加强硬件上的建设,从技术上保证网上交易的安全,还要保护网络客户的个人隐私,不能私自将他们的个人信息透露给其他机构。

5.建立网络社区,加强与网络客户的沟通

网上社区通常是具有相同兴趣或话题的人在网上所建立的一个虚拟社区,在这里大家可以彼此进行交流。对于企业来说,要亲近身在四面八方的网络客户,建立一个网上社区无疑是非常好的一种方式。网络客户可以在这个虚拟社区里交流自己使用其产品的体会,或提出一些使用中所遇到的问题以求商家进行解答。马斯洛的需求层次理论告诉我们,人不仅有生理和安全需要,而且还有社交需要、尊重需要和自我实现的需要。网络社区恰恰给予了网络客户社交和被尊重的满足,所以能够增加他们对商家的忠诚度。不仅如此,网络社区还能够吸引一些新的网络客户参与进来,尤其是那些想尝试该产品却仍犹豫的潜在网络客户。他们极需要这样一个社区来了解产品和服务的质量。

三、传统制造企业网络客户资源维护

网络客户资源维护是指保持网络客户对企业电子商务的情感、认识和行动等方面维持良好的关系。网络客户作为一种核心资源,维护工作不可小视。开发网络客户资源是企业发展的动力,而维护好网络客户资源是企业发展的保证。研究表明,流失老客户比开发新客户对企业的损失更大,所以维护老客户的工作对企业来说十分重要。只有将老客户维护好,才能在稳定的环境中开发新客户,实现客户资源的优化配置。

(一)传统制造企业网络客户资源维护对客服的要求

随着电子商务的不断发展,网络营销作为电子商务的一项基本内容,为网络客户开发乃至整个网络客户资源管理提供了强大的动力。实质上,网络营销的内涵是传统市场营销学的拓展和延伸,是市场营销学在网络环境的新发展。但是,网络营销和后续维护与发展需要一定的渠道和平台来支撑,而网络客户服务人员(目前网络工作环境下一般简称为客服)正是这一支撑载体。

网络客服是基于互联网的一种客户服务工作,是网络购物发展到一定程度细分出来的一个工种,主要是通过聊天工具,在线上和买家实时交流,跟传统商店售货员的工种类似。网络客服的工作内容可以很广,但是主要是引导客户购物,消除客户的不满情绪,提高网络客户购物体验。网络客服可以分为销售客服和管理客服,销售客服主要负责售前、售中、售后的引导和服务,管理客服主要负责销售以外的网络客户沟通和服务。可以说,网络客服不仅是网络营销的主要载体,更贯穿于电子商务的整个过程。随着信息化时代的不断推进,网络客服这一新兴的职业将越来越被人们广泛认识和接触,为整个社会的经济发展做出特别的贡献。

同时,在传统制造企业电子商务业务发展过程中,要维护网络客户资源,就必须重视网络客服的作用,因为几乎所有的客户沟通工作都是由网络客服来完成的。也就是说,一般情况下,与客户打交道的都是网络客服人员。客服人员的言行就直接代表了企业的态度,是企业文化的一种表现和传递。所以,维护网络客户资源首先要培养符合企业要求的高素质网络客服人员。

和其他工种一样,一个合格的网络客服人员,必须具备从事这一职业的各种条件。首先,要有一定的文化基础和思想政治素养。文化基础是从事网络服务工种的必要条件,只要有一定的文化,掌握相应程度的知识,才能从事网络服务工作。如果一个服务人员对网络客户的问题一无所知,也难以理解,那么所有的沟通都只是无效的。其次,要有足够的专业技术和能力。网络客服需要具备一定的计算机知识,能够熟练操作计算机,并了解所属企业的产品情况,能够将自己的知识运用到工作中去。要根据客户的要求,结合企业的营销原则,最大限度地推销产品,实现利润。再次,要有适合客户服务人员的性格。一个服务人员,工作的重点就是为客户提供尽可能多的帮助,让顾客在了解、购买、使用产品的过程中,感受到企业的客户责任感。所以,网络客服人员应该有一颗热情的心,对客户的问题,及时给予答复和建议,这样才能使客户感到被尊重和重视。同时,还要在语言方面注意用辞,给客户充分的理解,真正将客户放在"上帝"的位子上,坚持把服务放在第一位。

(二)基于网络生态的传统制造企业网络客户沟通艺术

当网络生活在人们的日常生活中占据的比重越来越大的时候,网络环境的好坏也逐渐被人们重视起来。网络生态系统就是在这样的背景下逐步形成的。当客户坐在电脑前上网时;自身所处的客观物理空间和网络里数字化的虚拟空间(即赛伯空间)同时被我们感知。在赛伯空间中,我们以另外一个自我的形态工作、学习、生活和相互交流,各种社会机构也以数字化的表现经营、成长并相互竞争或合作,所有这些要素相互作用就构成了一个全新的生态系统,即网络生态系统。网络生态系统的组成分为"网络环境"和"主体群落"两部分,网络环境是网络生态系统的基础,包括一切构建网络的硬件环境和软件环境,也可以说是网络资源和网络工具的组合；而"主体群落"则是作用于网络环境中的行为主体，主动性、意识性及目的性是主体群落的行为特征，"主体群落"包括个人主体和机构主体。

网络生态实现的基础是人类生存的现实空间的生态机制，但是因为网络空间与现实空间不同的特质，使得网络生态呈现出不同于第一生存空间生态的特征。网络空间没有第一生存空间各种物种共生的事实存在，没有自然环境对实体存在的限制与约束，相对于第一生存空间政治体制、法律制度、社会风俗、经济环境、自然环境对人类的限制约束，网络空间具有隐匿性、开放性、自由性特征。因此网络空间里的个体呈现出更自由、更开放的特征。

基于网络生态系统的以上特征，传统制造企业在发展电子商务的过程中必然要同步跟进相关的客户服务，传统的客户沟通方式已经不能适应新的网络生态环境。企业电子商务客户沟通正逐步呈现出快速高效、多样化和任意性等特点。电子商务给人们生活带来的方便与快捷在网络客户沟通过程中尤为明显。因为网络是极端开放的市场，网络客户在瞬间就可以找到你的竞争对手，所以，时间就是金钱，争取时间快速反应是网络客户沟通的关键点。凭借网络媒介，企业与网络客户之间的沟通也不再局限于人员的面对面交流，聊天工具、电子邮件、网络电话、专业网站等都是可选的沟通方式，这为电子商务提供了随时随地任意沟通的条件。同时，沟通渠道的多样化也使沟通内容更加丰富性，通过网络图像、声音、文字等可以在企业和网络客户之间传递。

要实现有效的客户沟通，必须规范客服的沟通方式，使其掌握一定的沟通技巧。首先，沟通要选择有利的时机，采取适宜的方式。沟通效果不仅取决于信息的内容，还要受环境条件的制约。影响沟通的环境因素很多，如网络舆情事件、商业变革、沟通双方的关系、社会风气和习惯做法等。所以，沟通者应对网络环境和事态变化非常敏感，在不同情况下要全面考虑相关的因素，采取不同的沟通方式，抓住最有利的沟通时机。时机不成熟不要仓促行事；贻误时机，会使某些信息失去意义。其次，良好的口才有助于事业的成功，客服在与顾客交流时，要注意管好自己的口，用好自己的口，要知道什么话应该说，什么话不应该讲。忌争辩、忌质问、忌命令、忌炫耀、忌直白。要理解并尊重顾客的思想与观点，采取谦虚和蔼的态度，不直接否定客户的观点。再次，真诚的倾听也是有效沟通的重要组成。沟通是各方的互动，参与者都要发表自己的观点，并聆听其他人的观点。这里的聆听不是简单的听就可以了，需要把对方沟通的内容、意思把握全面，这才能使自己在回馈给对方的内容上，与对方的真实想法一致。例如，有很多人属于视觉型，在沟通中有时会不等对方把话说完，就急于表达自己的想法，结果有可能无法达到深层次的共鸣。

除了把握有利的时机,适时表意和认真聆听以外,还要注意在对客户的表述中,应结合实际情况和客观形势,尽量从客户的利益出发进行沟通,这样不仅能增强说服力,而且能提高客户对企业的服务和企业文化的满意度。在向客户提出问题的时候,要礼貌友好,并尽量考虑全面,以真正了解客户的要求,防止信息不全面而导致的产品不符合顾客要求。

同时,客服还应加强对网络生态的跟踪学习,紧跟网络时代潮流,尽量用一种最新的网络潮流和生态文化来与网络客户交流互动,这样不仅容易和网络客户产生心灵的共鸣,而且可以强化企业品牌和价值观的推广,有利于企业的长远发展。

基于传统制造企业电子商务活动的特点,客服除了应用传统的交流方式技巧外,还应通过网络图片、动画、声音、文字、电话、邮件、视频、即时通信软件等进行,客服在网络沟通的时候要注意用温暖的词汇,给顾客一个好的心情,并能综合运用好的动画或图片表达对客户的诚意。这些沟通技巧所反映出的网络沟通艺术才是促进传统制造企业网络生态环境健康发展的基础。

沟通是一项艺术,不同的情况下需要注意的方面有很多。网络将客户带到企业门前,该如何把握,如何把客户引入企业的大门,还需要客服人员下更多的功夫,多学习、多看、认真体会。同时,每个客服人员还应该结合自己的个性和语言特征,研究思考符合自己特点、富有个性、又能解决实际问题的沟通方法,培养自己的风格和特长,将客服工作变成一种乐趣、一种时尚和文明,并从重复工作中得到成就和快乐。

第十章 有效培育传统制造业网络品牌

传统制造企业网络品牌是线下传统品牌的改进、延伸与创新。本章从品牌理论研究出发,首先分析提出网络品牌的概念、挑战及经济学规律,然后论述了传统制造业的网络品牌与传统线下品牌的关系及发展,接着探讨了传统制造企业网络品牌的特征及形成机理,并在机理分析基础上对传统制造企业网络品牌形象设计的方法和内容进行了探讨,最后对传统制造企业线上线下双轨品牌的风险及管理、建设策略进行了总结提炼,形成了较系统的传统制造企业网络品牌理论体系。

一、网络品牌理论演进

(一)品牌的基本理论

1.品牌的内涵

美国市场营销协会提出,品牌是一种名称、术语、标记、符号或设计,或是它们的组合运用,借以辨认某个销售者或某群销售者的产品或者服务,并使之与竞争对手的产品和服务区别开来。

奥美广告公司创始人大卫·奥格威认为,品牌是一种错综复杂的象征,它是品牌属性、名称、包装、价格、声誉、广告方式的无形总和。

"智揽"趋势品牌顾问认为,品牌就是印象集合,客户对品牌的所有印记,都是由不同传播接触引致的印象点组成的。

营销大师 Philip Kotler 认为品牌的内涵包括六个层次:属性层,品牌具有的特定的物质属性;利益层,品牌的属性给客户带来的功能和情感利益;价值层,品牌应该体现其制造商的某些价值观;文化层,品牌象征着一定的文化;品牌个性层,品牌代表着一定的个性;品牌使用者层,品牌体现了购买或使用产品的人是哪一类客户。

总体上看,国内外学者对于品牌的认识可分为五类:特征符号说、综合说、客户关系说、品牌资产说和品牌形象说。这五种品牌的界定明显有着较大的差别。作者认为,仅以品牌的名称、标志、标识、包装设计等视觉上来区别于其他产品的因素显然是不够的。品牌不仅仅只是在视觉上的统一以及在标识上的区别,它还是一种品牌概念自内而外的传播以及整体传播带给客户的心理感受,它包括品牌产品、服务的展示带给客户的外在的可见属性以及企业本身所传达出来的价值观和社会观等。

总之,品牌的构成是多层次的,不仅包括以文字、图案、符号等直接承载的名称、标志、标识、包装设计等,还包括以人文、价值观等间接承载的质量、服务、知名度、美誉度等。

2.品牌的特征

尽管品牌有不同的界定和实战表象,但品牌一般都具有以下的特征:

(1)是品牌的无形资产特征。品牌是有价值的,品牌的拥有者凭借品牌能够不断地获取利润。并且品牌的价值又是无形的,它必须通过一定的载体来表现自己。品牌价值有时已超过企业有形资产的价值,如阿迪达斯的无形资产是其有形资产的数倍。

(2)是品牌的个性化特征。品牌个性是客户所感知的品牌所体现出来的一套独特的个性特征。如百事可乐,反映出的就是有朝气的、年轻的、外向的个性特征;耐克反映的是运动的、粗野的个性特征。我国一些知名品牌中,品牌个性也很突出。如"娃哈哈"象征着一种幸福、安康、一种希望;中国红豆集团以"红豆相思"的文化内涵吸引着众多的顾客。

(3)是品牌的专有性特征。品牌的专有性也常被称排他性,是指产品一经企业注册或申请专利等,其他企业就不得再用。产品可以被竞争者模仿,但品牌却是独一无二的。品牌在其经营过程中,通过良好的质量、优质的服务建立良好的信誉,这种信誉一经客户认可,很容易形成品牌忠诚,它也强化了品牌的专有性。

(4)是品牌的客户中心特征。对于品牌概念的认识存着以下误区:品牌是企业的,与客户无关。事实上,现代品牌理论特别重视和强调品牌是以客户为中心的,没有客户,就没有品牌。品牌的价值体现在品牌与客户的关系之中。

(5)是品牌的竞争工具特征。当企业能够提升客户的忠诚度,使其信赖公司的产品和服务,并且通过品牌持续地保持着与客户的这一关系时,客户的购买行为更多地是基于品牌而不是产品、服务或者其他方面了。可见,品牌是企业进行市场竞争的重要工具,品牌经营是企业经营的重要内容。

3.品牌的功能

品牌的功能包括如下几个方面:

(1)品牌是客户识别产品的标志。品牌诞生的目的是使品牌拥有者的产品或服务区别于其他竞争对手的产品或服务。品牌设计应具有独特性,品牌的图案、文字等应具有显著的个性特征而区别于竞争对手,突显本企业的特征。不同的品牌代表着不同的品质、不同的文化或精神内涵,通过品牌,客户可以认识、区别、选择产品或服务。

(2)品牌体现企业的核心价值观。核心价值是承诺给客户,并被客户认知的功能性、情感性和自我性,品牌可以向客户传递企业的核心价值观。客户通过使用产品形成的良好品牌形象记忆,会影响其后续的购买决策。在目标客户群体中进行企业核心价值观的宣传,使客户认知企业与产品的核心价值,促进重复购买,形成品牌忠诚。因此,企业应为自己的品牌提出良好的核心价值,以使品牌及产品在客户心中形成特殊的品牌形象。例如听到肯德基、星巴克等,人们就会联想到他们的品质、口味、用餐环境等方面的特点。

(3)品牌是企业质量和信誉的保证。品牌是企业形象的代表,品牌有助于企业自我监督、提高产品质量,也是公共监督企业产品质量的重要手段。企业创立一个品牌要经过长期不懈的努力,才能在客户心目中树立牢固的信誉。要维护品牌形象,必须不断地巩固和提高产品质量。从企业的角度讲,品牌也是企业自我监督的重要手段。企业设计品牌、创造品牌,培养品牌的目的是希望它能成为名牌,因此必然自觉地在产品质量和售后服务等环节上下功夫。

(4)好的品牌能为企业带来高额利润。好的品牌拥有好的信任度和忠诚度,能够提高企业声望、扩大产品销路、提高产品差异性,并且能够有力地支撑新产品上市,是企业在竞争中取胜的有力武器。企业可以为品牌产品,尤其是名牌产品,制定相对较高的价格,而这部分相对高出同类产品价格的部分会给企业带来额外的高额利润。

(二)网络品牌对传统品牌理论的挑战及经济学探源

1. 网络品牌的概念之争

网络是一个新兴媒体,网络品牌的诞生还是近些年的事,目前无论是学术研究还是实践领域都未对网络品牌形成统一的界定。

唐晟媚(2009)提出,网络品牌是指通过网络这一载体,以品牌的核心价值为原则,在品牌识别的整体框架下,选择广告、公关、销售、人际等传播方式,将品牌的产品、服务、文化理念等推广出去,以建立品牌形象,促进市场销售。

舒伟(2007)认为,网络品牌是指区别于竞争者的,拥有大量稳定的访问客源,形成竞争优势的网络标识。

黄婧(2008)认为,网络品牌是在互联网作为一种大众媒介兴起之后,以互联网作为首要平台,并且通过这个平台来提供其服务或者商品的品牌模式。互联网品牌无法脱离互联网而独立存在。

项昱(2009)认为,一方面,品牌网络形象是企业在互联网这个平台上,通过宣传、服务等行为来塑造品牌形象;另一方面,品牌网络形象是品牌形象在网络上的延伸,是社会公众对品牌一切网络行为与表现总体的、抽象的、概括的认识和评价。

张俊安(2006)认为,网络品牌就是企业依托互联网而建立的企业品牌。这个概念有两个方面的含义:一是它是企业利用现代信息技术、依托互联网建立起来的品牌,是网上品牌;二是网络品牌区别于互联网下企业的既有品牌,即网下品牌。

罗锦宇(2005)认为,网络品牌是指企业通过各种网络传播手段,如通过建立企业网站、进行网络广告、建设虚拟社区等,以此在网络上塑造的具有一定知名度的品牌。

作者认为,网络品牌是指通过线上线下品牌建设渠道,在用户中建立起来的、存在于互联网平台的品牌。由于网络的特殊性,网络品牌除了有名称、标志、标识、包装设计等文字、图案和符号性直接承载载体,和产品质量、服务、知名度、美誉度等人文、价值观性间接承载载体外,还包括网络域名、LOGO、IP、网站PR值等直接承载性载体,和包括企业网站粘性、网站技术、网站商业模式创新等有网络生态文化特征的间接承载性载体。

2.网络品牌对传统品牌理论的挑战

尽管传统品牌理论的大部分内容仍适用于网络品牌,但是我们在深入分析网络品牌基本规律的基础上,可以发现网络品牌有许多独特之处,一些传统品牌理论已不再适用于网络品牌,一些重要的品牌理论可能发生变化。

(1)品牌建设的动力理论将发生变化,网络品牌建设对资金投入的依赖性明显减小

传统的品牌建设动力理论认为,品牌建设最重要的是大量的人力、财力、物力的投入,特别是资金的投入。在传统经济背景下,没有大量的资金投入不足以建设品牌;一些知名经济学家甚至提出品牌是大中型企业的,中小企业没有品牌可言。传统的线下用户也接受这样一种理论,没有大量的资金投入就证明没有实力,当然一般也就建不好品牌;有时候,这种投入甚至主要通过电视广告的投放来衡量。但是在互联网背景下,这种理论可能得以颠覆,网络品牌建设的动力将主要是智力投入,重点是商业模式的创新,依托的是知识团队的电子商务智慧活动,品牌动力源泉明显发生变革。

（2）品牌载体理论将发生变化，网络品牌的间接载体作用更加明显，直接载体功能将弱化

前文提及，传统的品牌载体一般包括直接载体和间接载体，直接载体有名称、标志、标识、包装设计等文字、图案和符号，间接载体有产品质量、服务、知名度、美誉度等人文、价值观内容。传统的品牌建设必须依靠这些载体来表现、展示和实现。但是，在互联网背景下，网络品牌不仅在直接载体内容上发生变化，而且在间接载体内容上也发生了深刻的变化。网络品牌将更加倚重网络域名、LOGO、IP、网站 PR 值等直接承载性载体和企业网站粘连性、网站技术、网站商业模式创新等新内容，在内容和倚重程度方面都有变化。

（3）品牌的生命周期理论将发生变化，品牌生命周期阶段将更加模糊

从品牌的发展阶段看，一般包括品牌孕育期、品牌幼稚期、品牌成长期、品牌成熟期、品牌衰退期等五个阶段。由于网络品牌的基本动力是知识活动而不再是资金，一些特殊的创新产品可能由于适应了网络需求，很快进入成长期或成熟期，存在跳过或跨越品牌孕育期、品牌幼稚期的可能，至少在这个阶段的时间可能大大缩短。并且由于网络品牌不确定性影响因素较多，品牌周期各个阶段的辨识较为困难。

（4）品牌发展的渠道理论将发生变化，传统的品牌渠道将受到第四大传媒——互联网的极大挑战

根据品牌传播理论，传统的品牌需要依靠报纸、广播、电视和书籍、杂志、电影等传统大众媒体传播，没有这些大众媒体，再好的产品也无法形成品牌效应。但是，第四大媒体——互联网的出现，大大改变了品牌的传播渠道，依托互联网的品牌传播内容和效果正逐步超越传统媒体。传播模式也发生了变化，传统传播模式是单向传播，而在互联网中传播模式变成了双向、实时交互的模式，从而大大增加了品牌体验的效率和效果，促进了品牌建设进程。

3. 网络品牌的经济学探源

（1）网络品牌的生产函数理论

以 Q 表示网络品牌的产出，即网络品牌效果，则网络品牌的生产函数就可以表示为：

$$Q = f(x_1, x_2)$$

其中，x_1 表示网络品牌建设过程中企业投入的网络资源，包括硬件设备的投入、软件系统的投入以及系统的维护费用等。网络资源初期投入比较高，一旦投入使用，在使用期内只有维护费用是可变的。x_2 表示网络品牌建设过程中企业投入的品牌识别资源，它是企业为了让客户获取企业信息的投入。

网络资源的投入是一次性的，它对品牌的影响也是一次性的。一个企业的

网站一旦建立起来,那么,整个软件和硬件系统对品牌的影响的变动不大。研究网络品牌的效果,主要还是研究企业对搜索资源的投入,即品牌识别资源。在网络上让客户了解企业的品牌信息是需要付出成本的,发布企业的信息有很多的方式,一般而言随着发布方式的有效度的提高,企业付出的成本也会增高。

尽管网络品牌的生产函数与传统的生产函数从形式上看几乎一致,但实际上两者存在较大的区别。传统的生产函数中,随着生产要素投入的增加,产出值先是上升,在达到最大产出值后,生产要素投入继续增加,产出值反而下降。但是网络品牌的生产函数却不同,随着要素投入的增加,产出值也在上升,但由于边际产量的降低,上升的趋势会趋缓,但是由于边际产量非负,产出值不会下降。

(2)网络品牌的边际报酬理论

边际报酬是指既定技术水平下,在其他要素投入不变的情况下,增加一单位某要素投入所带来的产量的增量。一般而言,边际报酬是递减的,即在一定的生产技术水平下,当其他生产要素的投入量不变,连续增加某种生产要素的投入量,在达到某一点以后,总产量的增加额将越来越小。边际报酬递减的原因是:由于可变生产要素和固定生产要素之间存在一个最佳的组合比例,当未达到最佳组合比例时,随着可变要素投入量的增加,边际产量增加;当到达最佳组合比例时,边际产量达到最大;当超过这个最佳组合时,边际产量开始减少;当边际产量降为 0 时,总产量达到最大值。在传统制造业中,存在边际产量为负的情况。但网络品牌的产出没有最大值,其原因是网络品牌销售过程中边际报酬不会到达负值。网络品牌的边际报酬不为负是由于网络信息时代的信息资源的特点所决定的。

首先,是新技术不断出现。摩尔法则、基尔德法则、麦特卡夫法则在经验数据的基础上反映了信息技术的发展,新技术的发展速度使得传统边际报酬理论中关于技术水平不变的假设条件不再适用。

其次,是信息资源的无限性特征。当互联网跨越空间将各地的人们方便地连接到一起时,人们体会到一种从未有过的方便,相互间的交流日益频繁。与自然资源的有限性不同,信息资源是取之不尽用之不竭的。

最后,是信息资源配置的帕累托改进。福利经济学对资源配置的观点是,在某一资源配置状态,任何的改进都不会因为一个人的效用水平的提高而可能造成其他任何人的利益受到损害,这种资源配置状态的改进也叫"帕累托改进"。对于网络信息资源,一个人对资源的消费不会影响任何其他人对信息资源的消费,也就是说,一个人效用的提高不会造成其他人效用的改变。所以说,网络信息资源在配置的过程中始终存在帕累托改进,达不到帕累托最优状态。

所以,企业用于品牌识别的网络信息资源的投入所产生的边际报酬始终不为负,总产出始终处于上升状态。

(三)传统制造业的网络品牌与线下品牌

1.传统制造企业网络品牌的定义

根据美国网络对话以及国际商标协会的调查,在网络使用者中,有 1/3 的使用者会因为网络上的品牌形象而改变其对原有品牌形象的印象,有 50% 的网上购物者会受网络品牌的影响,进而在离线后也购买该品牌的产品,网络品牌差的企业,年销售量的损失平均为 22%。这说明,网上购物品牌非常重要,网络品牌的传播、网络品牌形象的塑造已成为企业亟需解决的重要问题。

传统企业在进入电子商务的过程中,需要同时处理好网络品牌和线下品牌的建设问题。因此,需要理清网络品牌与线下品牌的关系,界定传统制造企业的网络品牌。

本书作者认为,传统制造企业网络品牌的内涵是指以企业线下品牌为基础、以互联网传播载体、以网站平台建设、网络服务提供和网络宣传推广为创建手段、以域名、网站等为记忆形式的一种区别于竞争对手的网络形象。网络品牌是企业整体品牌的一个部分,是企业线下品牌形象在网络世界的改进、延伸和创新。

2.传统制造企业网络品牌的本质

由于传统制造企业的产品一般是工业实物类产品,不是数字信息类产品或其他服务类非实物产品,因此传统制造企业网络品牌往往是在现有线下品牌基础上发展壮大而成,与原有线下品牌有着天然的关系。传统制造企业网络品牌在本质上是线下品牌形象在网络世界的改进、延伸和创新。

(1)传统制造企业网络品牌是线下品牌在网络中的改进

网络不仅为企业线下品牌的传播提供了宣传渠道,更重要的是网络可以赋予企业品牌更多的内涵。线下品牌必须认真思考在网络上拓展或延伸品牌的方法,了解客户的兴趣和上网习惯,积极寻求更多的方式建立与目标客户的联系。除此之外,企业还应该充分利用网络的优势条件,向客户提供更佳的品牌体验,与客户建立起更为亲密的关系。这将是企业塑造网络品牌的重要规则,也是网络品牌塑造与传统的品牌塑造最大的区别。在网络环境下互联网提供了海量信息,客户不再被动地接收企业的信息,还能更主动地去选择接收的信息。如何在众多纷繁复杂的产品信息海洋中脱颖而出,吸引客户的兴趣和持续关注,这对企业网络品牌建设而言是一个巨大的挑战。所以网络品牌不仅是对企业线下品牌形象的简单继承,而应是改进。传统制造企业应根据网络生态发展方向,积极塑造、改进原有的品牌形象和内容。

(2)传统制造企业网络品牌是企业线下品牌在网络中的延伸

品牌最大的价值在于形象塑造。它不只是市场部门或者是广告代理商为企业所塑造的形象,而是所有顾客认知的总和,是企业提供并由顾客使用的产品、服务以及感受三者的总和。互联网是企业塑造和推广品牌的一个渠道,而不是重建另一个品牌。对于任何一个企业而言,品牌只有一个(企业品牌而不是产品品牌),企业必须集中全力,充分整合线上和线下的渠道及资源的优势,去打造一个强势品牌。企业应努力促进网上网下品牌的统一,保持企业形象在网上网下的一致性。所以企业网络品牌应是线下品牌在网络虚拟世界中的延伸,两者的目标一致:都是企业整体形象的创建和提升。因此,企业网络品牌的创建不是打造一个全新的品牌形象,而是在原有品牌基础上低成本、快速、高效地在网络上延伸品牌内容。

(3)传统制造企业网络品牌也是线下品牌的创新

尽管传统制造企业实物产品的网络销售模式已经得到了网络用户的逐步认可,但是,传统制造企业面对网络市场、网络产品、网络经济的巨大诱惑,面对工业产品的低利润、高成本、高风险与网络服务类产品的高收益、高利润的鲜明对比,再加上服务类产品低资源消耗、低环境污染而享受的国家产业优惠政策,传统制造企业的业务范畴向微笑曲线两端延伸的好处和必要性将被认识。传统制造企业在对原有品牌进行网络改进、延伸过程中,会研究开发服务类产品,创新商业模式,实现对线下品牌的创新。

3.传统制造企业网络品牌建设对传统线下品牌的推进作用

传统制造企业网络品牌不仅会对线下品牌实现改进、延伸和创新,还会对线下品牌的个性、价值体验和传播途径等方面产生深刻影响。

(1)传统制造企业网络品牌丰富了线下品牌的个性内涵

个性是网络时代的特征,品牌个性也是企业品牌竞争的核心。只有让产品成为品牌,并成为有个性的品牌,即品牌个性化,才能使企业的产品脱颖而出,独树一帜。美国营销大师奥格威在品牌形象论中,就明确地指出,"最终决定品牌的市场地位的是品牌本身的性格,而不是品牌间微不足道的差异"。互联网环境具有在时空、速度、服务上的个性化,这为品牌的个性化提供了一个全新的平台,成为这个网络时代更好满足客户个性化需求的载体。在互联网环境下,由于网络的交互性,使得品牌内涵的传递由传统的单向传递变为企业和客户的双向互动。客户可以通过网络平台参与到产品和服务的开发过程中,在提升产品个性的同时提升企业的品牌个性。借助于网络平台,向客户提供独特的价值,把客户当作参与者,在交互体验中逐步形成自己的品牌,从而丰富品牌的个性内涵。这种交互不仅体现在产品设计的参与上,还体现在情感的交流上。

(2)传统制造企业网络品牌提升了线下品牌的价值体验

客户的品牌体验是客户对品牌形成直观认识、认同品牌价值和形成品牌忠诚的重要环节。客户的品牌体验贯穿于企业和客户接触的任何一个节点,这些体验不仅仅体现在产品和服务本身的价值上,也体现在产品的销售前后企业为客户提供的相关服务上。互联网环境为网络体验创造了得天独厚的条件,通过客户对品牌的体验过程,客户在体验中感知、记忆和认同企业的品牌价值。网络环境下企业可以利用网络平台为客户提供更全面、快捷和个性化的服务。

一是企业可以通过互联网平台为客户提供超时空的方便服务。互联网环境突破了传统营销在时间上和空间上的限制。在时间上,通过互联网可以提供全天候的 24 小时服务,用户可以根据自己的时间安排接受服务,即使客户深夜想到异地旅行,也可以立即用鼠标在网上查询订票信息。在地点上,利用互联网技术,可以实现远程服务和移动服务。

二是企业可以通过互联网平台提供更具特色的服务。企业通过互联网平台,利用一些智能软件技术可以为用户提供专门服务,用户可以根据自己的需求,选择自己需要的服务,帮助企业实现与客户一对一沟通,提供一对一的个性化服务。如你到 Dell 公司的网站购买 PC 机,你可以自己设计,然后由 Dell 公司根据你的要求迅速组装,改变了"企业提供什么,用户接受什么"的传统方式,变成了"用户需要什么,企业提供什么"的新方式。

三是企业可以利用互联网平台提供给客户最新、最丰富的信息。信息传播是网络最具特色的功能,企业可以利用互联网平台为客户提供各种各样的信息服务,包括产品信息、企业文化信息、服务信息和与品牌相关的各种信息。如汽车制造公司在它的网站上细致地描述生产流程,提供每种车型的具体说明。在网上,一个品牌通过提供有用、可看的信息,直接影响客户的购买过程。

(3)传统制造企业网络品牌拓展了线下品牌的传播途径

在品牌识别的整体框架下,企业可选择广告、公关、销售、人际等传播方式,将特定品牌推广出去,以建立品牌形象,促进市场销售。品牌传播是企业品牌核心价值实现的重要途径,是企业满足客户需要,培养客户忠诚度的有效手段。通过品牌的有效传播,可以使品牌为广大客户和社会公众所认知,使品牌得以迅速发展。同时,品牌的有效传播,还可以实现品牌与目标市场的有效对接,为品牌及产品进占市场、拓展市场奠定宣传基础。品牌传播是诉求品牌个性的手段,也是形成品牌文化的重要组成部分。互联网被称为"第四媒体",在传播的速度、范围和方式上都有着独特的优势,这将加快传统线下品牌的传播速度、扩大品牌传播范围。

二、传统制造企业网络品牌的特征及形成机理

(一)传统制造企业网络品牌的特征

与传统品牌相比,网络品牌有很多优势特征:

1. 网络品牌具有创新性

摩尔定律和基尔德法则说明了互联网技术更新的速度越来越快,网络品牌必须要适应这种高速的技术创新,才能跟上网络市场发展的要求。除了技术的创新之外,网络品牌更需要内容的创新、理念上的创新。由于互联网市场越来越成熟,仅仅靠技术是不够的,还需要发掘最有价值的商业模式,创新开发最具有吸引力的服务内容。例如阿里巴巴,率先发现网络在电子商务 B2B 领域内的应用,如今它已经成为国际 B2B、B2C 电子商务知名品牌。互联网上瞬息万变的特征决定了网络产品只有掌握最新的发展趋势才能比别人抢得先机。

2. 网络品牌具有虚拟性

网络品牌建立在虚拟的数字空间里。企业的电子商务运营是在虚拟平台上进行的,网络用户活动及网络认知过程大部分是以虚拟数字形式存在的,这决定了网络品牌具有虚拟性。即使是传统制造企业产品,尽管产品可能是实体的,但是产品的交易活动主要是基于网络的,产品与服务所传递的理念、文化、价值观等更多地以虚拟形式出现。网络品牌的载体域名、LOGO、IP、网站 PR 值等也更多是以虚拟形式出现。

3. 网络品牌具有更好的客户互动性

在互联网环境下,企业与客户间的信息的传播不再是以往那种单向的传播模式,而是转变成为企业在网络上发布信息、客户主动上网选择信息的"双向推拉"模式。客户可以按照自己的意愿主动搜索产品信息而不是被动地接受,他们可以利用网络发表自己的意见,快速地传达给企业相关人员并得到快速的反馈和实施。甚至在整个过程中,客户与企业者之间保持良好畅通的双向沟通,客户可以全程参与从设计到制作、定价、售后等各个流程,可以利用企业提供的平台自行提交设计方案,根据企业提供的产品规格自行配货,双方确定价格以后提交订单,从而提高客户对于最终成品的满意度。

4. 网络品牌具有时空无界性

互联网突破了时间和地域的限制,利用互联网可以全天候 24 小时不间断地在网上向全球客户推广和宣传企业的产品和服务。尤其是对人力资源有限、资金预算不足的外贸型中小企业来说,他们没有能力经常参加国内外

的大型展会,拜访大量的新老客户,但可利用优秀的电子商务平台,成就"永不落幕的展会"。总之,互联网的特点决定了它对于品牌的宣传是不受时间和空间的限制,随时随地让全球客户都可以通过互联网了解一个品牌的资讯、活动以及关于品牌和产品的方方面面,甚至可以直接进行在线的订购并享受售后服务等。

5. 网络品牌具有较低的进入门槛

在工业经济时代,公司要实现海外业务扩张需要拥有雄厚的资本。但在网络时代,一个公司要进入他国市场并不需要太多的资金,网络可以使中小企业获得原先只有大公司才能获得的购买诉求。电子商务使得买卖双方的交易成本大大降低,利用互联网进行产品的宣传介绍也避免了在传统方式下做广告、发印刷品、参加展会等产生的大量费用。网络销售方式也可以减少对销售人员的需求,使销售场地成本接近于零,使零库存的实现有了可能。信息的高速传递与反馈、电子结算方式等有助于加快信息沟通与交易完成速度、提高资金周转速度、提高资金利用率,使得传统制造企业完全可以依托互联网以较低成本提升网络上的知名度,形成网络品牌。

6. 网络品牌具有传播渠道多样性

一方面,传统的报纸、广播、电视等媒体仍可作为网络品牌传播的重要工具,依托传统的文字、图片、声音、图像等传播手段将网络品牌形象传递给客户。另一方面,网络品牌还可以利用企业网站、电子邮件、网络社区、即时通信软件、第三方网络集市等进行品牌宣传,使数字形式的网络品牌进入网民视野。同时,网络品牌还可以将传统传播渠道与网络传播渠道进行融合创新,增加传播渠道的多样性。

(二)传统制造业网络品牌的形成机理

传统制造企业网络品牌的形成是系列活动的结果,其机理是网络品牌所有者通过继承线下品牌形象、定位网络品牌价值和利益、设计和传播网络品牌形象、提升用户对网络品牌的接触和体验,使客户形成对网络品牌的认知和情感,并在此基础上产生购买意向,最终建立起网络品牌所有者、网络品牌价值和客户之间的品牌关系。其机理见图10-1。

1. 传统制造企业设计并推出网络品牌

(1)传统制造企业对线上线下产品的设计

传统制造企业生产与销售实体产品,但线上线下产品如无差异的话,可能会造成分销渠道的冲突。因此,企业需在原有线下产品基础上进行产品的改进与创新,低成本、高效地设计开发新的、区别于线下产品的网络产品。

企业　　　　　　　　　　用户　　态度

传统线下品牌的改进、延伸与创新 → 网络品牌价值的提供 →

- 品牌标识
- 品牌网站
- 品牌产品
- 品牌服务
- 品牌传播

→ 网络品牌的感性体验 →

- 网络品牌认知
- 网络品牌意向
- 网络品牌情感

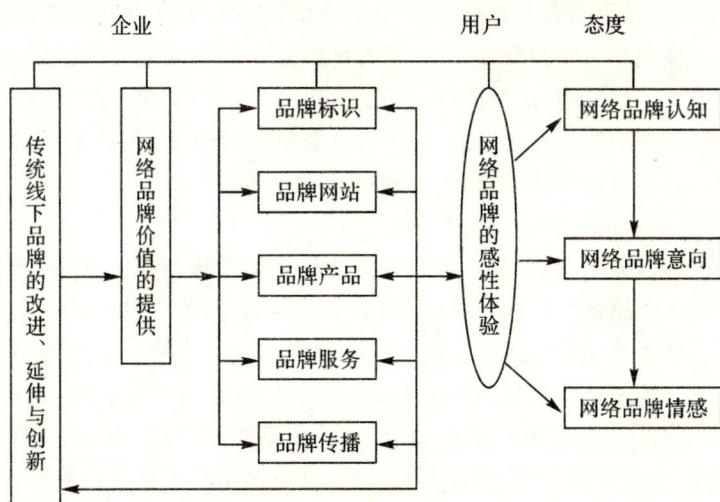

图 10-1　传统制造企业网络品牌的形成机理

（2）提供网络品牌价值与利益

网络品牌价值与利益的提供是指企业不断改进原有产品、服务，去满足网上客户对产品或服务的价值目标的追求。网络品牌价值与利益的提供方式有多种，可以是赋予品牌新的价值属性（比如对现有品牌深度、广度和相关度的开发延伸，拓展新的品牌领域），也可以是企业通过新的经营模式，实现对品牌价值的管理和维护，达到品牌价值创造和价值增值的目的。

（3）网络品牌呈现及推广

网络品牌呈现及推广涉及策划、设计制作及推销，是个复杂的过程。在网络品牌价值与利益提供的基础上，企业应进行品牌定位、理念、文化等方面的综合分析，策划提出网络品牌的基本理念及内容，然后利用美学、设计学等对网络品牌直接载体和间接载体进行研究设计，形成企业认可的品牌的形象，再利用网络营销、网络推广等手段将网络品牌向客户进行整体推送。

2.努力提升用户对网络品牌的感性体验

品牌是企业产品和服务的标志，代表着质量和功能，也是人们心理和精神层面诉求的诠释。感性体验是品牌与顾客之间的互动行为过程，品牌通过网站上令人耳目一新的品牌形象、鲜明的品牌个性、丰富的品牌联想、充满激情的品牌活动，与客户建立起情感的纽带，达到高度的品牌忠诚。网络品牌感性体验的类型及特征如下。

（1）感官体验的提升

感官体验是顾客选择一家企业或一种品牌的重要依据，是经由视觉、听觉、触觉、味觉与嗅觉等感官刺激让人感受到愉快、兴奋、美感以及满意,其中视觉体验与听觉体验在电子商务中的应用尤其广泛。视觉就是人们探索和理解这个世界最主要的感官,在品牌网站中,视觉感受往往起到"第一感官"的作用,给用户留下最强烈的第一印象。声音是一种高明的营销术,在品牌网站中,音乐和声音能够直接诉诸情感世界,是一种格外有效的方法。

(2)情感体验的提升

当产品和服务呈同质化时,客户更关注品牌的情感与象征意义。情感营销诉求顾客内在的感情与情绪,目标是创造情感体验,其范围可以是一个温和、柔情的正面心情到欢乐、自豪甚至是激情的强烈的激动情绪。在西方心理学中,情绪和情感一般不作严格区分。一般说,情绪是情感的外在表现,而情感是情绪的本质内容。当某个事件激起人们的民族自豪感的时候,往往就伴随着明显的外部反应,或者兴高采烈,或者义愤填膺,这就是情绪。情感体验往往具有较强的个性,对于同一事物,每个人的情感体验都有所不同,但是情感也有很强的共通性,年龄层次、文化背景和心理特点等方面接近的人群,往往会具有相似的情感体验,也就是人们常说的"心有灵犀一点通"。网络品牌的情感体验通过网站这一体验媒介,强调的是顾客心理所体验的情感,触动他们的内心世界,引出一种心情或者一种特定的情绪,从而影响客户的内心情感,最终对品牌产生强烈的偏爱。情感体验的设计,必须建立在了解何种刺激可以引起何种情绪的基础之上,并且能使客户自然受到感染,融入其中。

(3)思考体验的提升

思考体验诉求的是智力,是以创意的方式引起客户的兴趣与惊奇,对问题进行深刻思考,从而为客户创造认知和解决问题的体验。对于未知的探索、信息的认知、疑问的思辨、观念的创新,构成了思考体验丰富多姿的世界。思考体验经常会唤起客户的行动体验,而行动反过来又能深化人的思考。例如在品牌网站认知产品信息的时候,客户如果通过控制鼠标翻动、旋转甚至虚拟使用产品,便会大大增强对产品认知的程度。

(4)行为体验的提升

行为体验创造包括身体体验、生活方式体验以及与人的互动的体验。网络品牌的行为体验往往是从人机交互中获得的。行为体验设计关注的是品牌和用户的互动,其目标是影响人的行为方式。行动体验诉求的目标,是影响人的有形体验生活形态,指出做事的替代方法或替代的生活形态,丰富客户的生活。而客户生活形态的改变是自发的或激发的,例如"李宁"网站中的运动明星,他们的言行、主张,无疑对青少年具有很大的影响力。

（5）关联体验的提升

关联体验诉求包含了感官、情感、思考与行动等多个层面，能让客户对某种品牌产生喜好，创造关联体验，是品牌网站发展忠实顾客的最重要方式。人存在自我改进、引起别人好感的个人渴望，需要与广泛的社会系统产生关联。品牌是这一关联的重要纽带与社会文化的代言人。品牌的消费很大程度上是一种感性的文化层次上的消费与文化的沟通，网站所营造的环境文化能够感染顾客，并形成良好的关联体验。

3.加速用户对网络品牌态度的形成

网络品牌态度一般包括品牌认知、品牌情感和品牌意向。

（1）品牌认知态度的形成

品牌的认知是用户对品牌的各种产品属性和非产品属性的了解和认识，以及对品牌价值的认知，品牌的认知会直接影响用户的品牌情感与购买意向。品牌认知能够吸引客户注意并最终形成品牌记忆，它是建立品牌知晓度、品牌知识和品牌联想的基本元素。客户一般通过学习获得品牌及其属性的基本知识。研究表明，通过营销手段可以有效影响客户的学习与认知水平，帮助客户学习。网络上双向的信息沟通和客户对信息流的控制可以有效地提高客户整合、记忆和理解信息的能力，从而提高其品牌认知水平；企业可以通过线上与线下品牌传播信息帮助客户学习。

（2）品牌情感态度的形成

品牌的情感是品牌表现出来的具有审美属性的文化意蕴，是品牌在感觉与情绪上对消费者的影响与触动，是品牌与消费者建立起亲密私人对话的有效方式。令人愉快的和丰富的营销信息可以产生积极的品牌情感。积极的网络品牌体验有助于建立积极的品牌情感，负面的网络品牌体验则可能形成消极的品牌情感。品牌情感的建立最常见的方式就是刺激消费者头脑中的"感情连结"，对那些消费者的情感进行因势利导，使之和品牌融合起来。品牌设计时要树立品牌设计是关于"精神和情感的共鸣"的思想。

（3）品牌意向态度的形成

品牌意向是指客户对于品牌的潜在购买倾向。网络品牌通过网络价值和利益的提供、双向的交流和沟通方式去影响客户的购买意向。

网络品牌态度的三个组成部分之间是相互联系和相互影响的。其中，品牌认知是产生品牌情感和品牌意向的基础，没有品牌认知，品牌联想和品牌态度就是无源之水。品牌的情感是建立在品牌认知的基础上，企业可以通过纠正或改变客户的品牌认知而改变品牌的情感。网络品牌所拥有成本、服务、体验等方面的利益及网络品牌传播中对网络文化的把握都是网络品牌态度形成的基石。品牌意向是在前两者的基础上形成的购买意向，尤其在复杂的购买行为下更是如此。

三、传统制造企业网络品牌形象设计

传统制造企业网络品牌形象设计的效果将直接影响到企业品牌的运行效果，如果企业网络品牌形象无法打动浏览者，将很难吸引访问者重复访问，因此，必须重视企业网络品牌形象的设计，合理应用网络形象识别设计的构成要素，使品牌形象不仅具有外在的差异性，更具有内在的一致性，从而创建和维系良好的品牌形象，防止品牌形象歧化，持续提升品牌附加值。

网络品牌识别系统基于信息技术和网络社会，以网络品牌理念识别为中心，包括网络品牌视觉识别、听觉识别、文本识别和行为识别在内的五大识别系统。

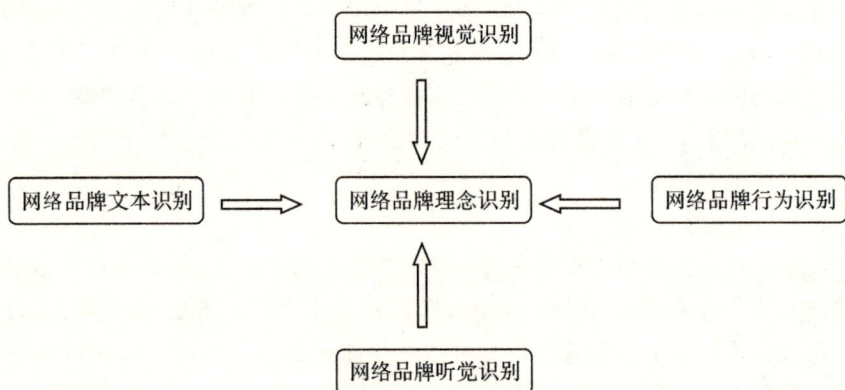

图 10-2　品牌网络识别系统结构

(一)网络品牌理念识别设计

品牌理念是得到社会普遍认同的、体现企业自身个性特征的、为促使并保持企业正常运作以及长足发展而构建的反映整个企业经营意识的价值体系。网络品牌理念意味着网络品牌的基本价值观、品牌使命认知以及品牌对于自我形象的构思。品牌理念的识别需要通过具体的产品理念、服务理念、管理理念、社会责任理念等得到有效的承载，持续获得表述和体现的机会，并且得到用户的广泛认同。

网络品牌理念识别设计主要包括基本理念识别设计和延展理念识别设计。其中，基本理念识别包括品牌领域、品牌定位、品牌愿景、品牌写真等；延展理念识别则包括产品理念识别、服务理念识别、管理理念识别、营销理念识别、传播理念识别、社会责任理念识别等子系统。确立网络品牌理念，对于企业的整体运行和良性运转具有战略性功能与作用。

(二)网络品牌行为模式设计

一个优秀的网络品牌往往会带给客户快乐、愉悦或满意的体验等，这些行为一旦在客户心目中留下长期"固有"的印象，便会产生极好的品牌效果，成为网络品牌的识别元素。传统销售渠道中，客户作为信息受众，处于被动、机械地接收信息的位置，企业对每一个受众所采取的方式是单一的，不能因人而易，而且客户也很少有机会能真正地参与到品牌建设过程中。而互联网销售渠道则提供了一种双向投入、双向沟通的方式，它使客户很容易参与其中。

"说给我听，我会忘记；展示给我看，我可能会记住；若能投身其中，我就会理解。"这句话很恰当地表述了网络的互动性及其与传统媒体相比较所具有的优势。这种网络的互动设计要求设计师不但要把动画、图形、图片、影片和声音等素材进行巧妙设计，而且还要与程序设计相结合，最终达到网站与浏览者的深度沟通。

行为模式设计一般需要通过行为体验实现。行为体验包括：身体体验、生活方式体验以及与人的互动的体验等等。行为体验的目标是影响身体的有形体验、生活形态与互动。网络的行为体验设计主要通过互动体验、生活方式体验来实现。其中，互动体验往往通过网站界面提供灵活多样的界面控制元素，创造出令人耳目一新的交互方式，带给网络用户全新的网络体验。生活方式体验则往往通过模仿人们的生活模式，表现网络用户的活动、兴趣和观点等。网络客户存在通过标志性用品向他人展现自己的生活方式的需要，因此网站应通过个性化的技术设计表现出产品独特的文化或功能内涵。

图 10-3 是我国知名服装品牌李宁运动服装网站的首页。进入网站后呈现在网络用户面前的是多个运动体验图片，反映了网站设计者对运动体验设计的重视。网站没有将各种款式的运动服装直接作为产品展示出来，而是将运动生活感觉作为打开首页后的第一个印象，使用户一进入网站就是对运动的体验，这种运动体验的感受可强化用户对品牌的态度，有利于品牌建设。

(三)网络品牌视觉效果设计

网络品牌的视觉单元是最重要的品牌设计对象。网络视觉单元设计的作用是为品牌在虚拟空间的形象设计提供基本的视觉设计标准，以保持企业线下与线上品牌视觉形象表现的统一性和相关性，同时使品牌在虚拟空间的视觉形

图 10-3　品牌网络识别系统模型

象表现统一化、标准化,体现品牌的独有个性及原创性,便于品牌识别。网络视觉单元设计的主要内容包括品牌标识、网络色彩应用标识、网络字体应用标准、品牌网站版式设计标识等。

1.页面文字的视觉效果设计

在网站文字显示中,设计师需要不同的字体风格去传播不同的形象,表达不同的视觉语义。关于网络字体应用的基本原则是:第一,易读性,应用在网页上的字体应使浏览者易于阅读和辨识;第二,字号、字体、用色的运用应体现一致性和协调性,给人以美感;第三,字体可以表现品牌的个性风格,但要考虑到所用字体是否是大多数网络用户都可以正常浏览的字体。

关于字体,一般网页默认的字体是宋体。为了体现站点的"与众不同"和特有风格,设计者可以根据需要选择一些特别字体。例如,为了体现专业可以使用粗仿宋体,为了体现设计精美可以用广告体,为了体现亲切随意可以用手写体等等。目前常见的中文字体有二三十种,常见的英文字体有近百种,网络上还有许多专用英文艺术字体可下载。需要说明的是,当使用非默认字体时只能用图片的形式,因为浏览者的系统中很可能没有安装这种特殊字体,从而无法显示该文字。

事实上,网络品牌可以通过字体应用标准的设计,创造出独具特色的品牌标识字体,使文字形式成为受众识别品牌的元素之一。例如对有视力缺陷的老年人而言,需要提供较大的字体,因此我们在设计制作网页时,不应将字体设置成绝对尺寸,而应当尽量使用相对尺寸,使用户可以进行大、中、小字等形式的选择,可以达到更好的阅读效果。

2.LOGO 标识的视觉效果设计

LOGO 是重要的网络品牌标识内容。LOGO 标识的设计反映了品牌的品质、个性及形象。对于一个商业网站而言,LOGO 即是网站的名片。而对于一个追求精美的网站来说,LOGO 更是它的灵魂所在,即所谓的"点睛"之处。网络 LOGO 可以使用企业的品牌标识,也可以创作新的标识。目前,大部分网站以应用企业品牌标识为主。对于那些品牌标识系统已趋成熟的传统品牌来讲,保持线上品牌标识与线下品牌标识的一致性和相关性是非常重要的。

好的 LOGO 应具备以下几个条件,或者具备其中的几个条件:符合国际标准;精美、独特;与网站的整体风格相融;能够体现网站的类型、内容和风格;LO-GO 图形化的形式,特别是动态的 LOGO,比文字形式的链接更能吸引人的注意。

3. 图像的视觉效果设计

GIF 和 JPG 文件是在网页上应用较为广泛的图像文件格式。一般而言,GIF 文件是 8 位 256 色,支持连续动画格式;JPG 是一种压缩图像格式,压缩比可任选。为提高图像在网上的上传和下载速度,在网页设计中经常应用此类文件。

很多网站面临图像格式问题:当网速较慢时有很多图片无法显示,又没有图像格式的注解说明,造成用户的反感情绪。例如应用于用户注册的"注册"按钮是图片格式,且未加图片注解,那么由于网速等原因可能使用户无法找到注册按钮从而无法注册。因此,当下载速度缓慢时,图像设计越简单、越直接,效果可能会更好。但是简单并不意味着平庸,在不修改网站技术参数的前提下,你仍然可以拥有成千上万种方法创造出卓越的图像。

4. 数字动画的视觉效果设计

数字动画的表现力极强,往往可以增加网络的动态视觉效果,在形式上一般可分二维动画与三维动画。二维动画类似于平面卡通的动画,典型的软件有 Animator、CorelMovie 等,常用于网页设计的二维动画软件有 GifAnimator。三维动画设计的软件有 Cool3D、Web3D 等。Flash 是一个专门的网页动画编辑软件,通过 Flash 制作的动画文件字节小,调用速度快且能实现链接功能。

尽管数字动画的表现力强,但网页设计应慎重使用动画,因为动画会制约页面的访问速度,同时也容易造成用户视觉上的干扰,影响用户的视觉感受。在使用动画图像之前,建议仔细考虑为什么一定要用动画,为浏览方便? 强调信息? 还是宣传自己身份? 如果只是想赶时髦,那最好别用。此外,应尽量缩减动画的文件大小。

5. 色彩的视觉效果设计

当用户打开网页时,首先映入眼帘的是网页的整体色调,对页面的第一印象对网页浏览者来说相当重要。色彩不仅可向客户传递信息,更可以传递心情。不同的色彩搭配产生不同的效果,并可能影响到访问者的情绪。企业应根据网站商务定位、产品特色、企业文化等特点确定其整体色调,再按照内容决定页面形式(结构)并进行色彩搭配。在确定色彩方案之前,必须明确网站所要传达的信息和目标。

网页设计者在设计色彩方案时通常应考虑以下几个方面的内容。

第一,了解 Web 网站所要传达的信息和品牌,进而选择可以加强这些信息的颜色。

第二,了解用户群。文化差异可能会使色彩产生非预期的反应。同时,不同地区与不同年龄层对颜色的反应亦会有所不同。年轻族群一般比较喜欢饱和色,但这样的颜色却引不起高年龄层的兴趣。

第三,不要使用过多的色彩。除了黑色和白色以外,大约四到五种颜色就够了。

第四,在用户阅读的部分使用对比色。颜色太接近无法产生足够的对比效果,也会妨碍观众阅读。白底黑字的阅读效果最好。

第五,用灰度图来测试对比。当在处理黑色、白色和灰色以外的颜色时,一般会很难决定每个颜色的相对值。

第六,用好流行色彩。流行色彩很容易充斥着整个 Web,用户很快就会对流行色彩感到麻木。

第七,选择色彩时要考虑功能性的颜色。别忘了将关键信息部分设定为功能性的色彩,例如大标题和超链接等。

第八,注意网站色差问题。众所周知,即使是 Web 通用颜色在跨平台显示的时候都会有些不同。网络色彩应用标准主要确定以品牌网站或品牌网络广告等主要网络表现形式为主的网络用色标准。

一般来说,一个网站的标准色彩不超过三种,太多则让人眼花缭乱。标准色彩要用于网站的标志、标题、主菜单和主色块,给人以整体统一的感觉。至于其他色彩也可以使用,只是作为点缀和衬托,绝不能喧宾夺主。

6. 版式设计的视觉效果设计

网站版式设计是网页设计中最为复杂的视觉设计部分,它对设计者的大局观和整体感觉要求较高。好的网站版式设计可以对客户进行良好的视觉牵引,引导顾客轻松浏览网站的每一部分内容。

网站是一个有机的整体,网站里的每一个页面、每一个页面中的图标、字体、色彩、音效包括页面间的转换等都必须能够支持整个网络品牌的价值。一个优秀的页面版式设计,可以做到让浏览者在不看标志的情况下,通过整体感觉就可以轻松识别出网络品牌。

网页设计除了整体版面设计之外,还应进一步做到不同级别的页面的相对独立,具有清晰的层级结构和导航,使网站在具有层次感、节奏感,既不单调乏味,又不杂乱无序。每个网站都是由主页、一级页面、二级页面、三级页面以至更多层页面组成,每一级页面会有若干的平级页面。具备清晰的层次结构的网站能够让浏览者轻松地在内容繁多的多层页面中迅速获取他们想要的信息。

从布局要求看,网页版式设计应遵从以下原则:

(1)版式的内容与形式统一

无论是个体还是组织,设立网站都有自己的明确目的,网页设计的目的就是为了使网页内容得到更好的体现,使之更加形象、直观,更易于为观众所接受。版式内容指的是网站的信息数据及文字内容,形式指的是网页设计的版式、构图、布局、色彩以及它们所呈现的风格特点。不同内容的网页要求用不同的设计形式。比如商业类网页可鲜艳夺目、丰富多彩;文化艺术类网页应讲求格调与品位。

(2)版式应特色鲜明

在网络上同类产品的网站千千万万,浏览者常常是走马观花,一带而过。只有特色鲜明、创意独特、赏心悦目的网站才能在一瞬间打动它的浏览者,使其驻足阅读。

(3)版式要有统一整体的形象

企业确定识别系统后,应将企业识别系统应用于网站,充分利用行业标志和企业标志,做到主题鲜明突出,吸引对本主题有需求的用户的视线。

(4)版式应布局简单,减少网页层次

据调查,在首页的访问率为 100 人次的情况下,下一级的访问率将降到30~50人次,再下一级的话,访问率会减少到10~20人次。这个调查说明,网页的层次越复杂,实际内容的访问率越低,信息也就越难传达到用户。所以,应尽量把网页的层次简要化,力求以最少的点击次数连接到具体的内容,使用户可以方便快捷地找到想要的信息,提供更加平和、稳定的浏览体验。

(5)版式设计需要了解浏览者的心理状态

从心理学的角度分析浏览者的心理状态,有助于网页页面的设计。浏览者在单击"返回"按钮之前一般只有 3 秒钟的停留,所以必须迅速地把有趣的、有吸引力的东西呈现给用户。

(6)版面要留有空白

从视觉效果看,用户的眼睛需要被注视物的周围有一定的空间,这样才能看清楚它是什么。页面版面的排布除了考虑美学布局等要素外,还要考虑计算机屏幕的影响,尤其是 Web 用户浏览的具体情形。眼睛不转动是可以看见的范围叫视野或视角,视角内的东西并不具有同等清晰度,只有在视网膜中心很小的焦点区内的对象可以被清晰看见。人的视觉对屏幕的观察并不是均匀分布的。Staufer(1987)通过研究发现,人眼观测计算机屏幕时,视觉注意往往对左上角比较敏感,占40%,明显高于对其他区域的注意,而对右下角的视觉注意最不敏感,只占15%,两者相差两倍多,如图10-4所示。因此,页面的左上角应显示最重要的信息。

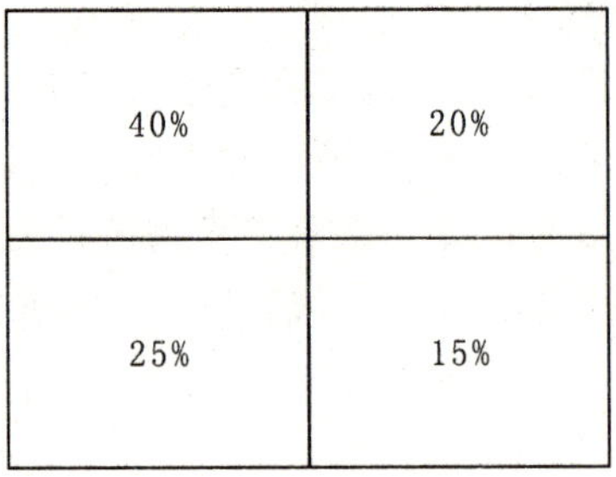

40%	20%
25%	15%

图 10-4 计算机屏幕视觉注意分布图

美国斯坦福大学使用视线追踪技术研究了人们对于 Web 页面的浏览过程,他们发现,当首页出现时,简讯或者标题能够首先抓住浏览者的视线,然后浏览者的视线才会转向照片或者图形,有些情况下用户会看完自己关心的内容后才会看主页的其他内容。研究得出的视觉要素注视率如表10-1所示。

表 10-1 网页内容注视率

网页内容类别	调查注视率(%)
文字	92
简讯	84
照片	64
标题广告	45
图形	22

在这项视觉行为研究中,45%的人首先注视于屏幕的顶部,56%的人会注意到整个屏幕的变化。因此,设计者应充分考虑网页元素文字、图片、Flash 动画、视频等在网页设计和组织中合理布局。例如对于重要的内容、摘要等等,排布在网页左侧、左上侧,容易引起用户的注意,取得较好的效果。大标题、图片和动画对于 Web 用户而言具有较大的吸引力,但是使用中要以质为主,避免滥用。

(四)网络品牌听觉要素设计

在五官功能中,听觉仅次于视觉,是最能够"为网络所接近的"感官,是加强网络品牌形象、整合感性元素的最好方法之一,例如比较轻柔舒缓的古典音乐能使人安静,购物网站适合播放此类音乐,舒缓顾客焦躁的心理,安心购物。听觉识别的设计要素主要包括主题歌曲、背景音乐、代言人声音和其他音响等。

1. 主题音乐的设计

一般可包括企业团队歌曲、企业形象歌曲等。前者主要用于增强企业凝聚力,强化企业内部员工的精神理念;后者则主要用于展示企业形象,向外部公众展示企业风貌,以此增强其信任感。

2. 标识音乐的设计

一般包括广告音乐和宣传音乐,通常是从大企业主题音乐中摘录出高潮部分,具有与商标同样的功效。

3. 主题音乐扩展的设计

一般从高层次出发来展示企业形象,通过交响乐、民族器乐、轻音乐等来进行全方位的听觉展示。

4. 广告导语的设计

一般是广告语的浓缩部分,以很精练的一句话来体现企业的精神,以突显企业的个性。

5. 商业名称的设计

商业名称在发音上要求朗朗上口,能体现企业理念。

总之,简短而动听的音乐会增加用户进入某个主页的兴趣与好感,但应避免过于剧烈,毕竟上网跟阅读一样,通常需要一个宁静的气氛,除非是摇滚乐队的主页。必要时可使用视频文件,但应让用户有开始播放、暂停和停止的权利。强加于人的方法会失去观众。声音是一把双刃剑,既能对品牌有很大的帮助也能损害它。

(五)网络品牌文本表述设计

虽说有"眼见为实"的说法,但是真正统摄人类灵魂的是看不见的"理念",而表达和传播理念的最好的方式是"文本",文本是品牌理念最好的表现形式。

网络品牌的文本表述设计应遵循其规律。首先,传统媒介的文本是静止固定的,文本一旦形成,就不能再行修改,且与受众的互动不能体现到文本中。而网络媒介与此相反,企业可以随时通过后台控制对文本进行修正,受众对文本的阅读也可以跟帖评论的方式反映到文本的建构中。其次,网络传播的交互式、虚拟性和多媒体是网络文本的特性和基础;网络传播的超时空、超链接、超复制是网络文本与客户互动活动的中介。再次,网络文本的互动活动有利于传播者与接受者之间的沟通。网络品牌文本表述设计的应用与企业博客、论坛、策划、促销等有很大的关联，用户应在每个文字元素表述中凸显其不拘一格的独特魅力，使用户接受企业的品牌。

四、传统制造企业线下线上双轨品牌建设策略与危机应对

（一）传统制造企业线下线上双轨品牌建设策略

传统制造企业品牌线下线上双轨建设是一个复杂的系统工程，也是一个需要有长远发展眼光的战略工程。

1.以有内涵的网站名称来突出品牌

要建立一个具有品牌的电子商务网站，首先要给网站取一个具有文化内涵的名字，好的网站名字可以让客户容易记住、容易联想，名字的内涵可以是公司的价值观、客户价值等容易使客户产生兴趣、好感或认同的东西。例如年销售额为亿美元的电子商务企业亚马逊公司，其网站的名字由来可是颇费周折，公司的创始人贝佐斯先生为给网站取名字花了三个月时间，最终决定以世界最长的河流之一的亚马逊河的名字作为网站的名字，这个名字也透露出亚马逊公司的宏伟目标，即要成为世界最好的企业之一。

贸易网阿里巴巴是以神话故事中的人物名阿里巴巴为网站名，大家都知道神话故事中的阿里巴巴的一声"芝麻，芝麻，开门吧"就可以得到好多好多金银珠宝，于是阿里巴巴网说"来阿里巴巴网你就一定有机会获得财宝哦"。像亚马逊、阿里巴巴这些具有丰富内涵的网站很容易让人们联想和记住它们的名字，为树立品牌起了很大作用。

2.以情感服务来塑造品牌

高水平的服务是建立品牌的必要手段。需要注意的是，不仅仅是服务态度，电子商务的每一个环节都是在做服务，要将情感渗透到服务的每个领域，要从内心出发，透过各个环节向客户提供优良的服务，展现企业的品牌。

网站是电子商务企业与客户沟通的互动平台，其设计应以服务为导向，以多种方式吸引客户参与互动，最大限度地调动客户的积极性，客户服务的方式及参与方式有电子邮件、即时通讯、论坛在线答疑、电话服务等等。总之，要以各种方式为客户提供优质服务，调动他们参与互动的积极性。同时，只参与互动还是不够的，还需要让客户对网站产生认同感、归属感、自我实现感等。可以在网站上开设用户服务评价栏、客户故事演绎栏、成功故事介绍栏等情感服务栏目。情感服务可以将部分潜在客户变成直接客户，还可以形成品牌忠诚。

3.打造品牌核心价值

品牌的核心价值是品牌的理念，它是一个品牌最独一无二且能够有效地区

别竞争者的精神所在,也是客户情感和心理上的认同,代表品牌对客户的意义和独特价值。它所表现的是目标消费群易于并乐于接受的某种精神价值,而这种价值就是企业创造的、赋予品牌的、体现企业核心价值与企业文化的一部分。

品牌核心价值是与品牌的发展相适应的,个性化品牌形象融社会价值、文化价值、企业存在价值于一体,具有独特的文化内涵。例如亚马逊经过不断地努力成功地树立了自己的品牌核心价值——"亚马逊是一种时尚、一种潮流",亚马逊代表了网络时尚和潮流,它改变了人们的生活方式,获得了网络购物者的青睐与忠诚。而阿里巴巴的品牌定位则是"让天下没有难做的生意",它以"诚实正直,信守承诺"为经营准则建立起"商机和诚信"的品牌核心价值。

4. 以创新维护品牌生命

随着网络技术的发展、客户需求的变化、网上市场竞争的白热化,企业需要通过创新来满足客户不断增长的需求,以维护品牌生命力。电子商务的创新需要服务与经营理念的创新,服务创新是维持品牌活力的基础,而经营理念的创新则是品牌得以持续发展的源动力。

例如电子商务的发展催生了网上支付服务的需求,随之诞生了"网上银行"、"支付宝"等电子商务支付业务。阿里巴巴根据网络信用问题提出诚信经营理念并联合第三方对客户进行诚信认证来营造诚信的网络贸易,用诚信理念树立了诚信的品牌形象。

5. 以传播来加深品牌在客户心目中的影响

品牌传播是品牌制造者找到自己满足客户的优势价值,并用恰当的方式持续地与客户交流,促进客户理解、认可、信任和体验,最终产生购买愿望的过程。传播是沟通品牌与客户的桥梁,是树立品牌形象的重要手段。

企业品牌传播的方式有广告传播、公共关系传播、新闻传播等。广告传播的主要形式就有网络传播、平面传播、报纸、电视广告等。公共关系传播则需要通过赞助或独自主办活动、参加公共事业等方式来扩大品牌知名度。新闻传播是通过比较公正的正面信息报道,对建立企业品牌有非常大的作用。

(二)传统制造企业线下线上双轨品牌建设中的危机事件

互联网相对于传统媒体,其最大的特点就是所有的公众都拥有相同的权利来使用网络。随着电子网络空间中舆论自由度的扩大和信息传播技术模式的创新发展,越来越多的网友以及网站编辑因为主观想象,善意或恶意地"以讹传讹",使得品牌危机事件极易发生。换句话说,新媒介环境下,传统制造企业更应该处理好品牌危机事件。

线上品牌危机是一个新生事物。对于传统制造企业而言,网络品牌的建设和管理都是一个新的问题,在新业务和技术快速发展背景下,作为生手的传统制造企业难免会遇到这样那样的问题。在交易过程、售后服务等过程中,企业的处理方法稍有不慎,就可能面临品牌危机,如博客、微博、拍客等新技术的应用将使企业品牌的负面形象在全球范围内快速传播,这种新危机需要企业更小心翼翼地维持好品牌形象,尽力避免危机事件的发生,积极主动地去化解危机。

电子商务背景下,线下品牌危机可能更加复杂多变。一方面,是线上品牌危机可能牵连到线下品牌,使企业措手不及。另一方面,是线下品牌在现代信息技术背景下同样需要面对网络媒体的快速传播性,并可能对网络品牌危机缺乏足够的技术和意识准备。

(三)传统制造企业的品牌危机管理

传统制造企业开展电子商务,会面临着网络品牌与线下品牌关联危机的问题。同时,被传统信息不对称模式所掩盖的部分传统线下品牌的质量劣势问题也容易暴露出来,传统线下品牌的危机骤然加大。品牌的危机管理成为传统制造企业品牌建设的重要内容。

1.强化品牌危机意识,建立专业的品牌危机管理机构

品牌危机的防范,是品牌维护的首要任务。品牌维护的重中之重不是如何处理已经出现的危机,而是辨别企业品牌运营管理中的潜在危机,以及未雨绸缪,做到有备无患。企业整体上下在对待品牌危机上应该具有"防火意识",警惕任何可能出现的破坏性因素,尽量为潜在的品牌危机做好准备。然而,很多企业主由于忙于日常管理事务往往会忽视控制潜在品牌危机的最经济、最简单直接的方法——防范与预警。

另外,企业应唤起全体员工的危机意识,提高整个企业对于危机的警惕性。但是,仅有这种忧患意识是不足以防范危机的,为了有效防范危机,企业还必须设置相应的危机管理机构,疏通信息沟通渠道。信息流是品牌危机防范的生命之流,及时准确地搜集相关信息,做到内通外达,信息交流畅通无阻,对于企业应对品牌危机有着重大的意义。

2.识别品牌危机的成因,制定危机应对预案

企业品牌危机管理的起点,应该是对品牌危机成因的识别。试想一个企业如果对自身所面临的品牌危机的成因一无所知,又何谈在面临品牌危机的时候做出正确迅速的回应,对品牌进行维护呢?品牌危机的成因,一般可分为企业外部的原因与企业内部的原因。企业外部的原因主要是企业外部的伤害,它包括竞争对手的陷害、媒体的错误报道以及其他来自企业外部与企业直接或间接相关的组织和个人的恶意与非恶意的伤害,还包括由宏观原因所引起的组织外

部伤害或自然灾害等。企业内部的原因主要是企业内部的错误,它是指企业内部成员造成的对品牌形象、品牌价值的损害,包括错误决策、低水平管理、生产性错误、广告公关性错误等。

在认清品牌危机的成因后,企业需进一步对危机成因的处理进行优先级排序,一般考虑以下三个方面:该成因导致品牌危机的可能性、影响后果的严重性以及对该成因进行防范和处理所需要的资源。企业应该结合自身实际情况,根据危机成因防范的优先级进行品牌管理和维护,针对特定的品牌危机成因制定出一套完整的品牌危机处理预案,以备为未来可能要面对的品牌危机的应对提供指导。

3.建立针对网络谣言的预警机制

无论多么有名的企业,在复杂的市场环境中,总不可能永远一帆风顺。对企业而言,危机每时每刻都有发生的可能。"有备无患"、"凡事预则立",都说明预测、谋划的重要性。企业要全面、清楚地对可能发生的各种危机情况进行全面预测,尤其是非企业内部原因而形成的网络谣言等问题。企业对危机公关的具体步骤和防范策略的制定,可以借鉴其他企业的经验教训,针对企业自身的内、外部环境,预测可能出问题的环节,对症下药,制定相应的公关措施,对策措施应该尽量具体、完善、富有操作性,并使之制度化、标准化。

信息掌握的快慢是决定企业发展的重要因素,加强企业内部沟通的顺畅、市场信息的及时把握十分必要,尤其在品牌的危机管理中,信息管理与信息沟通更为重要。出现品牌危机时,应及时派专人与客户沟通、协商解决;与媒体联系,防止不实、不利信息扩散;建立企业危机预警机制,对企业可能发生的谣言危机进行监控,当谣言刚一出现,企业信息系统就应迅速捕捉,及时反馈到管理层,随时保持警惕,以备随时对外宣传更正。

4.重视自身网站建设,营造畅通的沟通渠道

企业的网站不仅仅是传播企业文化和理念的平台,更是企业和客户沟通的平台。企业要注重自身的网站建设,通过网站及时公布各种信息,在第一时间争取主动,并建立起企业和客户、企业和媒体的沟通渠道,建立企业对客户负责的形象。在危机发生后,网站应第一时间传达企业声音,第一时间在企业网页说明企业对待该危机的态度与处理方法,及时消解企业与客户、媒体的矛盾。

网络品牌危机也并非洪水猛兽,并非只能"兵来将挡,水来土淹"。相反,企业应该利用这样网络沟通的渠道来更好地化解潜在的危机。企业应该鼓励公众通过网络反映对事件的看法,公众的信息反馈可促进企业和客户之间的沟通和互动,使企业能够了解客户的需要并迅速做出反应,从而更好地处理潜在的

和已经发生的危机。互动的网络沟通可以通过企业博客和企业网站的论坛等方式进行。

5. 充分利用技术手段，强化对网络内容的实时监测跟踪

在 Web2.0 时代，互联网既是应用新技术的媒体，又是一个"大社区"。在这个"大社区"中，网络用户掌握着话语权，虽然分散于各地，但一旦在网上聚集，其影响力势不可挡。传统企业的危机公关最常用的方法是哪里有问题就到哪里捂，切断媒体的消息传递源，通俗讲叫"捂盖子"。但在互联网时代，企业"捂盖子"的方法失灵了，这里"捂"住了，那里"冒"出来；而且互联网的信息传递特点，使消息源可在瞬间扩散和放大。因此，当企业认识到危机事件的发生时，可能事态已经到了不可收拾的地步。因此企业必须对网络信息保持敏锐度。

企业在保持网络信息敏感度的同时，需要一些技术手段，用网络技术来应对网络危机，包括网络实时监控系统和即时电子传输和警示系统。通过技术手段加人员监测的方式，全面有效地对网络信息进行过滤，将监测的范围从平面媒体、门户网站、专业网站，向下级网页中 BBS、论坛、热点博客延伸，从中发现可能发生危机的关键信息，及时警示企业相关部门或人员予以重视。在网络时代，利用必要的技术支持对网上谣言进行跟踪，也是警示造谣者的好方法。过去曾有报道，Agence Virtuelle 公司会推出 RumorBot（谣言机器人）软件，该软件可跟踪谣言，并分析和确定谣言的出处。

6. 培养品牌的忠实用户和网络意见领袖，加强正面引导疏通

品牌有"阶梯四度"，分别指品牌的知名度、认知度、偏好度和忠诚度。这四度的关系是层层递进的，打造品牌知名度是品牌建设的基础，提升品牌认知度是品牌建设的重要手段，品牌建设应着力于提高品牌的偏好度，而品牌的忠诚度是客户对品牌的重复选择程度，如果客户对该品牌情有独钟非它不可，该品牌就会成为客户唯一的选择，因此，品牌忠诚度是品牌建设、品牌管理的最高目标也是最终目标。往往很多客户在进行购买行为之前就已经决定了购买的品牌，这就是所谓的"指牌"购买。只有培养客户对于品牌的忠诚度，才能使他们放弃选择其他竞争产品。而对于新媒介环境下的品牌危机，更要从细节入手，着重培养品牌的忠实用户与网络上的意见领袖。

面对潜在的危机，企业防不胜防，而与此同时网络社区却是众声喧嚣，大众传播时代的意见领袖在新媒介环境下并未失效。在一些网络热点事件中，真正有想法、有见解的网民的比例并不大，应该说大部分网民处于盲从的状态。所以，企业培养的意见领袖在危机爆发时将起到不可或缺的作用，至少在面对危机时能引导和转移网络人群的注意力，从而影响一部分受众对自己企业和产品

的态度,使事件尽量向对企业有利的方向发展。

7.端正心态,正视问题

当品牌危机爆发时,企业对待该危机事件的态度是最为关键也是最为人所关注的。同样是跨国公司受贿事件,朗讯选择自曝家丑,而沃尔玛则是回避掩盖。同样面临"非典",罗氏制药公司想发国难财,蓄意制造谣言以促进其药品的销售,结果其商业诚信和社会良知受到公众质疑,其形象一落千丈;而香雪制药则是和相关政府部门合作,通过免费赠药、制作防"非典"宣传资料等措施,树立自己的正面形象。在极短的时间里企业面对危机的应变态度和行为,将最直接体现并最终决定一家企业及其品牌长期的生存。

面对品牌危机时,如果企业采取回避的态度,人们的愤怒情绪会蔓延,坏消息会继续传播,给企业带来的负面影响也会像滚雪球一样越来越大。所以企业在面对品牌危机时,恐惧和回避无济于事,隐瞒和掩盖则只能画蛇添足。正如美国企业危机公关专家考林·夏恩指出:如果工作中出现过失,你只是面临一个问题,但如果你再试图掩盖它,那所面临的问题就是两个了。而且,一旦事实真相被披露,谎言可能会比原先的错误更令你困扰。由此可见,企业应正视危机,开诚布公,对客户和社会公众的关注做出合理的回应。

8.借势而为,及时挽救

水能载舟,亦能覆舟。网络亦是如此。网络虽然会放大品牌危机的影响,企业同样可以借助网络的力量来解决危机。网络的一个重要措施是进行网络调查,比如,新浪科技"戴尔邮件门"事件专题中,短短数天内,参与的网友数量超过了10万人次——每个IP地址只能投一次票,这个声音非常响亮。而传统媒体也多会采信这些数据,并予以报道。这就要求一旦面临品牌危机时,企业需要安抚和处理的,不仅仅是网站端,更多的是网民端。越是在危机时刻,企业更应积极主动地予以正面表态,并勇敢地回答外界所有的质疑,这样反而会取得更好的效果。一旦网络媒体已经搭建了专题,开设了网络调查,就只能借势而为:快速征集来自各方的意见和建议,积极与网络媒体沟通,获得来自媒体的支持。

9.重视对手,防止落井下石

当遭遇到危机事件时,隐匿在幕后、通过媒体、评论、调查、观点等对危机推波助澜的往往是企业的竞争对手。风平浪静的时候,流言和蜚语因为没有相关证据的支撑,对企业造成的伤害有限,但危机爆发时,来自于竞争对手的落井下石并不是危言耸听,网络会成为谣言、偏见和假信息蔓延的温床。

所以,企业在应对危机事件时不仅要注重对客户的安抚,更要关注竞争对手的动态,关注与持续监控竞争对手所传递的消息,立即响应和澄清。

10. 重视传统媒体，回击谣言

当来自于网络的谣言危机瞬时形成蝴蝶效应或呈现扩大趋势时，企业需要运用媒体的力量不遗余力地澄清谣言，适时组织相关团体对网络谣言进行专业的解释和澄清。通常情况下人们会认为传统媒体具有较高的信任度，在得到传统媒体传递的真实消息后，网络谣言也会走向消退。所以，在网络谣言四起时，要特别重视传统媒体的作用。

参考文献

[1] 李靖,易建湘.电子商务在中国[M].北京:中国经济出版社,2001.5—24

[2] 廖晓淇.中国电子商务报告[M].北京:经济科学出版社,2004

[3] 刘丽文.运营管理[M].北京:中国经济出版社,2002

[4] 张群.生产与运作管理[M].北京:机械工业出版社,2003

[5] 陈秋荣,马士华.生产与运作管理[M].北京:高等教育出版社,1999

[6] [澳]麦斯阿塞克.需求分析与系统设计[M].北京:机械工业出版社,2009(9)

[7] 甘明鑫,曹菁.电子政务系统的需求分析[M].北京:机械工业出版社,2011(1)

[8] 刘克强.电子商务平台建设[M].北京:人民邮电出版社,2008(2)

[9] 孙宝文等.电子商务系统建设与管理[M].北京:高等教育出版社,2006(12)

[10] 陈孟建.电子商务网站建设与管理[M].北京:清华大学出版社,2009(8)

[11] 荆浩.网络营销基础与网上创业实践[M].北京:清华大学出版社,2011(4)

[12] 濮小金,司志刚.电子商务案例分析[M].北京:中国水利水电出版社,2006

[13] 周建良,卢菊洪.电子商务使用教程[M].北京:海洋出版社,2006

[14] 魏亚萍.电子商务基础[M].北京:机械工业出版社,2006

[15] 张寿礼.现代物流基础[M].北京:清华大学出版社,2006

[16] 何开伦.物流成本管理[M].武汉:武汉理工大学出版社,2007

[17] 吴彬等.物流学基础[M].北京:首都经济贸易大学出版社,2006

[18] 田玲.电子商务中客户关系管理的研究[M].北京:知识产权出版社,2009

[19] 李琪,王学东.电子商务管理[M].重庆:重庆大学出版社,2004(7)

[20] 沈红芳,杨道良,沈玉春.电子商务理论与实践[M].北京:人民邮电出版社,2001(8)

[21] 陈景艳,苟娟琼.电子商务技术基础[M].北京:电子工业出版社,2003(9)

[22] 陈月波.电子商务概论[M].北京:清华大学出版社,2004(8)

[23] 王霆,卢爽.心理营销[M].北京:中国纺织出版社,2003(3)

[24] 宝利嘉.忠诚可求[M].北京:中国经济出版社,2005(1)

[25] 朱云龙,南琳,王扶东.CRM 概念 方法与整体解决方案[M].北京:清华大

学出版社,2004(7)

[26] 余世维.领导商数[M].北京:北京大学出版社,2006(2)

[27] 宋振杰.团队领导[M].北京:北京大学出版社,2007(6)

[28] 姚国章.电子商务与企业管理[M].北京:北京大学出版社,2003

[29] 易明.客户关系管理[M].武昌:华中师范大学出版社,2009

[30] 康晓东.电子商务及应用[M].北京:电子工业出版社,2004

[31] 菲利普·科特勒.营销管理[M].北京:清华大学出版社,2007

[32] 贝恩特·施密特.体验营销[M].南宁:广西民族出版社,2003

[33] 马谋超.广告心理学[M].北京:经济管理出版社,1993(8)

[34] 沈瑞山.电子商务的发展对市场营销的影响[J].华东经济管理,2004(3)

[35] 张欣,张玲.电子商务条件下的市场营销理念变革分析[J].中国商贸,2010(10)

[36] 齐永智.传统厂商引入电子商务渠道的思考[J].物流工程与管理,2010(11)

[37] 王磊,刘加鹏.电子商务环境下基于产品差异化策略的复合分销渠道协调研究[J].物流技术,2010(9)

[38] 焦旭萍,徐建培,胡劲松.电子商务环境下制造商渠道定价及渠道协调研究[J].青岛大学学报(工程技术版),2007(1)

[39] 孙艳.电子商务的发展与企业组织结构的变化[J].经济问题,2002(1)

[40] 徐自田.电子商务环境下的企业组织结构变革路径探讨[J].商业时代,2010(16)

[41] 杨路明,战甬,陈雨青.电子商务环境下我国企业组织结构变革分析[J].工业技术经济,2006(1)

[42] 江毅,赵晶.跨组织电子商务能力形成过程的实证研究[J].管理科学,2010(4)

[43] 李培馨,谢伟.电子商务模式与价值创造[J].科技管理研究,2011(11)

[44] 邱长波,威廉·福斯特.电子行业电子商务应用影响因素研究[J].情报科学,2003(9)

[45] 赵及锋,袁建中.电子商务流程与传统流程改造[J].科学决策,2002(8)

[46] 管曙荣.供应链优化的有效手段:电子供应链管理[J].东北大学学报(社会科学版),2004(1)

[47] 顾淑红,舒昌.电子商务与企业业务流程再造[J].计划与市场探索,2003(3)

[48] 高玫瑰.基于消费者需求的服装电子零售发展策略初探[J].基于消费者需求的服装电子零售发展策略初探,2008(11)

[49] 何兵.电子商务管理模式与信息技术的需求和支持关系[J].技术经济与管理研究,2002(1)

[50] 朱筱筱.电子商务网站建设项目需求分析探析[J].黑龙江对外经贸,2010(6)

[51] 呙飒英.利用需求分析三阶段实施中小型企业电子商务项目运作管理[J].商业研究,2006(20)

[52] 邹平辉.项目管理中的沟通艺术及案例分析[J].科技创业月刊,2005(4)

[53] 冯志.电子商务在优化企业管理中如何开展[J].中国商贸,2011(8)

[54] 丁昭涵.电子商务企业的知识管理[J].中国商贸,2011(8)

[55] 新太电子商务系统解决方案[J].电信科学,1998(8)

[56] 廖承东."精工在线"电子商务系统研究[J].洪都科技,2003(3)

[57] 曾庆丰,王欢,黄丽华.制造企业的电子商务模式识别研究[J].计算机集成制造系统,2004(8)

[58] 曹高辉,王鑫鑫.网络经济下的企业组织结构变革[J].情报杂志,2004(10)

[59] 民谣.网店服装拍摄经验谈[J].数码摄影,2010(8)

[60] 李寒.如何拍摄高水准产品图[J].个人电脑,2008(7)

[61] KUMA工作室.告别模糊让精彩时刻更清晰[J].电脑应用文萃,2005(8)

[62] 木棉.擦亮你的橱窗网上商品展示图片拍摄技巧[J].移动信息,2009(1)

[63] 王国才,赵彦辉.多重渠道冲突管理的渠道区隔与整合策略[J].经济管理,2009

[64] 李梅.讨论电子商务隐形成本控制[J].经济师,2007

[65] 张林龙.电子商务环境下CRM的发展[J].现代情报,2003(9)

[66] 谢爱平.电子商务环境下的客户关系管理[J].湖北广播电视大学学报,2007(11)

[67] 孙昊.电子商务环境下的客户关系管理[J].电子技术与财会,2007(2)

[68] 常雪琴,王玉珍.电子商务环境下的客户关系管理分析[J].甘肃广播电视大学学报,2006(12)

[69] 王华.电子商务环境下的客户关系管理实施探讨[J].商场现代化,2006(8)

[70] 秦世波.电子商务环境下的客户关系管理应用分析[J].山东纺织经济,2007(2)

[71] 庞建刚.电子商务环境下企业客户关系管理项目实施分析[J].商场现代化,2006(5)

[72] 宋强.电子商务环境下的企业客户关系管理模式[J].中国商界,2009(8)

[73] 吕凌菁.浅论电子商务环境下的客户关系管理[J].科技创业刊,2006(2)

[74] 杨晶.浅析电子商务中的客户关系管理[J].湖北成人教育学院学报,2007(9)

[75] 张立新.浅议电子商务中的客户关系管理[J].中国流通经济(双月刊),2000

[76] 赵玉忠.电子商务环境下的客户关系管理[J].技术经济与管理研究,2006(4)

[77] 王浩,于海霞.电子商务环境下企业客户关系管理存在的问题及对策[J].产业与科技论坛,2009(8)

[78] 黄胜兵,卢泰宏.品牌个性维度的本土化研究[J].南开管理评论,2003(1)

[79] 陈琦.企业电子商务商业模式设计:IT资源前因与绩效结果[D].浙江大学博士学位论文,2010

[80] 梅述恩.嵌入全球价值链的企业集群升级机理研究[D].华中科技大学博士学位论文,2007

[81] 任家华.基于全球价值链理论的地方产业集群升级机理研究[D].西南交通大学博士论文,2007

[82] 曾庆丰.企业电子商务转型研究:基于能力的视角[D].复旦大学博士学位论文,2005

[83] 冯缨.中小企业电子商务采纳—实施—评价影响因素及方法研究[D].江苏大学博士学位论文,2010

[84] 王传宝.全球价值链视角下地方产业集群升级机理研究——以浙江产业集群升级为例[B].华中科技大学博士学位论文,2009

[85] 陈树桢.电子商务环境下营销渠道选择与协调研究[D].重庆大学博士学位论文,2009

[86] 刘珂.产业集群升级的机理及路径研究——基于我国产业集群的发展实践[D].天津大学博士学位论文,2006

[87] 孙华平.产业转移背景下产业集群升级问题研究[D].浙江大学博士学位论文,2011

[88] 赵林飞.全球产业网络下企业社会责任和产业升级[D].东华大学博士学位论文,2010

[89] 刘宇.电子商务发展对中国产业升级的影响[D].北京邮电大学硕士学位论文,2009

[90] 王雪.电子商务对我国传统企业商业模式的影响研究[D].江西财经大学硕士学位论文,2006

[91] 于斌斌.运用电子商务改造、提升专业市场的机理与对策研究[D].浙江师范大学硕士学位论文,2010

[92] 钮军.中小企业的电子商务发展模式研究[D].北京交通大学硕士学位论文,2009

[93] 田玉宝.基于国际电子商务的价值链增值过程研究[D].沈阳工业大学硕士学位论文,2006

[94] 马晓苗.基于价值链的电子商务模式研究[D].吉林大学硕士学位论

文,2005

[95] 张鹏利.基于产业链的电子商务研究[D].江南大学硕士学位论文,2008

[96] 杜芳莉.传统专业市场采纳电子商务技术的经济学分析[D].浙江师范大学硕士学位论文,2009

[97] 林好.网络品牌体验设计研究[D].同济大学硕士学位论文,2006

[98] 唐晟媚.网络品牌感性体验设计研究[D].上海交通大学硕士学位论文,2009

[99] 张德军.传统企业网络品牌创建研究[D].湖南大学硕士学位论文,2009

[100] 黄宇.试论电信企业组织结构在电子商务环境下的变革.北京邮电大学硕士学位论文,2009

[101] 杨涛.AV公司价值链的优化与增值服务研究[D].电子科技大学硕士学位论文,2008

[102] 黄崇珍.制造企业电子商务价值链研究[D].哈尔滨工程大学硕士学位论文,2006

[103] 柳迎春.电子商务环境下的顾客价值链挖掘[D].吉林大学硕士学位论文,2007

[104] 沈周延.企必需求践其影响[D].西南交通大学硕士学位论文,2002

[105] 田义.面向多种需求的舜网支付接口平台的设计与实现[D].山东大学硕士学位论文,2010

[106] 曹宇.考虑消费群体需求差异的双源渠道协调机制研究[D].东北大学硕士学位论文,2008

[107] 万雪峰.在线大规模定制下面向多类型客户需求的产品配置研究[D].重庆大学硕士学位论文,2010

[108] 谭琨.网络效应下的动态客户需求知识获取方法研究[D].北京邮电大学硕士学位论文,2010

[109] 李虎林.基于目标的客户需求分析技术的研究与实现[D].山东大学硕士学位论文,2009

[110] 刘璇.基于原型法的电子商务项目需求工程研究[D].天津大学硕士学位论文,2010

[111] 聂海兵.在电子商务环境下需求链管理研究[D].合肥工业大学硕士学位论文,2005

[112] 王金石.项目管理在途安电子商务项目中的应用[D].北京邮电大学硕士学位论文,2010

[113] 王锐.电子商务软件项目的风险管理[D].北京邮电大学硕士学位论

文,2008

[114] 区小鹃.电子商务背景下网络营销研究[D].广东工业大学硕士学位论文,2001

[115] 王丽娟.基于网络的电器产品协同设计[D].河北工业大学硕士学位论文,2006

[116] 费腾.面向制鞋行业的电子商务系统研究与开发[D].浙江大学硕士学位论文,2006

[117] 狄加利.电子产品 B2C 电子商务网站系统规划与设计[D].吉林大学硕士学位论文,2010

[118] 王蓓.动态电子商务网站的设计与实现[D].江南大学硕士学位论文,2008

[119] 戴书浩.PHP 在电子商务网站建设中的应用研究[D].南昌大学硕士学位论文,2010

[120] 李玫.商品描述对网购服装感知价值影响的研究[D].北京服装学院硕士学位论文,2010

[121] 彭艳芳.产品设计与网络营销的交互推广研究[D].武汉理工大学硕士学位论文,2006

[122] 金启想.产品特性对企业电子商务运营模式的影响[D].华东师范大学硕士学位论文,2007

[123] 邱佳佳.当下时尚产品设计方法及其尺度把握研究[D].江南大学硕士学位论文,2009

[124] 万军.互联网产品设计中绿色设计原则可行性分析[D].华中科技大学硕士学位论文,2009

[125] 张艳.基于产品的供应链类型及管理策略研究[D].暨南大学硕士学位论文,2007

[126] 汪婧.基于品牌形象的产品色彩研究——以饮料行业为例[D].上海交通大学硕士学位论文,2010

[127] 王昆鹏.基于文化因子的互联网产品满意度研究[D].浙江大学硕士学位论文,2011

[128] 袁国艳.人性化设计在产品设计中的应用研究[D].东北师范大学硕士学位论文,2009

[129] 张爱苗.企业网络品牌建设研究[D].哈尔滨工程大学硕士学位论文,2005

[130] 陈树桢.电子商务环境下营销渠道选择与协调研究[D].重庆大学博士学位论文,2009

[131] 焦旭萍.网络环境下营销渠道冲突及管理研究[D].青岛大学硕士学位论文,2007

[132] 张宇.电子商务环境下国际营销渠道的整合[D].哈尔滨工业大学硕士学位论文,2006

[133] 张宇华.国内电子商务与传统渠道整合及冲突协调研究[D].电子科技大学硕士学位论文,2004

[134] 董骞.中国企业电子商务模式下的直复营销研究[D].首都经济贸易大学硕士学位论文,2009

[135] 徐文萍.网络营销渠道冲突和合作模式研究[D].西安电子科技大学硕士学位论文,2009

[136] 张鲁秀.电子商务背景下企业营销渠道研究[D].山东理工大学硕士学位论文,2009

[137] 项茭.电子商务环境下营销渠道冲突管理[D].江南大学硕士学位论文,2008

[138] 刘巍.电子商务环境下渠道冲突分析[D].武汉理工大学硕士学位论文,2008

[139] 常剑锋.电子商务企业物流运营模式选择研究[D].北京交通大学硕士学位论文,2011

[140] 魏崇.电子商务下物流模式研究[D].武汉理工大学硕士学位论文,2005

[141] 李维健.B2C电子商务模式下物流配送路径优化问题研究[D].北京交通大学硕士学位论文,2007

[142] 张磊.电子商务环境下物流配送路线优化研究[D].西南交通大学硕士学位论文,2008

[143] 阮石磊.B2C电子商务企业物流模式及车辆调度研究[D].东北大学硕士学位论文,2008

[144] 倪秀英.电子商务下的物流模式研究[D].大连海事大学硕士学位论文,2008

[145] 罗赟.电子商务物流配送解决方案研究[D].上海交通大学硕士学位论文,2007

[146] 赵著.网络消费支付方式与消费者安全感的相关研究[D].复旦大学硕士学位论文,2008

[147] 徐学慧.第三方网络支付的现状与发展[D].北京邮电大学硕士学位论文,2008

[148] 洪新志.电子商务支付平台的研究[D].北京邮电大学硕士学位论

文,2008

[149] 罗锦宇.网络环境下的品牌战略研究[D].南京航空航天大学硕士学位论文,2005(3)

[150] 姜艳静.电子商务中的客户关系管理研究[D].武汉大学硕士学位论文,2007

[151] 李雪春.电子商务环境下的客户关系管理[D].首都经济贸易大学硕士学位论文,2003

[152] 张俊安.企业信息化的网络品牌研究[D].山东大学硕士论文,2006

[153] 项昱.时装品牌网络形象的研究[D].北京服装学院硕士学位论文,2009

[154] 张德军.传统企业网络品牌创建研究[D].湖南大学硕士学位论文,2009

[155] 舒伟.品牌网络形象设研究[D].山东大学硕士学位论文,2007

[156] 黄婧.互联网品牌理念与设计研究[D].北京服装学院硕士学位论文,2008

[157] 朱华伟.网站的功能设计与形象设计对网络品牌的影响[D].武汉大学硕士学位论文,2004

[158] 朱鸥.网络时代企业品牌危机新论[D].苏州大学硕士学位论文,2008

[159] 牛雯雯.对我国网络品牌管理的反思[D].暨南大学硕士学位论文,2006

[160] 中国互联网络信息中心.中国互联网络发展状况统计报告. http://www.cnnic.org.cn

[161] 数码相机拍摄必备技巧及常识性问题总汇. http://zhenshan2005.blog.163.comblogstatic/881431020109801959376/

[162] Fawzy Soliman. Internet-based e-commerce and its impact on manufacturing and business operations. *Industrial Management & Data Systems*. 2003(8),546—552

[163] Princely Ifinedo. Internet/e-business technologiesacceptance in Canada's SMEs: an exploratory investigation. *Internet Research*,2011(3),255—281

[164] Lars Torsten Eriksson . Small business e-commerce development in Sweden-an empirical survey. *Journal of Small Business and Enterprise Development*,2008(3),555—570

[165] Paul Desruelle. The Impact of E-commerce on the Value Chain. *The Journal of Policy, Egulation and Strategy for Telecommunication Information and Media*,2001(6),485—497

[166] David Barnes. E-commerce in the old economy: three case study exam-

ples. *Journal of Manufacturing Technology Management*, 2004 (7), 607—617

[167] Kalakota R., Andrew B. Whinston. Electronic Commerce: A Manager's Guide. Addison Wesley Longman, Inc., 1997

[168] Zwass, V. Electronic Commerce and Organizational Innovation: Aspects and Opportunities. *International Journal of Electronic Commerce*, Spring 2003, Vol. 7, Issue 3:7—37

[169] Shaw Michael J, David M. Gardner, Howard Thomas. Research opportunities in electronic commerce. Decision Support Systems, 1997, No. 21:149—156

[170] Kalakota Ravi, Oliva Ralph A, Donath Bob. Move Over, E-Commerce. *Marketing Management*, Fall 1999, Vol. 8, Issue 3:22—32

[171] Ravi Kalakota, Andrew B Whinston. Electronic Commerce: A Manager's Guide, Addison-Wesley Professional, 1996

[172] Johnson M E, Whang S. E-busineee and supply chain management: an overview and framework. *Production and Operations Management*, 2002, 11(4): 413—423

[173] Barnes D, Hinton M, Mieczkkowska S. Developing a framework to investigate the impact of e-commerce on the management of internal business process. *Knowledge and Process Management*, 2002, 9(3): 133—142

[174] McIvor R, Humphreys P, McCurry L. Electronic commerce: supporting collaboration in the supply chain. *Journal of Materials Processing Technology*, 2003, 139:147—152

[175] Tansley A G. The Use and Abuse of Vegetational Concepts and Terms, Ecology, Vol. 16, 1935(3):284—307

[176] Richard B Chase, Nicholas J Aquilano. Operations Management for Competitive Advantage, *Irwin Professional Pub*, 2004

[177] Jay Heizer, Barry Render. Operations Management [M]. Prentice: Prentice Hall, 2001

[178] Bovel D, Martha J. From supply chain to value net. *Journal of Business Strategy*, 2000, 21(4):24—28

[179] Porter M E, Millar V E. How information gives you competitive advantage. *Havard Business Review*, 1985, 63(4):149—161

[180] Bovel D, Martha J. Value nets: Reinventing the rusty supply chain for competitive advantage. *Strategy & Leadership*, 2000, 28(4):57—77

[181] Kevin Waters. Dual and Extension Branding: Using Research to Guide Design Decisions and Branding Strategy, *Design Management Journal* 8, No. 1, 1997

[182] Hong W, Thong J Y L, & Tam K Y. Designing product listing pages on e-commerce Web sites: An examination of presentation mode and information format. *International Journal of Human-Computer Studies*, 1955, 61, 481-503, 2004

[183] Lindstrom Martin. Brand Sense: *Build Powerful Brands Through Touch, Taste, Smell, Sight, and sSound*. Free Press, 2005